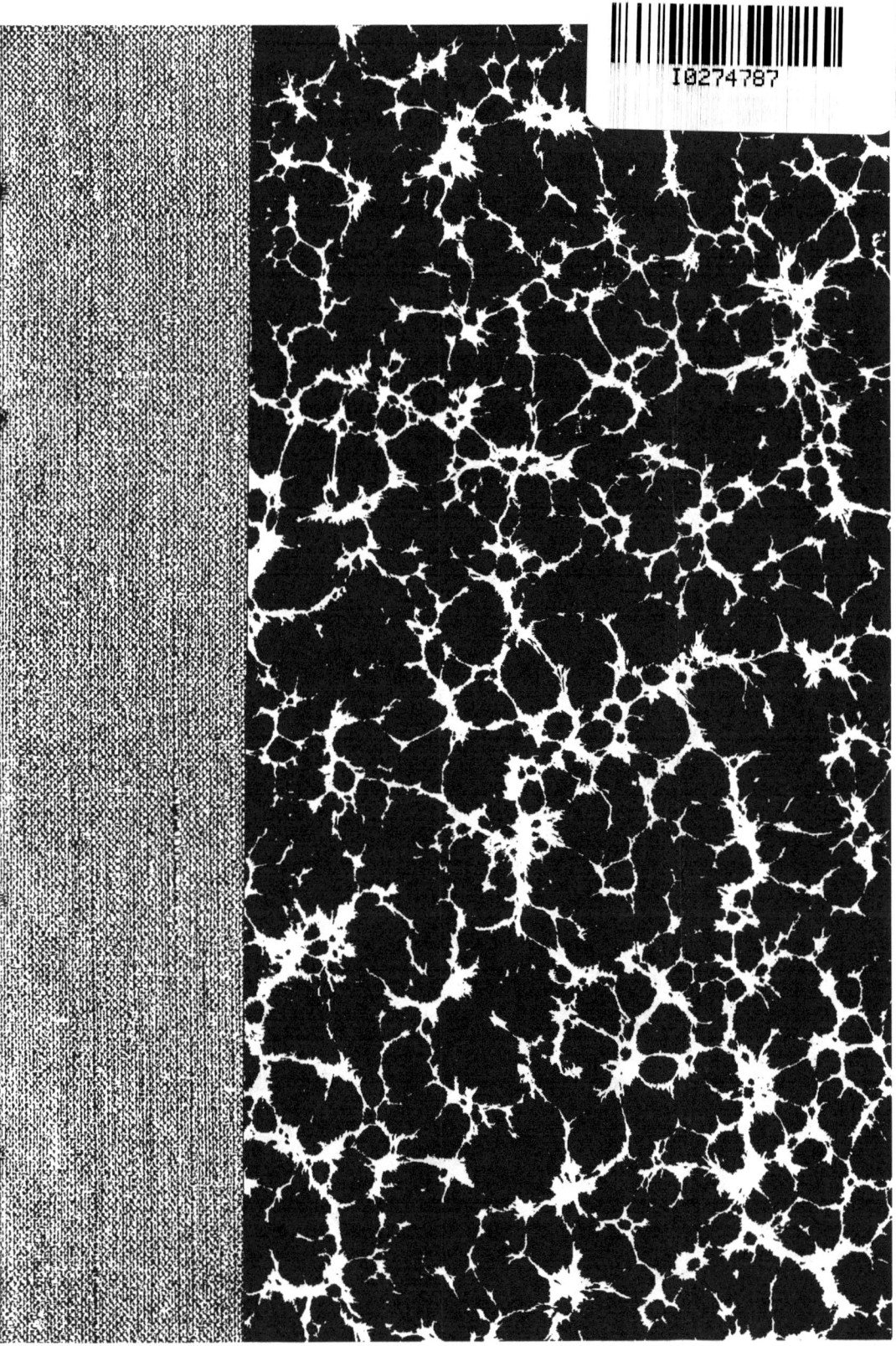

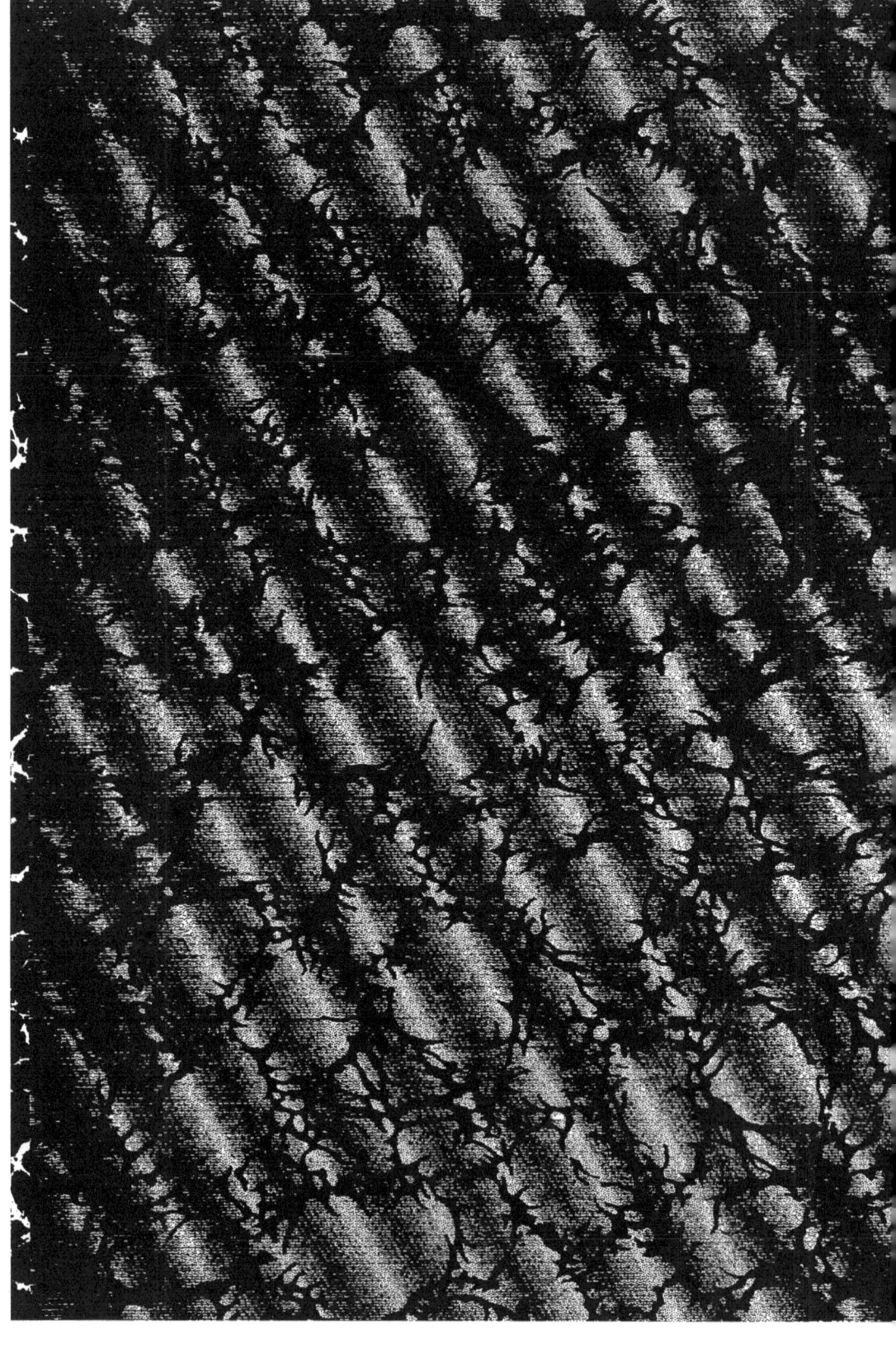

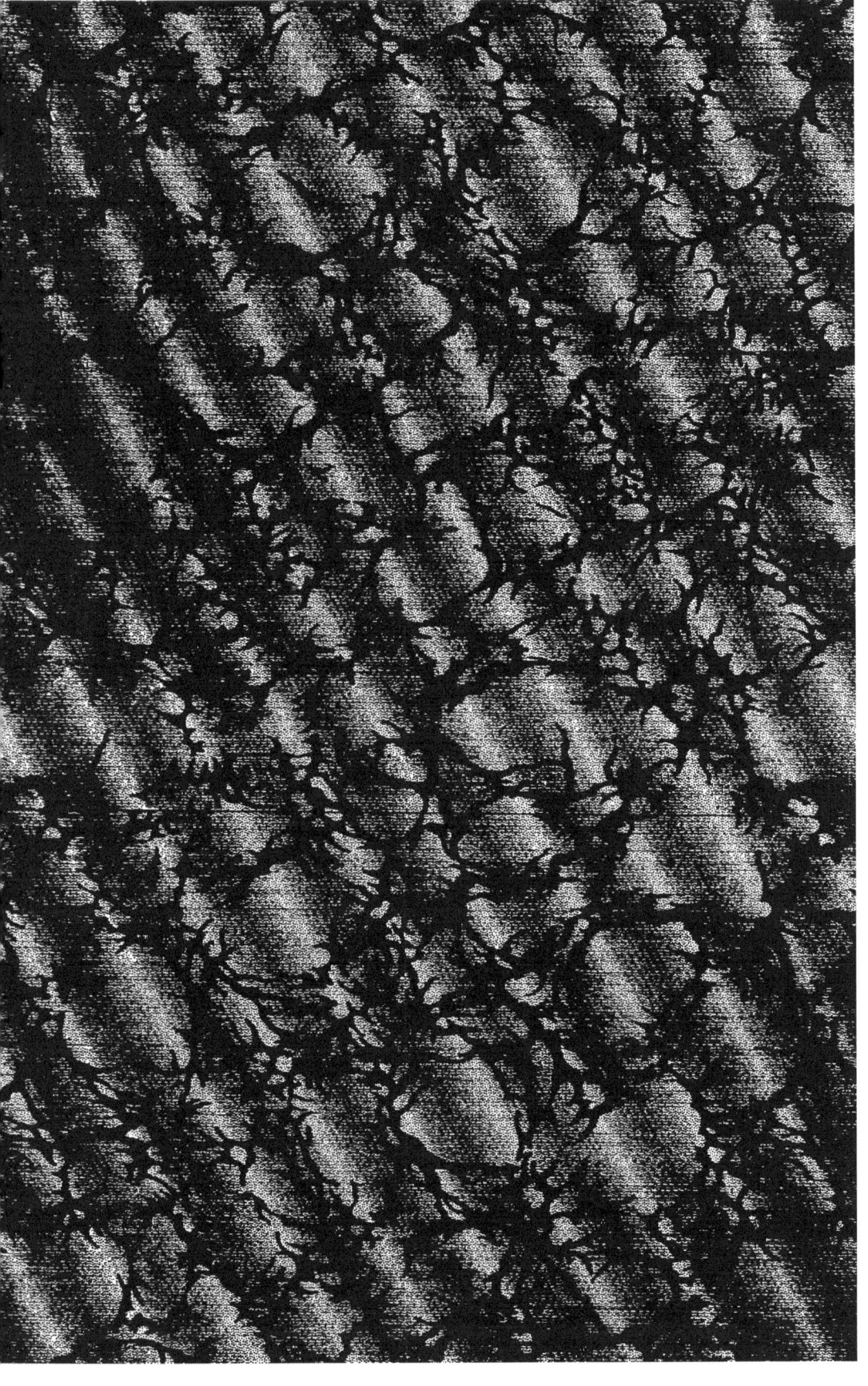

BIBLIOTHÈQUE
DES ÉCOLES ET DES FAMILLES

Mme GUSTAVE DEMOULIN

LES

GENS DE BIEN

PARIS
LIBRAIRIE HACHETTE ET Cie
79, BOULEVARD SAINT-GERMAIN, 79

LES

GENS DE BIEN

19940. — PARIS, IMPRIMERIE A. LAHURE
9, rue de Fleurus. 9

BIBLIOTHÈQUE
DES ÉCOLES ET DES FAMILLES

LES
GENS DE BIEN

PAR

Mme GUSTAVE DEMOULIN

OUVRAGE

Illustré de 32 gravures dessinées sur bois

D'après C. GILBERT

DEUXIÈME ÉDITION

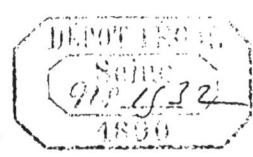

PARIS
LIBRAIRIE HACHETTE ET Cie

79, BOULEVARD SAINT-GERMAIN, 79

1890

Droits de traduction et de reproduction réservés.

PRÉFACE

Le lecteur ne doit pas s'attendre à rencontrer dans ce livre tous les bienfaiteurs de l'humanité : grâce au ciel, ils sont trop nombreux pour y trouver place! Nous n'avons admis dans notre cadre restreint que l'élite des Gens de Bien portés au Panthéon des héros de la Charité par l'admiration publique.

D'ailleurs, il faut bien le dire, les touchantes vertus des grands cœurs se manifestent si souvent dans les mêmes circonstances que le récit de leurs bonnes actions, qui se suivent et se ressemblent, aurait pu souffrir de cette heureuse monotonie. Nous avons donc choisi parmi les célébrités de la Bienfaisance.

Notre but a été surtout de faire, à propos de biographies, l'historique de la Charité, en révélant les formes nouvelles, ingénieuses et variées qu'elle sait adopter, suivant les temps et les lieux.

On comprendra par quel sentiment de convenance nous nous sommes arrêtée au moment d'entrer dans l'histoire, pourtant édifiante, de la Bienfaisance contemporaine.

LES GENS DE BIEN

SAINT VINCENT DE PAUL

Saint Vincent de Paul est l'homme de bien qui a laissé dans le monde les traces les plus profondes et les plus durables. L'influence de son génie charitable s'est étendue sur toute la terre.

Sa vie est si connue que nous pourrons nous borner à esquisser à larges traits cette grande et touchante figure, la plus noble et la plus brillante du dix-septième siècle.

Vincent de Paul naquit, le 23 avril 1576, au hameau de Ranquines, près de Dax, d'une famille de pauvres paysans qui vivaient péniblement du travail de la terre, cultivant eux-mêmes leur mince patrimoine. Six enfants les aidaient dans ce dur labeur où chacun avait ses fonctions déterminées. A douze ans, Vincent gardait encore les troupeaux.

Son intelligence et sa charité se révélèrent de bonne heure.

Sa vocation s'accusait si bien, que ses humbles parents en furent frappés et l'envoyèrent chez les Cordeliers de Dax, où il ne tarda pas à se faire remarquer par ses vertus précoces et ses progrès dans les lettres. Quatre ans après, il était en état d'instruire les enfants d'un magistrat de Pouy. Cette modeste situation permit au jeune précepteur de continuer ses études sans épuiser les modiques ressources de sa famille.

Lorsqu'il fut bien résolu à embrasser l'état ecclésiastique, il alla étudier la théologie à l'université de Saragosse, puis revint à Toulouse, où il obtint le titre de bachelier, alors très difficile à conquérir.

Un des biographes de Vincent de Paul affirme qu'il acquit tous ses grades en théologie, mais, en dépit de cette allégation, on peut mettre en doute la véracité du fait. Pour parvenir au doctorat, il fallait soutenir une thèse en public; or il est peu probable que Vincent de Paul, absolument dépourvu d'amour-propre et timide à l'excès, ait cherché une gloire dont il n'avait que faire. Sa seule ambition était d'être ordonné prêtre, et pour cela il avait le savoir et les titres requis.

A vingt-quatre ans, il reçut la prêtrise à Saint-Julien, au château de l'évêque de Périgueux.

Un grave événement faillit ravir Vincent de Paul à sa grande mission.

Il revenait par mer de Marseille, où il avait été toucher une somme d'argent destinée à de bonnes œuvres, quand son navire fut attaqué par trois brigantins turcs qui croisaient dans le golfe du Lion pour piller les barques au retour de la foire de Beaucaire. Trois hommes périrent dans la lutte; tous les autres furent blessés et faits prisonniers. Vincent, qui avait reçu un coup de flèche, eut la douleur de voir son pilote haché sous ses yeux sans pouvoir lui porter secours.

Les malheureux captifs, enchaînés deux par deux, furent promenés sur le marché de Tunis au milieu d'une multitude barbare qui les insultait. Le lendemain, on les vendit au plus fort et dernier enchérisseur.

« Les marchands nous visitèrent, écrivait plus tard Vincent

Il le revendit à un vieux médecin.

de Paul à un sien ami, tout de même que l'on fait d'un cheval ou d'un bœuf ; nous faisaient ouvrir la bouche pour voir nos dents, palpaient nos côtes, sondaient nos plaies en nous faisant cheminer le pas, trotter et courir, puis lever des fardeaux, puis lutter pour voir la force d'un chacun. »

Vincent de Paul fut d'abord acheté par un pêcheur, qui, ne pouvant utiliser son esclave parce qu'il ne supportait pas la mer, le revendit à un vieux médecin, « homme fort humain et traitable, lequel avait travaillé l'espace de cinquante ans à la recherche de la pierre philosophale ».

A la mort de ce maître, Vincent devint l'esclave d'un renégat de Nice qui avait trois femmes. L'une d'elles venait voir tous les jours son esclave au champ où il bêchait, se plaisant à causer avec lui et à l'interroger sur la façon de vivre des chrétiens.

« Un jour, raconte Vincent de Paul, elle me commanda de chanter les louanges de mon Dieu. Le ressouvenir du *Comment chanterons-nous sur la terre étrangère?* des enfants d'Israël captifs en Babylone me fit commencer, la larme à l'œil, le psaume : *Super flumina Babylonis*, puis le *Salve, regina*, et plusieurs autres choses ; en quoi elle prenait tant de plaisir que c'était merveille : elle ne manqua pas de dire à son mari, le soir, qu'il avait eu tort de quitter sa religion, qu'elle estimait extrêmement bonne, pour un récit que je lui avais fait de notre Dieu, et quelques louanges que j'avais chantées en sa présence ; en quoi elle disait avoir ressenti un tel plaisir, qu'elle ne croyait pas que le paradis de ses pères, et celui qu'elle espérait, fût si glorieux, ni accompagné de tant de joie, que le contentement qu'elle avait ressenti pendant que j'avais loué mon Dieu, concluant qu'il y avait en cela quelque merveille. Cette femme, comme une autre Caïphe, ou comme l'ânesse de Balaam, fit tant par ses discours, que son mari me dit, dès le lendemain, qu'il ne tenait qu'à une commodité que nous nous sauvassions en France, mais qu'il y donnerait tel remède, que dans peu de jours Dieu serait loué. Ce peu de jours dura dix mois qu'il m'entretint en cette espérance, au bout desquels nous nous sauvâmes sur un petit esquif et nous rendîmes le 28 de juin à Aigues-Mortes, et tôt après en Avignon, où M. le vice-légat reçut publiquement le renégat, avec la larme à l'œil et le sanglot au cœur. »

Vincent de Paul regretta dans la suite d'avoir écrit cette lettre et chercha à la faire supprimer, parce que, croyait-il, elle attirait sur lui un intérêt trop romanesque. Fort heureusement le destinataire ne fut pas de son avis et s'ingénia à nous conserver ce précieux document.

*
* *

La nature exceptionnelle de Vincent de Paul se révélait vite : son esprit vif, son bon sens, sa haute moralité, éclataient dans ses moindres paroles, dans ses moindres actions. A première vue, il inspirait la confiance; la sympathie allait au-devant de lui. Il n'avait pas eu besoin de faire ses preuves pour qu'on pût compter sur son intelligence et son honnêteté. Ainsi, avant qu'il eût acquis la notoriété, le vice-légat l'emmenait à Rome, d'où il revint chargé d'une mission délicate et secrète : il servit d'intermédiaire entre Henri IV et le représentant royal près le Saint-Siège.

Monsieur Vincent, comme il se faisait appeler, trouvant que son nom *de Paul* affichait une certaine prétention, ne profita des rapports qu'il avait avec la cour que pour y faire pénétrer l'amour du bien. Il y convertissait à l'humilité, par la séduction de son exemple et de ses simples discours, les plus grandes dames de son temps. Il y suscitait les bonnes œuvres, il y était l'avocat officieux des pauvres.

Le plus beau titre de Vincent de Paul à l'admiration universelle, c'est la suprême influence qu'il a exercée sur les âmes. Il a inspiré à son temps un esprit de charité et de dévouement qui s'est perpétué grâce aux institutions qu'il a établies sur des bases solides. Il a rendu possible et facile la pratique du bien, en multipliant par l'association l'action des vertus et des dévouements particuliers. Il organisa, régla et réglementa la bienfaisance.

Cette vie de dévouement lui était si naturelle, qu'elle semblait ne coûter aucun effort. On aurait pu la croire une manifestation d'un noble et saint instinct qui arrive, dans sa marche infaillible, à toucher le but proposé à la piété et accessible à elle

Anne d'Autriche.

seule. Cette vocation de charité, cette prédestination au bien était comme un don de grâce.

Ses attendrissements infinis, ou mieux sa native et constante tendresse de cœur, qui allait au-devant de toutes les souffrances et de toutes les misères, répondaient immédiatement aux élans de sa charité et aux besoins actuels des affligés. Il ne pouvait pas être satisfait pour si peu; il voulait assurer la permanence des bienfaits

Ce n'est pas seulement sur les malheureux et les déshérités de ce monde qu'il a exercé sa bienfaisante influence. Ce fils de pauvres paysans, cet homme de rien, qui n'était qu'un homme de bien, a été le confident de Henri IV, le consolateur de Louis XIII, le conseiller d'Anne d'Autriche. Cet humble sujet a su, quand le bien l'exigeait, résister aux deux ministres les plus puissants : Richelieu et Mazarin ; il a lutté noblement contre le grand Condé.

Richelieu.

Le respect qu'inspiraient sa piété et son caractère le fit appeler près de Louis XIII mourant. Le roi lui demanda de pieux conseils, l'invita à lui suggérer de charitables œuvres, et le pria de l'assister à ses derniers moments.

Devenue régente, Anne d'Autriche voulut que Vincent de Paul prît part désormais avec un caractère officiel aux affaires publiques et l'obligea à entrer au Conseil des affaires ecclésiastiques qu'elle venait d'établir.

C'est là que, pendant dix ans, il garda cette paix de l'âme, cette tranquillité d'esprit, cette intégrité de la conscience, qui sombrent si souvent au milieu des intrigues et de l'ambition et sous la domination de la toute-puissance ; c'est là qu'il résista au cardinal Mazarin, président du Conseil des affaires ecclésiastiques. La reine, qui lui rendait pleinement justice, voulait récompenser son active participation aux affaires publiques en lui faisant donner le chapeau de cardinal. Il refusa.

Mazarin.

Est-ce qu'il avait besoin des honneurs pour être plus puissant à faire le bien ?

Quoiqu'il eût vécu assez longtemps au contact d'hommes d'État, il n'en avait pris en aucune façon l'esprit politique et encore moins les passions qui l'accompagnent. Il avait conservé la simplicité et la naïveté d'un honnête homme. Aussi, au milieu des troubles de la Fronde, garda-t-il une neutralité qui ne dut plaire à aucun parti. Dans sa bienveillante crédulité, il s'imaginait que sa pacifique intervention réussirait à réconcilier la cour et le parlement.

Il fut probablement le seul à s'étonner de l'insuccès de la mission intempestive qu'il s'était donnée. La reine et le cardinal-ministre, qui l'accueillirent avec politesse, sourirent de sa bonhomie en le félicitant de ses bonnes intentions.

Il se consola vite de son échec diplomatique en s'imposant une mission qui convenait mieux à son tempérament et à son caractère. Il parcourut la France, en proie à la guerre civile, prêchant la concorde, apaisant les haines, distribuant des aumônes, traversant en apôtre de la paix les pays soulevés, insouciant des dangers qui pouvaient l'atteindre ; du reste respecté de tous, frondeurs ou protestants, protégé qu'il était par l'égide de ses vertus et par sa réputation d'homme de bien.

Vincent de Paul, homme d'action qui pratiquait surtout le bien, possédait l'éloquence suprême, non pas celle que règle la rhétorique, mais celle qui vient du cœur et qu'inspire la vertu :

« Priez Dieu, mes frères, pour la paix du monde chrétien, s'écriait-il ; hélas ! nous voyons la guerre de tous côtés : guerre en France, guerre en Espagne, en Italie, en Allemagne, en Suède, en Pologne, en Hibernie dont les habitants sont transportés en des montagnes et des rochers presque inaccessibles ; l'Écosse tremble, l'Angleterre s'agite : guerre enfin par tous les royaumes et misère partout. O Sauveur ! ô Sauveur ! pour combien de temps encore nous menaces-tu de tes fléaux ? Si, pour quatre mois que nous avons eu ici la guerre, nous avons subi tant de maux, que deviendront ces pauvres frontières qui ressentent ces fléaux depuis vingt ans ? Le paysan a semé, mais il ne sait pas s'il pourra recueillir. Les armées viennent, qui moissonnent, pillent, enlèvent tout ; après cela que faire ? Il faut mourir !

« S'il y a de vraies vertus, c'est pourtant parmi ces pauvres gens qu'elles se trouvent : ils ont une foi vive, ils croient simplement, ils sont soumis aux ordres de Dieu, ils souffrent tout ce qu'il lui plaît et autant qu'il lui plaît. Exposés tantôt aux ardeurs du soleil, tantôt aux injures de l'air, ces pauvres laboureurs ne vivent qu'à la sueur de leur front, et ils nous donnent leurs travaux. Tandis qu'ils se fatiguent ainsi pour nous nourrir, hélas! mes frères, nous cherchons l'ombre et nous nous reposons sous un toit solide! Dans nos maisons mêmes ne sommes-nous pas à l'abri des injures de l'air? Eux, au contraire, supportent le vent, les pluies, la rigueur des saisons. Voulez-vous que je vous dise, mes frères? quand je porte un morceau de pain à ma bouche, je me dis à moi-même : Misérable, as-tu gagné le pain que tu vas manger, le pain qui te vient du travail de ces pauvres? »

A la fin des troubles, Monsieur Vincent reprit sa place aux Conseils de la Régente avec le même désintéressement, la même sagacité, la même conscience. Il employa tous ses efforts, toute l'influence que la cour lui accordait, à rétablir l'ordre que la guerre civile avait troublé dans les affaires ecclésiastiques comme dans les affaires publiques et privées.

Mais ce n'est point par des détails biographiques qu'on apprend à connaître saint Vincent de Paul : il faut étudier cette personnification de la charité, ce type parfait de l'homme de bien, dans l'histoire de l'œuvre gigantesque qu'il a élevée jour par jour et si solidement, qu'elle a pu rester debout au milieu des perturbations sociales qui ont détruit tant d'institutions et de créations.

※
* *

Monsieur Vincent, novateur zélé dans le domaine de la bienfaisance, n'était rien moins qu'un utopiste. C'était un esprit pratique qui trouvait toujours les moyens de satisfaire le plus promptement, le plus sûrement et le plus longtemps possible les besoins qu'il avait bien constatés et sagement étudiés. C'est ainsi que, pendant un séjour au château de Folleville, en Normandie, où il avait accompagné M. et Mme Emmanuel de Gondi, qui l'avaient choisi pour être le précepteur de leurs enfants, il se persuada que les paysans négligeaient leurs devoirs religieux faute d'une instruction suffisante et d'une direction effective. Il entreprit de les instruire en commençant par ceux de Folleville et des villages environnants. C'est par là qu'il fut amené à fonder l'*Œuvre des Missions*, qui, née humblement dans les campagnes de Normandie, s'étendit à toute la France, à la Corse, à l'Italie, à la Barbarie, à l'Irlande, à Madagascar, et a fait depuis le tour du monde.

Secondé par les libéralités de M. et Mme de Gondi, il installa, en avril 1615, dans le vieux collège des *Bons-Enfants*, les prêtres de la Mission, qui, aux termes des règlements, devaient « renoncer tant aux conditions des villes qu'à tous bénéfices, charges et dignités de l'Église et s'appliquer *entièrement* et purement au salut du pauvre peuple de la campagne, allant de village en village, aux dépens de leur bourse commune, prêcher, instruire, exhorter et catéchiser les pauvres gens, sans en prendre aucune rétribution ».

La *Congrégation des Prêtres de la Mission* fut, en 1632, transférée au prieuré de Saint-Lazare. Ce sont ces missionnaires, appelés dès lors *Lazaristes*, qui portèrent plus tard notre civilisation chez les barbares et les sauvages du monde entier.

Vincent de Paul, comme toutes les grandes âmes qu'inspire une piété sincère et dégagée de toutes préoccupations mondaines, avait l'esprit de tolérance le plus louable ; il l'a manifesté surtout dans une lettre adressée à ses missionnaires de Madagascar, qui voyageaient avec des protestants.

« Cessez, leur écrivait-il, toutes sortes de disputes et d'invectives contre les hérétiques ; montrez-vous patients et débonnaires, lors même qu'ils s'échapperont contre votre croyance ; la vertu est si belle, qu'ils seront contraints de l'aimer en vous si vous la pratiquez bien. Il est à souhaiter que dans le service que vous rendez, vous ne fassiez point exception de personnes, et ne mettiez point de différence qui paraisse entre les catholiques et les huguenots, afin que ceux-ci connaissent que vous les aimez en Dieu. »

Vincent de Paul appliqua aux armées les Missions, qu'il avait créées et organisées dans le meilleur esprit pour porter dans les campagnes les secours spirituels en même temps que l'assistance charitable. Des missionnaires dévoués furent envoyés par lui dans les camps avec les instructions les plus sages et les plus précises qui devaient déterminer et limiter leur légitime influence. Il leur était recommandé, entre autres choses, de ne jamais se lasser de combattre le préjugé du duel, devenu une monomanie.

A tout propos les gentilshommes tiraient l'épée, en dépit des ordonnances royales qui défendaient le duel, considéré comme crime de lèse-majesté.

L'occasion fit encore naître dans l'esprit de Vincent de Paul l'idée des associations charitables qu'il a ensuite si admirablement organisées et qui se sont étendues si grandement de nos jours.

En 1617, il prêchait en Bresse, à Châtillon-les-Dombes, quand une pieuse dame osa l'interrompre pour le prier de recommander à l'assistance un paysan du voisinage qui se mourait de faim.

Le prédicateur fut si éloquent, si émouvant, qu'à sa sortie de l'église il trouva une foule de gens portant des paniers remplis de pain et d'aliments de toute espèce. Très embarrassé de cette abondance subite, il fut par là convaincu qu'il ne suffisait pas de créer des sources d'aumônes, mais qu'il fallait encore en régler la distribution.

Il forma une association de dames zélées et fit accepter à cette *Confrérie de la Charité*, comme il l'appelait, un règlement qui montre son esprit pratique et sa prévoyance. Ce règlement, qui contient, outre les prescriptions les plus minutieuses, les plus sages conseils, devait rendre les distributions charitables plus efficaces et plus constantes. Vincent de Paul y recommandait la sainte pratique du bien, qui consiste à faire toujours et en toute chose la volonté de Dieu; car, pour lui (ce sont ses propres paroles), « la perfection de l'amour divin ne consiste pas en des extases, mais à bien faire la volonté de Dieu ».

Nouveau disciple prédestiné, il allait partout, l'Évangile à la main, annonçant *la bonne nouvelle de la Charité*.

Le *bon Monsieur Vincent* fut admirablement secondé dans l'œuvre des associations charitables par Madame Le Gras (Louise de Marillac), veuve de M. Le Gras, secrétaire de la reine Marie de Médicis. Cette noble et vertueuse dame reçut de Vincent de Paul les inspirations de la plus tendre charité et elle lui inspira à son tour l'idée d'organiser le service des malades.

Madame Le Gras s'entoura de femmes dévouées et parcourut les diocèses de Paris, de Senlis, de Soissons, de Beauvais, de Meaux, de Chartres, de Châlons, apportant partout l'esprit de charité et de dévouement, organisant des associations pour le soulagement des pauvres et des malades, conseillant les maîtresses d'école dans les rares pays où elle en rencontrait, instruisant elle-même les petits enfants. On voit là le germe de l'institution des Sœurs de la Charité.

Madame Le Gras, qu'il faut citer et louer à côté de saint Vincent de Paul, mérite d'avoir une large place parmi les gens de bien.

Cette femme d'un esprit supérieur, d'une rare érudition, qui avait étudié la philosophie et les mathématiques, abandonna le monde à trente-quatre ans pour se consacrer tout entière au service des ignorants et des affligés. Douée d'une foi ardente, d'un zèle infatigable, elle se laissait quelquefois emporter si loin par l'ardeur de sa piété, que Vincent de Paul lui écrivit un jour :

« Prenez garde de n'en pas trop faire ; car c'est une ruse du démon dont il se sert pour tromper les bonnes âmes, pour les inciter à faire plus qu'elles ne peuvent, afin qu'elles ne puissent plus rien faire. Au contraire l'esprit de Dieu incite doucement à faire le bien avec raison, afin qu'on l'accomplisse avec persévérance ; faites donc ainsi, Mademoiselle, et vous agirez selon l'esprit de Dieu. »

Cette pieuse femme qui avait vécu dans la société et sous

la direction des deux hommes les plus illustres du temps par l'élévation de leur esprit et leur grandeur d'âme, François de Sales et Vincent de Paul, disait que le premier lui avait inspiré *l'amour de Dieu* et le second *l'amour du prochain*.

L'association des *Dames de la Charité* ne pouvait porter les fruits qu'en attendaient Monsieur Vincent et Madame Le Gras. Les dames, toutes dévouées qu'elles furent, appartenaient à leur famille. Des devoirs impérieux venaient constamment les distraire de la mission si généreusement acceptée, et le service des pauvres malades en souffrait. Vincent de Paul para à ces inconvénients en établissant, en 1623, les *Filles de la Charité*, qui ne furent d'abord que les servantes des hôpitaux, sous la direction et la surveillance des Dames de la Charité.

Des circonstances heureuses lui permirent, en 1633, de compléter cette touchante organisation.

Dans le cours de ses Missions, qu'il n'abandonnait jamais, il avait souvent rencontré de pauvres filles qui ne voulaient ou ne pouvaient se marier et qui, malgré leur désir d'entrer au couvent, n'y pouvaient être admises faute d'une dot. Vincent de Paul comprit le parti que la charité pouvait tirer de ces vocations religieuses et il fonda la *Congrégation des Sœurs de la Charité*, conuues aussi bien aujourd'hui sous le nom de *Sœurs de saint Vincent de Paul*. D'après les statuts rédigés par le fondateur, ces religieuses ne doivent avoir *pour clôture que l'obéissance, pour grille que la crainte de Dieu, pour voile qu'une sainte et exacte modestie*.

La première communauté, établie dans la paroisse de Saint-Nicolas-du-Chardonnet, fut placée sous la direction de *Mademoiselle* Le Gras. Ce nom de Mademoiselle était alors donné aux femmes mariées nobles et non titrées.

*
* *

Depuis longtemps, Vincent de Paul cherchait les moyens de secourir une autre misère qui faisait saigner son noble cœur.

Tous les ans, on ramassait dans les rues, sur les places publiques, sous le porche des églises de Paris, de trois à quatre cents enfants abandonnés, qu'on appelait *enfants-Dieu*. Les commissaires du Châtelet les faisaient transporter, à peu près comme des chiens perdus, rue Saint-Landry, chez une veuve mal rétribuée qui n'avait que deux servantes. La maison était petite, les enfants étaient nombreux, aussi mouraient-ils vite pour faire place à d'autres, qui avaient le même sort. Bien heureux ceux que des indigents recueillaient charitablement, et même ceux que l'on venait acheter dans un but qui n'était jamais louable.

Les servantes préposées à la garde des pauvres innocents les vendaient vingt sous *la pièce* à des mendiants, à des saltimbanques qui les exploitaient, ou à de prétendus magiciens qui les faisaient servir à leurs sortilèges. Il en mourait faute de soins un nombre considérable.

Ces horreurs devaient trop contrister l'âme du bon Monsieur Vincent pour qu'il ne cherchât pas à y porter remède. Il pouvait beaucoup; il possédait sur le monde charitable qu'il avait pour ainsi dire créé une influence toute-puissante; mais, en présence d'une telle calamité, les ressources dont il disposait semblaient bien faibles et il fallait faire la part de la cruelle nécessité.

Madame Le Gras se rendit chez la veuve de la rue Saint-Landry. Aidée de quelques Filles de la Charité, elle enleva de ce repaire infect douze enfants trouvés, désignés par le sort, et les installa à la Porte-Saint-Victor dans une maison appropriée tant bien que mal.

On essaya d'abord de les nourrir avec du lait de chèvre ou de vache, mais on dut bientôt recourir à des nourrices. Ce fut dans ces conditions modestes que *l'hospice des Enfants trouvés* fut fondé en 1638.

Jusqu'en 1640 l'hospice des Enfants trouvés n'eut que quatorze cents livres de revenus assurés. Vincent de Paul convoqua une assemblée générale des Dames de la Charité. Il y fut si éloquent, que les dames s'engagèrent à consacrer leur fortune et leurs soins à l'œuvre des Enfants trouvés. Les

Vincent de Paul parcourait les quartiers les plus misérables....

revenus annuels s'élevèrent presque immédiatement à vingt mille livres.

Huit ans après, le zèle s'était sans doute refroidi, car Vincent de Paul réunit une nouvelle assemblée générale des Dames de la Charité et leur adressa une exhortation dont la péroraison, restée célèbre, ralluma heureusement leur ferveur charitable.

« Or sus, Mesdames ! s'écria-t-il, la compassion vous a fait adopter ces petites créatures pour vos propres enfants ; vous êtes leurs mères selon la grâce, depuis que leurs mères selon la nature les ont abandonnées.

« Voulez-vous aussi les abandonner à votre tour ? Leur vie et leur mort sont entre vos mains, je m'en vais recueillir les voix et les suffrages. L'aumône que vous donnerez ou que vous refuserez est un terrible jugement entre vos mains ; il est temps de prononcer leur arrêt et de savoir si vous ne voulez plus avoir de miséricorde pour eux. »

L'auditoire fondait en larmes ; la cause des pauvres petits enfants perdus était gagnée.

Peu à peu, les ressources augmentant, le nombre de ces enfants s'accrut. Vincent de Paul parcourait pendant les nuits d'hiver les quartiers les plus misérables pour y recueillir les pauvres petits abandonnés. Il faut consulter le journal de l'hospice, rédigé presque quotidiennement par les Dames de la Charité, pour y lire des *faits divers* bien touchants, comme ceux-ci :

« 22 janvier. Monsieur Vincent est arrivé vers les onze heures du soir ; il nous a apporté deux enfants ; l'un peut avoir dix jours, l'autre est plus âgé ; ils pleuraient, les pauvres petits ! Madame la supérieure les a confiés à des nourrices.

« 26 janvier. Le pauvre Monsieur Vincent est transi de froid ; il nous arrive avec un enfant, mais il est déjà sevré celui-là, cela fait pitié de le voir ! Il a des cheveux blonds, une marque à son bras. Mon Dieu ! mon Dieu ! qu'il faut avoir le cœur dur pour abandonner ainsi une pauvre petite créature !

« 7 février. L'air est bien vif. Monsieur Vincent est venu visiter notre communauté ; ce saint homme est toujours à pied. La supérieure lui a offert de se reposer, il a couru bien vite à ses petits enfants. C'est merveille d'entendre ses douces paroles, ses belles consolations ! Ces petites créatures l'écoutent comme leur père. Oh ! qu'il le mérite bien ce bon monsieur Vincent ! J'ai vu aujourd'hui ses larmes couler : un de nos petits est mort.

— C'est un ange ! s'est-il écrié, mais il est bien dur de ne plus le voir. »

Les Dames de la Charité obtinrent du roi le château de Bicêtre pour y loger leurs enfants, mais, l'air y était trop vif pour des nouveau-nés, elles louèrent, à l'extrémité du faubourg Saint-Lazare, une grande maison. Les enfants adoptifs de saint Vincent de Paul furent successivement transférés à l hôpital Saint-Antoine, au parvis Notre-Dame, et enfin rue d'Enfer, où l'hospice fut installé dans de bonnes conditions.

*
* *

Le découragement n'atteignit jamais Vincent de Paul ; son génie charitable grandissait au contraire en face des plus grandes calamités.

Il était doué au suprême degré de cette disposition particulière qui facilite l'exercice de la vertu : il avait le généreux élan qui pousse au bien et la persévérance raisonnée qui y retient. Il ne se contentait pas de ces nombreuses aumônes, souvent jetées au hasard, qu'une plainte demande ou que des importunités arrachent ; ses bonnes actions avaient toujours un but plus élevé. Elles demandaient une continuité de sacrifices, devant lesquels il n'a jamais reculé. C'étaient des orphelines qu'il élevait, des malheureux qui devenaient ses commensaux, des familles qu'il sauvait de la misère en payant de sa personne non moins que de son argent.

C'est au milieu des travaux et des préoccupations qui l'accaparaient pour organiser, diriger et administrer ses multiples institutions de bienfaisance, qu'il entendit les cris de désespoir de la Lorraine.

Ce malheureux pays, tant de fois et si cruellement éprouvé, était alors ravagé tour à tour par les Impériaux, les Espagnols, les Suédois, les Français et les Lorrains eux-mêmes, qui en avaient fait longtemps leur ordinaire champ de bataille.

Cette province, épuisée par une longue suite de guerres civiles et d'invasions étrangères, se débattait agonisante. Des bourgs, des villages étaient brûlés, d'autres avaient été désertés ; de grandes villes comme Metz, Toul, Verdun, Bar-le-Duc, étaient réduites aux dernières extrémités de la misère. Plus de culture, plus d'industrie, c'était une terre dévastée que se disputaient la peste et la famine. Riches et pauvres y mouraient également de faim ; des actes de la plus épouvantable sauvagerie allaient chaque jour se multipliant.

Des hommes, ou plutôt des ombres décharnées, erraient dans les campagnes pour y manger à la dérobée l'herbe et les racines des champs ou les glands des forêts. Deux mères s'associaient dans l'horreur pour manger successivement leurs enfants. Un homme tua sa sœur pour lui voler un pain de munition !

Comment soulager de telles infortunes ? Quels remèdes apporter à une misère qui s'étend à une contrée tout entière ?

Vincent de Paul, qui ne se sent jamais impuissant à faire le bien, tente l'impossible ; il procure aux affamés de la Lorraine les secours les plus inattendus. La guerre a épuisé les ressources de la France ! La misère est grande à Paris ! Qu'importe ? les vivants doivent venir au secours des mourants.

Il se met en campagne, il réchauffe la charité des tièdes, il suscite celle des égoïstes, il sollicite les dons de tous ; il demande aux nobles, aux bourgeois, aux riches et aux artisans. Il s'adresse à la reine, qui refuse d'abord de secourir un pays ennemi, mais il la touche enfin comme les autres et, dans un temps où l'argent était si rare, il peut faire distribuer aux pauvres Lorrains *un million six cent mille francs!* Quelle valeur cette somme représenterait aujourd'hui !

Une foule de Lorrains sans feu ni lieu émigrèrent et vinrent se réfugier à Paris. Ce fut encore Monsieur Vincent qui les recueillit. Il les cantonna au village de La Chapelle et leur fit distribuer les secours qu'il obtenait de la charité privée.

D'autres réfugiés, appartenant à des familles nobles et autrefois riches, avaient emporté quelque argent échappé au pillage ; mais ils eurent bientôt épuisé leurs modestes ressources ; quand Vincent l'apprit, il réunit plusieurs riches gentilshommes de Paris et parvint à en former une petite association qui se consacra à l'entretien de ces familles nobles.

Tous les mois il assemblait les membres de ce comité pour en obtenir les sommes nécessaires, et il sut si bien entretenir leur zèle charitable, que, pendant huit ans au moins, les nobles Lorrains furent secourus par cette réunion de gentilshommes français.

Vincent de Paul montra donc une fois de plus, dans la distribution des secours aux Lorrains, cet esprit d'ordre et d'économie qu'il avait introduit dans toutes ses œuvres et qui les rendait si fécondes. Sa charité, inspirée par la tendresse, était toujours guidée par sa haute raison. Cette bonne âme ne séparait jamais l'exemple du précepte.

Vincent de Paul lutta contre le fléau des armées avec le courage le plus noble et le plus persévérant. Il aurait pu revendiquer une gloire plus légitime que la gloire militaire.

Quand la guerre porta ses ravages en Picardie et en Champagne, il renouvela les prouesses de charité qui l'avaient illustré en Lorraine. Il envoya dans les pays ruinés et affamés ses missionnaires de Saint-Lazare, qui sauvèrent la vie à plus de *deux mille* pauvres à Guise, à Ribemont, à la Fère, à Ham. Dans leur intelligente charité, ces missionnaires ne se contentaient pas de distribuer des vivres pour apaiser la misère du présent, ils faisaient encore semer le grain qui aiderait à soulager l'avenir. Ils achetaient, avec une partie des aumônes qu'ils rendaient ainsi plus fructueuses, des faucilles, des fléaux, des vans et toutes sortes d'outils pour aider aux travaux de la moisson dans les campagnes où les armées ne l'avaient pas détruite.

L'un d'entre eux écrivait de Saint-Quentin à Vincent de Paul : « Quel moyen de subvenir à sept ou huit mille pauvres qui meurent de faim, à douze cents réfugiés, à trois cent cinquante malades qui ne peuvent se nourrir qu'avec du potage et de la viande, à trois cents familles honteuses tant de la ville que des champs, qu'il faut secourir secrètement pour éviter ce qui arriva l'autre jour à un jeune homme, lequel, pressé par la nécessité, voulut se tuer avec un couteau, et aurait commis ce crime si l'on n'eût couru pour l'en empêcher?

« La souffrance des pauvres ne se peut exprimer ; si la cruauté du soldat a forcé ces malheureux à chercher les bois, la faim les en a fait sortir, et ils se sont réfugiés ici. Il est mort près de quatre cents malades, et la ville, qui ne pouvait les assister, en a fait sortir la moitié, qui sont morts peu à peu étendus sur les grands chemins, et ceux qui nous sont demeurés sont en telle nudité qu'ils n'osent venir nous trouver.

« La famine est telle, que nous voyons les hommes mangeant la terre, broutant les herbes, arrachant l'écorce des arbres, déchirant enfin les méchants haillons dont ils sont couverts pour les avaler ; mais ce que nous n'oserions dire si nous ne l'avions vu, et qui cependant fait horreur, ils se mangent les bras et les mains et meurent dans le désespoir. »

Un autre missionnaire écrivait de Soissons :

« La plupart des habitants sont morts dans les bois, pendant que l'ennemi occupait leurs maisons, les autres y sont revenus pour y finir leur vie ; car nous ne voyons partout que malades ; nous en avons plus de douze cents, outre six cents languissants, tous répandus en plus de trente villages ruinés ; ils sont couchés sur la terre et dans des maisons demi-démolies et découvertes, sans aucune assistance ; nous trouvons les vivants à côté des morts, et les petits enfants sur le sein de leur mère expirante. »

Voilà les calamités pour lesquelles Vincent de Paul trouva encore et toujours de nouveaux subsides, fournis par la charité privée qu'il savait si bien exploiter. Les envois qu'il faisait à ses missionnaires de Picardie et de Champagne s'élevaient jusqu'à *trente mille* francs par mois, et l'on estime à plus d'un million les secours en argent qu'il fit distribuer à Guise, à Laon, à Chauny, à la Fère, à Ribemont, à Ham, à Arras, à Amiens, à Péronne, à Saint-Quentin, au Catelet, à Reims, à Rethel, à Neufchâteau, à Rocroi, à Mézières, à Charleville, à Sedan et à un grand nombre de villages également ravagés par les Espagnols et par les armées qu'on leur opposait.

Vincent de Paul, par ses prédications, par ses exhortations, par son active coopération, avait converti son époque à la charité. Il avait fait de cette vertu un culte inséparable de la religion. Pour lui, la dévotion impliquait le dévouement au pauvre. Il était pour ainsi dire la personnification de la bienfaisance.

Les bienfaiteurs isolés, aussi bien que ceux qu'il avait enrégimentés au service de la charité, n'auraient pas cru pouvoir faire le bien sans sa permission, c'est-à-dire sans prendre conseil de lui et sans solliciter sa collaboration.

En 1653, un riche habitant de Paris, qui voulut garder l'anonyme, remit entre ses mains une somme considérable destinée à une œuvre méritoire.

Après de longues réflexions, Vincent de Paul s'arrêta à l'idée de fonder un hospice où seraient reçus dans leur vieillesse les pauvres artisans qui ne pourraient plus vivre de leur travail. Il acheta dans le faubourg Saint-Lazare deux maisons attenantes a un terrain spacieux et les fournit de literie, de linge, et aussi de métiers et d'outils pour ceux à qui pèserait l'oisiveté. Avec le reste de la somme il constitua à l'établissement une rente annuelle qui permettait de pourvoir aux besoins de quarante vieillards.

Les Dames de la Charité visitèrent d'abord par curiosité cet établissement, que Vincent de Paul avait appelé l'*Hôpital de Jésus*. Elles furent tellement émerveillées des bienfaits qu'on en retirait, de l'ordre qui y régnait, des conditions économiques qu'on y avait introduites, qu'elles conçurent le projet de créer, avec le concours de Vincent de Paul, un hôpital général destiné à recueillir tous les mendiants de Paris. Or il n'y en avait pas alors moins de quarante mille !

L'entreprise paraissait peu pratique et semblait téméraire à Monsieur Vincent, qui hésita longtemps avant d'y prendre part. Mais, dans une assemblée générale des Dames de la Charité, une délibération enleva le vote à l'unanimité, et celui qui avait si souvent donné l'impulsion fut cette fois obligé de la subir. S'il avait toujours réglé le pas des Dames de sa confrérie de la Charité, il n'avait jamais cherché à le ralentir et, dans cette grande affaire de la création d'un hôpital général, il aurait voulu, non arrêter, mais suspendre un zèle et un élan qui allaient dépasser le but. En effet, ces grandes dames, qui pouvaient se croire autorisées à dicter leurs volontés en considération des dons considérables qu'elles faisaient, ne visaient à rien moins qu'à enfermer les quarante mille mendiants de Paris, lesquels n'étaient pas tous gens à se laisser faire.

Monsieur Vincent eut beau montrer les difficultés, l'impossibilité de réaliser un tel projet, les fondatrices ne voulurent rien entendre; il fallut passer outre. Elles obtinrent du roi le don des enclos de la Salpêtrière; l'une d'elles donna 3000 francs de rente, une autre 50 000 francs de capital. Le Parlement s'en mêla et fournit aussi des fonds.

Ce fut un engouement général; les dons affluèrent de tous côtés : dès les premiers jours on avait emmagasiné dix mille chemises et une grande quantité de linge.

Dans sa sage prévoyance, Vincent de Paul chercha à modérer cet enthousiasme qui s'égarait. Il voulait qu'on tentât l'épreuve avec deux cents mendiants au plus et qu'on admît seulement ceux qui viendraient d'eux-mêmes demander l'hospitalité, comptant sur les bons traitements qu'ils recevraient pour en attirer d'autres. Ce sage avis ne fut pas écouté. Il fut décidé que tous les mendiants de Paris seraient, bon gré, mal gré, placés dans la retraite qu'on leur offrait. C'était d'un hospice faire une prison.

Ce qu'avait prévu Monsieur Vincent arriva. La plupart des mendiants, préférant leur vie de misère libre et de vagabondage déréglé au sort paisible que leur promettait une si charitable incarcération, émigrèrent en province, et les trois ou quatre mille qu'on parvint à amener à la Salpêtrière ne montrèrent rien moins que de la reconnaissance.

Ce n'étaient point là les façons d'agir de Monsieur Vincent;

aussi renonça-t-il, en son nom et en celui de ses missionnaires de Saint-Lazare, à la direction spirituelle de l'hôpital général, que Louis XIV lui avait confiée.

Comment Vincent de Paul aurait-il pu tolérer que les malheureux fussent traités comme des coupables, lui qui eût voulu qu'on traitât les criminels comme des malheureux? N'avait-il pas réussi autrefois à améliorer la situation des condamnés aux bagnes? N'avait-il pas dès l'année 1619, en qualité d'aumônier général de toutes les galères de France, adouci autant qu'il était en son pouvoir le sort des galériens, ces « criminels plus chargés du poids insupportable de leurs fautes que de la pesanteur de leurs chaînes », *ces pauvres forçats* dont il embrassait les fers pour les leur rendre plus légers?

*
* *

Vincent de Paul, dont la piété égalait la charité, devait être aussi le promoteur et le fondateur d'institutions ecclésiastiques. De son temps, le clergé se recrutait parmi les élèves des collèges et des couvents, qui, après avoir plus ou moins terminé leurs études, se préparaient isolément à recevoir les ordres. Cet état de choses, qui provoquait des plaintes légitimes dans tous les diocèses, avait frappé Vincent de Paul. Dans le but de donner au clergé la science et les vertus qu'exige l'exercice de son ministère, il conçut le projet de créer des séminaires.

S'entourant des avantages que le collège des Bons-Enfants avait procurés pour l'éducation des missionnaires, il obtint en 1642, du cardinal de Richelieu, des subsides pour la création d'un premier séminaire installé au collège des Bons-Enfants. Des jeunes gens poussés par une vraie vocation y entrèrent en payant pension. Les élèves devinrent bientôt si nombreux, qu'il fallut créer un second établissement de ce genre au faubourg Saint-Lazare. Enfin, de diocèse en diocèse ces institutions se répandirent dans toute la France.

*
* *

Nous n'avons pu qu'indiquer rapidement les principales œuvres de Vincent de Paul.

Cet homme, dont l'active bienfaisance ne s'est pas épargnée un seul jour dans le soulagement de tous les maux et de toutes les misères, était pourtant d'une santé débile. Le climat de Tunis et son temps d'esclavage avaient ruiné sa santé. En dépit du peu de ménagements qu'il prenait de ses forces, il parvint à l'âge de quatre-vingt-quatre ans, debout et actif jusqu'à sa dernière heure.

Sa mort fut un deuil public.

Vincent de Paul avait les traits irréguliers, mais sa noble figure resplendissait de l'éclat de sa belle âme.

Ses yeux, à la fois doux et pénétrants, son front large, son bon sourire, son air calme et affable, rendaient sa physionomie plus sympathique que ne l'aurait fait la beauté. Aussi est-on presque irrité de son excès d'humilité quand on lit ce portrait tracé par lui-même :

« Et moi, comment suis-je fait et comment m'a-t-on souffert jusqu'à cette heure dans l'emploi que j'ai, moi qui suis le plus rustique, le plus ridicule, le plus sot de tous les hommes, parmi les gens de condition avec lesquels je ne saurais dire dix paroles de suite qu'il ne paraisse que je n'ai pas d'esprit ni de jugement, mais, qui pis est, que je n'ai aucune vertu qui m'approche des saints? »

L'Église en jugea autrement, car elle le canonisa en 1729, et le monde entier ratifia le bref de sa béatification.

L'œuvre de saint Vincent de Paul s'est perpétuée jusqu'à nos jours en prenant des voies diverses, en se ramifiant pour produire de nouveaux fruits

BENJAMIN FRANKLIN

Franklin est une de ces physionomies grandes et simples qui remplissent un siècle, caractérisent une époque et s'imposent à la reconnaissance universelle.

Pour bien comprendre le rôle que cet homme extraordinaire a joué dans les temps modernes, pour concevoir l'influence que cette triple individualité de moraliste, de savant et de politique a exercée sur le nouveau monde et sur l'ancien, il faut commencer par connaître l'enfant.

Benjamin Franklin, né à Boston, dans la Nouvelle-Angleterre, le 17 janvier 1706, fut le quinzième des dix-sept enfants de Josiah Franklin.

Son père était un teinturier en soie de Northampton, fervent presbytérien, qui avait dû quitter l'Angleterre pour conquérir sa liberté de conscience. Son vieux métier ne lui procurant pas dans sa nouvelle patrie des ressources suffisantes, il se fit fabricant de chandelles.

Josiah, remarquant chez son fils Benjamin une précocité extraordinaire, le voua, dans sa pensée, à l'apostolat du culte presbytérien et commença à le faire instruire dans ce but.

Malheureusement la famille était nombreuse, les ressources

étaient modiques, et l'implacable nécessité contraignit prématurément les enfants au travail manuel.

Le pauvre Benjamin, retiré de l'école à dix ans, obligé d'aider son père dans la fabrication des chandelles, réussit pourtant à s'instruire tout seul. Si son corps était présent à l'atelier, son esprit en était bien loin. Tandis qu'il coupait machinalement des mèches, ou qu'il versait du suif dans les moules, Benjamin envoyait son imagination vagabonder au bord de la mer, dont il raffolait.

Il avait pour la marine un goût décidé, que condamna son père.

« Eh bien ! se dit-il, puisque je ne puis être marin, je ne serai pas non plus fabricant de chandelles ! »

A force de sollicitations il obtint la permission d'entrer en apprentissage chez un coutelier.

Il aimait trop la mer pour ne pas profiter du voisinage qui lui offrait de si belles occasions. Il était donc bien souvent dans l'eau ou sur l'eau, nageant ou conduisant un canot, entraînant ses camarades dans des courses nautiques où il était toujours pris pour pilote, surtout dans les occasions périlleuses.

« J'étais, dit-il, en toute occasion le meneur de mes camarades, et parfois il m'arrivait de les mener dans l'embarras. J'en citerai un exemple parce qu'il montre déjà une tendance vers des projets d'intérêt public, quoique je dirigeasse alors fort mal cette tendance.

« Il y avait un marais salant à la suite d'un étang sur lequel était construit un moulin, et souvent, à marée haute, nous nous mettions à pêcher sur le bord ; à force de piétiner, nous avions fait de cet endroit une espèce de bourbier

« Je fis la proposition d'y construire un quai sur lequel nous stationnerions de pied ferme et je montrai à mes camarades un gros tas de pierres destinées à la construction d'une maison près du marais et qui conviendraient merveilleusement à notre projet.

« Le soir donc, lorsque les ouvriers furent retournés chez eux, j'assemblai un bon nombre de mes compagnons, et nous

nous mîmes à l'ouvrage avec l'ardeur d'une fourmilière, si bien que nous emportâmes toutes les pierres pour faire notre petit quai. Enquête fut faite sur les auteurs de cet enlèvement ; nous fûmes accusés, découverts et corrigés d'importance. J'eus beau montrer l'utilité de mes travaux, mon père sut me convaincre que *ce qui n'était pas honnête ne pouvait être vraiment utile.* »

Cette sage parole frappa plus l'enfant que ne l'auraient fait des remontrances brutales ; elle se grava dans son jeune cœur, où elle fructifia.

Combien de jeunes garçons ainsi abandonnés à eux-mêmes, vivant dans une liberté presque sans contrôle, seraient devenus de véritables vagabonds n'obéissant qu'à leurs instincts de folle indépendance ! Franklin mettait au contraire ses loisirs à profit pour apprendre tout ce qu'il pouvait, dévorant les livres qui lui tombaient sous la main, et de préférence les ouvrages de science et les *Vies des hommes illustres* de Plutarque

Aujourd'hui que les livres abondent, les écoliers n'ont peut-être pas tout le respect voulu pour ces vrais amis qui étaient autrefois si rares, surtout dans un pays neuf où tout devait venir d'Angleterre.

Franklin crut trouver le moyen d'assouvir la soif de lecture dont il était dévoré en entrant comme compositeur chez un de ses frères qui était imprimeur et lui octroyait plus de rebuffades que d'émoluments. N'importe ! ce n'étaient pas des cajoleries qu'il cherchait, c'étaient des livres !

« Tu ne me payes pas, dit-il un jour à son frère, c'est bien ; mais tu me nourris. Donne-moi ce que tu voudras pour ma nourriture, je me charge du reste. »

Et voilà notre adolescent de seize ans qui, résolu à se constituer une intelligence robuste aux dépens de son corps, renonce à la viande par économie, se fait frugivore et légumiste, *végétarien,* comme l'on dit aujourd'hui, et se procure ainsi des ressources pour acheter des livres. Il se soumit si bien à ce régime, qu'il ne l'abandonna plus, ce qui ne l'empêcha pas de parvenir à un âge très avancé dans la plénitude de toutes ses facultés.

Si le jeune apprenti remplissait assidûment pendant le jour les devoirs de sa profession, il employait une partie des nuits à s'instruire en cachette, à former son goût littéraire par la lecture des bons auteurs anciens et modernes : Socrate et Pascal, Xénophon et Addison.

En 1721, son frère fonda un journal, et l'humble apprenti conçut aussitôt la pensée ambitieuse d'en devenir l'un des rédacteurs. Comment faire? Révéler ce projet, c'était se faire bafouer à coup sûr. Il écrivit un premier article en déguisant son écriture, et le signa d'un pseudonyme. Le soir, il glissa furtivement son œuvre sous la porte de l'imprimerie.

Comme le cœur lui battit toute la journée du lendemain ! Enfin, le comité de rédaction ayant rendu un avis favorable, l'article passa et bien d'autres à sa suite. Le succès grisa l'auteur, la vanité le prit ; il avait alors dix-huit ans ! il réclama la paternité de sa prose. Au lieu des éloges qu'il ambitionnait comme écrivain, il reçut de sévères réprimandes et de vertes semonces. Son père déclara que tous les auteurs étaient des *meurt-de-faim*, et son frère lui rendit la vie si dure, qu'il résolut de fuir.

Il alla d'abord chercher un emploi à New-York, puis à Philadelphie, où il arriva dans un état de misère lamentable. Le pauvre enfant avait accompli la traversée de New-York à Philadelphie dans une mauvaise barque faisant eau de toutes parts, et il débarqua dans cette ville, où il ne connaissait personne, malade, affamé, mal vêtu, avec un dollar dans sa poche. Il réussit pourtant à trouver de l'emploi chez un imprimeur, où il resta un an. En 1724, croyant avoir trouvé une occasion favorable, il s'embarqua pour l'Angleterre. Sa vie d'apprenti était terminée.

*
* *

A peine arrivé à Londres, Franklin s'aperçut que les soi-disant protecteurs qui avaient feint de s'intéresser à lui l'avaient pris pour dupe ; il se trouva perdu dans cette grande ville, sans ressource et sans ouvrage. Il ne se découragea pas pour si peu. Après s'être présenté chez plusieurs imprimeurs, il fit enfin agréer ses services et se mit de bon cœur au travail. Excellent ouvrier, laborieux, intelligent, économe, il vivait assez modestement de son modique salaire afin d'en réserver une part pour les mauvais jours, s'ils venaient, ou pour mieux enrichir des jours meilleurs.

Quoi qu'il en soit, il ne fit pas fortune en Angleterre. De retour en Amérique, il épousa une femme digne de son estime et de son affection.

On ne devient pas prophète dans son pays quand on y reste. Si Franklin revenait simple ouvrier, c'était du moins avec le prestige qui s'attache aux compagnons revenus de la capitale comme aux artistes retour de Rome.

Après maintes tribulations, maintes péripéties, grâce aux faibles profits d'un rude labeur, Franklin put disposer d'un petit capital, qui lui permit d'établir une imprimerie à Philadelphie. Il fait venir des presses, des caractères de Londres, fabrique son papier lui-même pour économiser les droits d'entrée et fonde un journal. Est-ce une spéculation qu'il tente? Non. Franklin vise plutôt à faire le bien qu'à acquérir des biens, de même que toute sa vie il préféra l'honneur aux honneurs. Son journal n'a d'autre but que de vulgariser les vérités scientifiques et de répandre des principes de morale.

Franklin crée ensuite, sous le nom de *junte*, une association d'hommes instruits qui s'engagent à se communiquer leurs connaissances. Ce n'est pas une académie où l'on recherche les succès oratoires, c'est une espèce d'école mutuelle où doit se faire, au profit de tous, le libre échange des idées. Les premiers adhérents furent : un copiste-expéditionnaire, un vitrier et un cordonnier, véritable trio de mathématiciens ; un arpenteur et un menuisier, tous deux excellents mécaniciens ; quatre ouvriers imprimeurs ; un jeune homme de grande fortune et un négociant. Ce club prospéra pendant quarante ans ; il servit de modèle aux nombreuses sociétés savantes qui se sont depuis répandues en Amérique et en Angleterre.

La junte amena la fondation d'une bibliothèque. Les souscripteurs s'engagèrent à verser une somme chaque année, pendant cinquante ans, sans s'inquiéter des avantages qu'ils en retireraient dans un avenir qui ne leur appartenait pas. Ces braves gens ne pensaient pas que le monde finirait avec eux.

« Il y avait alors si peu de lecteurs à Philadelphie, dit Franklin dans ses *Mémoires,* et nous étions pour la plupart si pauvres, que, malgré tous mes soins, il me fut impossible de trouver plus de cinquante personnes, presque tous de jeunes négociants, qui consentissent à payer d'abord quarante shillings et ensuite dix shillings par an pour cet établissement. Ce fut avec ce petit fonds que nous commençâmes ; les livres furent importés d'Angleterre, la bibliothèque fut ouverte une fois par semaine, pour prêter aux souscripteurs les livres qu'ils pouvaient désirer, sous l'obligation de payer le double de leur valeur s'ils ne les rendaient pas en bon état. On en sentit bientôt l'utilité : de pareils établissements se formèrent dans d'autres villes et d'autres provinces ; les bibliothèques s'accrurent par des donations particulières, la lecture devint à la mode, et le peuple, n'ayant pas d'amusements publics pour le distraire de l'étude, finit par faire avec les livres une connaissance plus entière. Enfin, au bout de quelques années, les étrangers reconnurent que le peuple de Philadelphie était plus instruit et plus intelligent que celui des autres pays. Les bibliothèques ont contribué à rendre la conversation plus instructive, à répandre parmi les marchands et les fermiers autant de lumières qu'on en trouve ordinairement parmi les gens de la classe la plus éclairée, peut-être même ont-elles été pour quelque chose dans la résistance vigoureuse que les colonies américaines ont apportée aux attaques dirigées contre leurs droits. »

C'est pour rendre hommage au promoteur de cette institution que la Société qui a propagé en France les bibliothèques populaires s'est placée sous le patronage de Franklin

L'activité de cet honnête homme se portait de tous les côtés à la fois et sur les institutions utiles les plus diverses. Après avoir fondé une Société académique, une bibliothèque, un collège, un hôpital, une Société de secours contre l'incendie, il décida ses concitoyens à paver et à balayer leurs rues, à les éclairer la nuit par des réverbères, il leur apprit encore à se chauffer chez eux à l'aide de poêles économiques. Ce qu'il n'inventa pas, il le perfectionna et ne consentit jamais à recevoir aucun profit de ses inventions ou de ses perfectionnements.

*
* *

Jusque-là Franklin avait vécu inspiré, au jour le jour, par ses instincts d'honnêteté et de vertu, mais sans guide et sans contrôle ; il voulut se tracer une règle de conduite qui lui donnât les moyens de bien vivre et de vivre longtemps. Ce fut, il faut bien le dire, une conciliation entre l'égoïsme et la morale.

Voici, avec leurs préceptes, les treize vertus fondamentales dont il se prescrivit la pratique.

1re Vertu. TEMPÉRANCE. — *Ne mangez pas jusqu'à être appesanti, ne buvez pas jusqu'à vous étourdir.*

Franklin plaça la tempérance en première ligne parce que cette vertu, qui contribue à entretenir les idées nettes, était pour lui le commencement de la sagesse. Il était d'une extrême sobriété, et l'on raconte à ce propos une anecdote assez piquante.

Un des souscripteurs de son journal vint un jour le menacer de son désabonnement s'il ne modifiait ses opinions politiques.

« Très bien, lui répondit Franklin, je cesserai de vous envoyer le journal, car je ne puis me départir de ma ligne de conduite. »

A quelque temps de là il convia cet homme à souper. L'invité fut introduit dans une petite salle à manger dont le seul luxe était une excessive propreté. Sur la nappe, d'une blancheur immaculée, figuraient des concombres, du beurre, du fromage, des laitues, des poireaux cuits, un pot de bière et une carafe d'eau. On ne servit rien autre chose. Autour de la table vinrent s'asseoir un docteur fameux par sa science, un des rédacteurs de la Constitution américaine et enfin le célèbre Washington, tous amis intimes de Franklin. Si l'on mangea peu, en revanche on causa longuement et d'une façon si entraînante, que les convives ne se séparèrent qu'à minuit.

Avant de se retirer, l'abonné récalcitrant, s'approchant de Franklin, lui dit avec émotion :

« Je vous remercie de l'excellente soirée que vous m'avez fait passer et de la leçon, encore meilleure, que vous m'avez donnée! Un homme qui peut convier les plus illustres personnages de son pays à partager des concombres et des poireaux ne peut avoir qu'une politique honnête et sincère. »

2e Vertu. Silence. — *Ne dites que ce qui peut servir aux autres ou à vous-même. Évitez les conversations oiseuses.*

Franklin ne pouvait souffrir les discours oiseux ; il pensait avec certain sage que, si la parole est d'argent, le silence est d'or. Nous citerons à ce sujet un trait de sa vie, tendant à prouver que les meilleurs esprits peuvent avoir des travers et que les hommes les plus sages dépassent parfois les bornes de la sagesse.

Franklin, nommé commissaire des États-Unis auprès de la France, vint à Paris en 1777 et descendit à Chaillot, qu'habitait alors le célèbre et infortuné Bailly. Celui-ci crut devoir sans tarder rendre visite à l'hôte illustre qui honorait la commune de sa présence. Il se fait annoncer : « Franklin, qui le connaissait de réputation, l'accueille très cordialement et échange avec son visiteur les quelques paroles que la circonstance exigeait. Bailly s'assied auprès du philosophe américain et se tait par discrétion. Une demi-heure se passe, et Franklin n'a pas ouvert la bouche. Bailly tire sa tabatière, la présente à son voisin, sans mot dire. Celui-ci fait signe de la main qu'il ne prend pas de tabac. L'entrevue muette se prolonge ainsi pendant une heure entière. Bailly se lève enfin, et Franklin, transporté d'aise d'avoir trouvé un Français qui savait se taire, lui tend la main, la serre affectueusement, en s'écriant :

— Très bien, monsieur Bailly, très bien! »

Franklin était arrivé en France avec l'idée préconçue que tous les Français sont des bavards. Nous pourrions peut-être, sans y mettre beaucoup de malice, remarquer que dans cette occasion c'est l'Américain discret qui le premier rompit le silence.

Franklin s'offusquait non seulement des conversations ba-

Washington

nales, mais encore de tout ce qui n'avait pas une utilité démontrée. C'est ainsi qu'il aurait voulu que, au lieu de graver en exergue sur les pièces de monnaie : George III est roi d'Angleterre, d'Écosse et d'Irlande, on y inscrivît quelque maxime utile dans le genre de celle-ci : *Un sou épargné est un sou gagné.*

5ᵉ Vertu. Ordre. — *Que chaque chose ait chez vous sa place et chaque affaire son temps.*

Il avait fait un règlement pour l'emploi des heures de sa journée, qui étaient ainsi déterminées :

Matin....	5	Me lever, m'adresser à la bonté divine ;
	6	Régler les affaires du jour, en tracer le plan ; m'occuper des affaires présentes ;
	7	Déjeuner.
	8	
	9	Travail.
	10	
	11	
Midi....	12	Lire. Examiner mes comptes.
	1	Dîner.
Après-midi.	2	
	3	Travail.
	4	
	5	
Soir....	6	Mettre toute chose en place et souper.
	7	Musique, amusements, conversation.
	8	Examen de la journée.
	9	Quel bien ai-je fait ?
Nuit..	10	
	11	
	12	
	1	Dormir
	2	
	3	
	4	

4ᵉ Vertu. Résolution. — *Prenez la résolution de faire ce que vous devez : faites sans manquer ce que vous avez résolu.*

Franklin avait trouvé pour combattre l'irrésolution une recette qu'il appelle une algèbre de circonspection.

« Ma méthode, dit-il, est de partager une feuille de papier en deux colonnes, écrivant en tête de l'une : Pour et en tête de l'autre : Contre. Donnant ensuite à cet objet trois ou quatre jours d'examen, je place sous chacun de ces titres de courtes indications et différents motifs qui se présentent par moments à moi pour ou contre la mesure à prendre. Quand j'ai rassemblé dans ce tableau tous les motifs contradictoires, je tâche de peser leur valeur respective, et, si j'en trouve deux, un de chaque côté, qui me semblent égaux, je les efface tous les deux. — Si je trouve une raison *pour* égale à deux raisons *contre*, j'efface les trois. — Si je juge deux raisons *contre* égales à trois raisons *pour*, j'efface les cinq ; et, d'après ce qui reste enfin, je trouve de quel côté la balance l'emporte et je fixe ma détermination. »

5ᵉ Vertu. Économie. — *Ne faites de dépenses que pour le bien des autres ou pour le vôtre ; c'est à-dire ne dissipez rien.*

Lorsque Franklin était résolu à ne point faire une dépense, aucune sollicitation ne pouvait l'y entraîner. Pourtant il se présenta une circonstance où l'enthousiasme, dont il se défiait d'ordinaire, l'emporta sur cette ferme résolution.

« Assistant à un des sermons de N.... (c'est Franklin qui parle), je m'aperçus qu'il avait dessein de le finir par une quête et je me promis tout bas qu'il n'obtiendrait rien de moi. J'avais en poche des monnaies de cuivre, trois à quatre dollars en argent et cinq pistoles en or. A mesure que son discours avançait, je sentis ma résolution fléchir, et je me décidai à donner ma monnaie de cuivre ; un autre trait d'éloquence me rendit honteux d'offrir si peu de chose, et j'allai jusqu'à mes dollars ; enfin sa péroraison fut si entraînante, que ma poche se vida tout entière dans la bourse du quêteur, or et tout. »

6ᵉ Vertu. Travail. — *Ne perdez pas de temps. Occupez-vous toujours à quelque chose d'utile. Abstenez-vous de toute action qui n'est pas nécessaire.*

Précepte fut-il jamais mieux suivi ? Enfant, nous l'avons vu fabricant de chandelles, coutelier, compositeur, écrivain ; plus tard, ouvrier laborieux, imprimeur, journaliste, organisateur d'une association, fondateur d'une bibliothèque, d'un collège, d'un hôpital. Nous le verrons un jour : savant, diplomate, promoteur de l'affranchissement de son pays. S'il a varié ses occupations, ce n'est pas qu'il fût inconstant, c'est qu'il avait une grande activité à dépenser pour les autres et pour lui. S'il a souvent changé de métier, c'est que le métier n'était pour lui qu'un moyen de donner satisfaction à son esprit et à ses aptitudes. « La faim regarde à la porte de l'homme laborieux, mais elle n'ose pas entrer, » avait-il coutume de dire.

7ᵉ Vertu. Sincérité. — *N'usez d'aucun méchant détour. Pensez avec innocence et justice; parlez comme vous pensez.*

Dans notre société si imparfaite, où se rencontrent des natures si différentes, des habitudes si contraires, où l'aspect des choses change avec le point de vue, l'honnêteté a des degrés. C'est un mot qui a des acceptions diverses et qu'on interprète d'une manière ou d'une autre, suivant la plus ou moins grande justesse de la voix et que l'oreille qui l'entend traduit suivant qu'elle est plus ou moins faussée. Pour Franklin, ce mot n'avait qu'une valeur absolue, indépendante du milieu social, elle n'était relative ni aux personnes, ni aux choses. Il ne comprenait rien aux temporisations; il ne connaissait pas la science vulgaire qui enseigne à entrer en composition avec la conscience. Il ne consentait jamais à faire un de ces mensonges déclarés innocents parce qu'il ne s'agit que de tromper la société ou le gouvernement, soit pour éluder les conséquences d'une loi, soit pour amoindrir la charge d'un impôt. Il avait une telle horreur du mensonge, qu'il pratiquait la sincérité la plus absolue jusque dans les fonctions diplomatiques. Chose rare! qui pourtant fut loin de nuire à la cause qu'il défendait.

Lorsqu'il vint en France pour traiter avec Louis XVI, le gouvernement anglais le fit solliciter secrètement par des amis qui lui garantissaient la possibilité d'une réconciliation des Colonies qu'il représentait avec la métropole. Il répondit simplement :

« Je suis engagé avec la France, je reste avec la France. »

Et il signa le traité français.

8ᵉ Vertu. Justice. — *Ne nuisez à personne, soit en lui faisant du tort, soit en négligeant de faire le bien auquel votre devoir vous oblige.*

9ᵉ Vertu. Modération. — *Évitez les extrêmes, gardez-vous de ressentir les torts aussi vivement qu'ils vous semblent le mériter.*

La modération en toutes choses, c'est la science de la vie, c'est le secret du bonheur.

Laissons Franklin nous donner lui-même une de ces leçons

pratiques où il excelle à moraliser avec autant de finesse que de bon sens.

« Quand j'étais un enfant de cinq ou six ans, écrivait-il de Passy le 10 novembre 1779, mes amis, un jour de fête, remplirent ma petite poche de sous. J'allai tout de suite à une boutique où l'on vendait des babioles ; mais, étant charmé du son d'un sifflet que je rencontrai en chemin entre les mains d'un autre petit garçon, je lui offris pour cela tout mon argent et le lui donnai volontiers.

« Quand je fus revenu chez moi, sifflant par toute la maison, fort content de mon achat, mais fatiguant les oreilles de toute la famille, mes frères, mes sœurs, mes cousines, apprenant que j'avais tant donné pour ce mauvais bruit, me dirent que c'était dix fois plus que la valeur ; alors ils me firent penser au nombre de bonnes choses que j'aurais pu acheter avec le reste de ma monnaie si j'avais été plus prudent ; ils me ridiculisèrent tant de ma folie, que j'en pleurai de dépit ; et la réflexion me donna plus de chagrin que le sifflet de plaisir.

« Cet accident fut pourtant dans la suite de quelque utilité pour moi, l'impression restant sur mon âme ; de sorte que, lorsque j'étais tenté d'acheter quelque chose qui ne m'était pas nécessaire, je disais en moi-même : *Ne donnons pas trop pour le sifflet*, et j'épargnais mon argent.

« Devenant grand garçon, entrant dans le monde et observant les actions des hommes, je vis que je rencontrais nombre de gens *qui donnaient trop pour le sifflet*. »

« Quand j'ai vu quelqu'un qui, ambitieux de la faveur de la cour, consumait son temps en assiduités *aux levers*, son repos, sa liberté, sa vertu, et peut-être même ses vrais amis, pour obtenir quelque petite distinction, j'ai dit en moi-même : « Cet homme *donne trop pour son sifflet*. »

« Quand j'en ai vu un autre, avide de se rendre populaire, et pour cela s'occupant toujours de contestations publiques, négligeant ses affaires particulières, et les ruinant par cette négligence : « *Il paye trop*, ai-je dit, *pour son sifflet*. »

« Si j'ai connu un avare qui renonçait à toute manière de vivre commodément, à tout le plaisir de faire du bien aux autres, à toute l'estime de ses compatriotes et à toutes les chances de l'amitié pour avoir un morceau de métal jaune : « *Pauvre homme ! disais-je, vous donnez trop pour votre sifflet.* »

« Quand j'ai rencontré un homme sacrifiant tout louable perfectionnement de son âme et toute amélioration de son état aux plaisirs purement matériels et détruisant sa santé dans leur poursuite : « *Homme trompé !* ai-je dit, *vous payez trop pour votre sifflet.*

« Si j'en ai vu un autre, entêté de beaux habillements, belles maisons, beaux meubles, beaux équipages, tant au-dessus de sa fortune qu'il ne se les procurait qu'en faisant des dettes, et en allant finir sa carrière dans une prison : « *Hélas !* ai-je dit, *il a payé trop pour son sifflet.* »

« Enfin j'ai conçu que la plus grande partie des malheurs de l'espèce humaine viennent des estimations fausses qu'on fait de la valeur des choses, et de ce qu'*on donne trop pour les sifflets.*

« Néanmoins, je sens que je dois avoir de la charité pour ces gens malheureux, quand je considère qu'avec toute la sagesse dont je me vante, il y a dans ce bas monde certaines choses si tentantes, que, si elles étaient mises à l'enchère, je pourrais être très facilement porté à me ruiner par leur achat et trouver que j'aurais encore une fois *donné trop pour le sifflet.* »

10ᵉ Vertu. Propreté. — *Ne souffrez aucune malpropreté ni sur votre corps, ni sur vos vêtements, ni dans votre maison.*

Franklin n'est pas le seul philosophe qui ait érigé la propreté en vertu. Il alléguait qu'une conscience nette ne saurait loger que dans un corps net.

A quatre-vingt-quatre ans, se sentant près de sa fin, il appela sa fille et lui dit tranquillement :

« Ma fille, fais toi-même mon lit, afin que je meure dans la propreté. »

11ᵉ Vertu. Tranquillité. — *Ne vous laissez pas troubler par des bagatelles, ni par des accidents ordinaires ou inévitables*

Rien ne troublait en effet sa sérénité. Il prétendait que, comme les corps inertes, le bonheur se compose d'éléments insensibles. Avait-il raison ?

... sifflant par toute la maison et fatiguant les oreilles de toute la famille....

12ᵉ Vertu. Chasteté. — *Ne compromettez jamais sous ce rapport la conscience, la paix, la réputation de vous ni des autres.*

13ᵉ Vertu. Humilité. — *Imitez Jésus et Socrate.*

Franklin était enclin à l'ironie et au ton dogmatique. Dans la discussion il était tranchant et ardent jusqu'à la violence. Il résolut de se corriger de ces défauts, qui enlèvent du charme à l'amitié et de l'abandon à la conversation. Il bannit sévèrement de son langage les mots blessants, les plaisanteries mordantes, les contradictions brusques et toutes les expressions qui lui parurent agressives ou empreintes de suffisance. Ainsi, au lieu de dire : *Certainement, bien sûr, assurément, sans aucun doute, bien entendu*, etc., il disait : *J'imagine, je pense, je présume, il me semble*, etc. Il s'aperçut bientôt qu'on prend d'autant plus d'empire sur ses auditeurs qu'on en acquiert davantage sur soi-même.

Il ne faudrait pas croire que ce sage fût triste et morose. Sa pensée, exprimée par la parole ou par l'écriture, était au contraire armée d'une pointe de gaieté qui venait de la parfaite sérénité de son âme. On retrouve le ton enjoué qui lui était particulier jusque dans l'épitaphe qu'il s'était composée :

> Ci-gît,
> nourriture pour les vers,
> le corps de
> BENJAMIN FRANKLIN,
> imprimeur,
> comme la couverture d'un vieux livre
> dont les feuillets sont déchirés,
> la dorure et le titre effacés.
> Mais l'ouvrage ne sera pas perdu ;
> car il reparaîtra, comme il le croit,
> dans une nouvelle et meilleure édition,
> revue et corrigée
> par
> l'AUTEUR.

Comme Pythagore, Franklin pensait qu'un examen de conscience quotidien est nécessaire à l'homme qui veut se soumettre au régime du bien. Pour procéder à cet examen de conscience, il préparait un petit cahier de treize pages ainsi disposées :

1re PAGE. — TEMPÉRANCE.

NE MANGEZ PAS JUSQU'A ÊTRE APPESANTI; NE BUVEZ PAS JUSQU'A VOUS ÉTOURDIR.

	DIMANCHE.	LUNDI.	MARDI.	MERCREDI.	JEUDI.	VENDREDI.	SAMEDI.
Tempérance.							
Silence.							
Ordre.							
Résolution.							
Économie.							
Travail.							
Sincérité.							
Justice.							
Modération.							
Propreté.							
Tranquillité.							
Chasteté.							
Humilité.							

Chaque jour il marquait d'une petite croix à l'encre la vertu à laquelle il croyait avoir manqué.

« Je résolus, dit-il, de donner une semaine d'attention sérieuse à chacune de ces vertus successivement, laissant les autres courir leur chance ordinaire, mais marquant cependant chaque soir les fautes de la journée.

« Ainsi je pouvais faire un cours complet en treize semaines, et le recommencer quatre fois par an. De même qu'un homme qui veut nettoyer son jardin ne cherche pas à en arracher toutes les mauvaises herbes en même temps, ce qui excéderait ses moyens et ses forces, mais commence d'abord par une des plates-bandes pour ne passer à une autre que quand il a fini le travail de la première, ainsi j'espérais goûter le plaisir encourageant de voir dans mes pages les progrès que j'aurais faits dans la vertu, par la diminution successive du nombre des marques, jusqu'à ce qu'enfin, après avoir recommencé plusieurs fois, j'eusse le bonheur de trouver mon livret tout blanc, après un examen journalier pendant treize semaines.

« A la vérité je fus bien surpris de me trouver beaucoup plus de défauts que je ne me l'étais imaginé ; mais j'eus la satisfaction de les voir diminuer. »

Telle est la méthode que Franklin employa pour obéir aux préceptes de sa morale. Il prétendait que ses progrès dans la perfection avaient toujours été marqués par un accroissement de bonheur et que *la morale est le seul calcul raisonnable pour le bonheur particulier, comme le seul garant du bonheur public.*

« Si les coquins, disait-il, savaient tous les avantages de la vertu, ils deviendraient honnêtes par coquinerie. »

Non content de pratiquer les devoirs qu'il s'était imposés, il voulut faire bénéficier les autres du profit qu'il en retirait. Son journal, qui lui permettait de répandre les idées et les actes qu'inspire une sage politique en même temps que les découvertes et les progrès de la science, ne lui parut plus suffire à la propagation des principes des lois et des règles à adopter dans la pratique de la vie.

Il s'ingénia à étendre plus loin l'action de sa propagande et publia dans ce but, sous le pseudonyme de Richard Saunders, un almanach aussi bien connu dans l'ancien monde que dans le nouveau sous le titre de *la Science du bonhomme Richard*.

« Né dans l'indigence et dans l'obscurité et y ayant passé ma première année, dit-il dans la première partie de ses *Mémoires*, je me suis élevé à un état d'opulence et j'y ai acquis quelque célébrité. La fortune ayant continué à me favoriser, même à une époque de ma vie déjà assez avancée, mes descendants seront peut-être charmés de connaître les moyens que j'ai employés pour cela, et qui, grâce à la Providence, m'ont si bien réussi; et ils peuvent servir de leçon utile à ceux d'entre eux qui, se trouvant dans des circonstances semblables, croiraient devoir les imiter. »

N'est-ce pas là le testament d'un homme de bien?

Le célèbre almanach du bonhomme Richard, commencé en 1732 et continué pendant vingt-cinq ans, a répandu par toute la terre une philosophie pratique et morale à l'usage du plus grand nombre. Franklin a prodigué dans ce petit livre la menue monnaie de sa sagesse. Les maximes, les préceptes, les proverbes, frappés au bon coin, se sont popularisés et ont enrichi bien des esprits. Voici quelques-uns des proverbes les plus connus :

« L'oisiveté ressemble à la rouille, elle use beaucoup plus que le travail; la clef dont on se sert est toujours claire. »

« Ne gaspillez pas le temps, car c'est l'étoffe dont la vie est faite. »

« La paresse va si lentement, que la pauvreté l'atteint bientôt. »

« L'eau qui tombe constamment goutte à goutte finit par creuser la pierre. Avec du travail et de la patience, une souris coupe un câble, et de petits coups répétés abattent de grands chênes. »

« Le plaisir court après ceux qui le fuient. »

« La fileuse vigilante ne manque jamais de chemises. »

« Trois déménagements valent un incendie. »

« Si vous voulez faire votre affaire, allez-y; si vous ne voulez pas qu'elle soit faite, envoyez-y. »

« Si vous voulez avoir un serviteur fidèle et que vous aimiez, servez-vous vous-même. »

« Faute d'un clou, le fer d'un cheval se perd ; faute d'un fer, on perd le cheval ; et faute d'un cheval, le cavalier lui-même est perdu. »

« Plus la cuisine est grasse, plus le testament est maigre. »

« Les étoffes de soie, les satins, les écarlates et les velours éteignent le feu de la cuisine. »

« Celui qui va faire un emprunt va chercher une mortification. »

« La pauvreté prive souvent un homme de tout ressort et de toute vertu. Il est difficile à un sac vide de se tenir debout. »

« L'orgueil est un mendiant qui crie aussi haut que le besoin et qui est bien plus insatiable. Il est plus aisé de réprimer la première fantaisie que de satisfaire toutes celles qui viennent ensuite. »

« Le carême est bien court pour ceux qui doivent payer à Pâques. »

« Gagnez ce que vous pouvez et gardez votre gain : voilà le véritable secret de changer votre plomb en or. »

« L'expérience tient une école où les leçons coûtent cher, mais c'est la seule où les insensés puissent s'instruire. »

« Un laboureur sur ses jambes est plus haut qu'un gentilhomme à genoux. »

Il faudrait tout citer : mais nous devons nous restreindre.

Quand Franklin n'aurait laissé sur terre d'autre monument que *la Science du bonhomme Richard*, il mériterait déjà de survivre dans la mémoire des hommes.

Franklin, parvenu à une aisance indépendante, ayant affermi son caractère, fortifié sa raison, quitta les affaires commerciales pour s'occuper uniquement des affaires de la politique et de la science. Il fit choix dans son atelier des hommes les plus dignes de continuer son œuvre, en leur laissant l'élément vital qui lui avait autrefois manqué pour prendre son essor : de l'argent.

*
* *

En 1746, le célèbre Musschenbroeck, professeur à Leyde, venait d'électriser de l'eau isolée dans un vase mauvais conducteur. Au moment d'enlever la chaîne qui faisait communiquer l'eau et la machine électrique, il ressentit au poignet, au bras et à la poitrine une commotion dont il exagéra tellement les effets, qu'il n'aurait « jamais voulu consentir, même pour le plus beau royaume de l'univers, dit-il, à renouveler l'expérience. » C'est ce phénomène qui a donné naissance à la *bouteille de Leyde*, appareil fort simple où se condense, s'accumule, l'électricité empruntée à la machine électrique.

Les effets produits par la bouteille de Leyde et par la *batterie électrique*, qui n'est qu'un assemblage de bouteilles de Leyde, furent constatés et étudiés partout.

Ces faits excitèrent dans le monde savant une grande curiosité, un véritable enthousiasme, et devinrent l'objet de théories aussi nombreuses qu'obscures. C'est à Franklin qu'est due la gloire d'avoir éclairci ce problème d'un si haut intérêt. Il poursuivit ses études sur l'électricité avec la méthode et la persévérance qui l'ont mené au succès dans toutes ses entreprises.

Il constata l'analogie des effets produits par l'étincelle électrique et par l'éclair; il en conclut que les phénomènes présentés par les orages étaient identiques aux phénomènes produits par les machines électriques, et il formula ainsi sa conclusion : *La foudre entre les mains de la nature, c'est l'électricité entre les mains des physiciens.*

Avant de proclamer cette grande vérité, il veut la consacrer par l'expérience. Il conçoit l'espoir de dompter le fluide électrique, de le diriger, de le paralyser. Quand on connaît les effets et les causes, pourquoi ne trouverait-on pas le remède ?

Mais comment faire descendre la foudre des nuages pour l'étudier de plus près ? Comment contraindre à l'obéissance une force si désordonnée ? Il l'envoie chercher par un cerf-volant.

Expérience de Franklin

Le 22 juin 1752, par un temps orageux, Franklin sort de Philadelphie accompagné de son jeune fils, qui portait un cerf-volant à son dos. Il ne s'agissait certes pas d'un jeu d'enfant, mais Franklin, le plus sage des hommes, craint pourtant le ridicule qui s'attache aux tentatives vaines, à l'insuccès, il se met en garde contre la curiosité de ses concitoyens, il se cache, il semble avoir honte de son désir de bien faire.

Le cerf-volant, armé d'une pointe métallique à son sommet, fut lancé dans un champ voisin de la ville. L'enfant tenait ce dangereux appareil par une ficelle que terminait une corde isolante en soie.

Tandis que le tonnerre gronde, Franklin approche un doigt de la ficelle mouillée par la pluie et devenue *conductrice*, il en tire une longue étincelle. Une décharge terrible, qui eût pu le tuer, le secoue de la tête aux pieds. Il tressaille de joie! la foudre du nuage, c'est bien l'électricité comme il l'a prévu! Lui aussi pouvait s'écrier : J'ai trouvé !

Dès lors il présuma qu'il lui serait possible de rendre inoffensifs les nuages orageux en leur dérobant leur électricité. Il ne lui restait plus pour cela qu'à remplacer le cerf-volant électrique, ce jouet capricieux, par un appareil fixe tendant au même but. On sait que ce ne sont jamais les moyens pratiques qui ont embarrassé Franklin. Puisque la foudre frappe de préférence les objets les plus élevés, qu'elle est comme l'électricité des machines soutirée par les pointes, puisqu'elle suit toujours les corps les meilleurs conducteurs, Franklin fut d'avance convaincu qu'il pourra soutirer l'électricité des nuages à l'aide d'une barre de fer pointue dirigée vers le ciel.

Il réitéra et compléta ses expériences, qui furent renouvelées par les savants de tous les pays. L'un d'eux, le physicien russe Richmann, y perdit la vie.

Ce savant avait disposé dans le laboratoire de sa maison de Saint-Pétersbourg une tige de fer qui traversait le toit et était isolée en bas par une boule de verre. Un jour d'orage, le 6 août 1753, s'étant trop approché de cet appareil, il fut foudroyé par une grosse étincelle qui le frappa au front.

Pour éviter de semblables catastrophes, il fallait faire écouler le fluide électrique par un corps bon conducteur qui mît la tige en communication parfaite avec le sol. C'est ce que réalisa Franklin dans son invention merveilleuse du *paratonnerre*. Cette invention n'est pas le moindre titre de gloire de ce grand homme, car elle le place au rang des bienfaiteurs de l'humanité. Deux siècles plus tôt, ce ravisseur du feu céleste eût été brûlé comme sorcier.

Bientôt les paratonnerres furent établis partout, en Pensylvanie et en France. Ils devinrent un objet de mode et d'engouement où le ridicule tint sa place. On alla jusqu'à préconiser des coiffures munies de pointes d'où pendaient des chaînes métalliques qu'il fallait, en temps d'orage, laisser pendre dans les ruisseaux de la rue, et des parapluies-paratonnerres dont la chaîne conductrice traînait à terre. La science fit bientôt justice de ces absurdités.

Le roi d'Angleterre seul résistait à l'enthousiasme général, en haine de Franklin qui avait alors commencé sa lutte contre la métropole ; il déclara que ce rebelle ne pouvait avoir plus de science que de sens commun. Mais, les Anglais n'étant pas gens à se laisser foudroyer, même par respect de l'autorité royale, réclamèrent le droit de se mettre à l'abri du tonnerre.

George III permit donc qu'on établît des paratonnerres dans son royaume à condition qu'ils se terminassent en boule et non en pointe, comme ceux de l'Américain. C'est-à-dire que, pour donner satisfaction à la vindicte royale, il fallait adopter des paratonnerres qui ne fussent pas des parafoudres. Quoi qu'il en soit, les expériences s'étant montrées partout concluantes, le système de Franklin fut unanimement adopté et appelé *franklinien*, du nom de l'inventeur.

C'est surtout par ses travaux sur l'électricité, par la découverte du paratonnerre, que Franklin a été mis au rang des savants illustres, mais on doit encore lui tenir compte de ses recherches dans les autres branches de la science. Il a fait des expériences curieuses sur la lumière, sur la chaleur, sur la propagation du son ; il a inventé l'harmonica, instrument de musique composé de touches de verre accordées par demi-tons. Il a traité avec une grande supériorité des questions de météorologie sur les brouillards, les vents, les ouragans, les brises de mer, et expliqué les courants maritimes.

De 1747 à 1754 il publia ses recherches scientifiques dans une série de lettres qui ont été traduites dans toutes les langues vivantes et même en latin.

* *
*

Savant illustre et bon citoyen, Franklin mit bravement sa vie au service de sa patrie : il lui offrit d'abord son sang en vaillant soldat. A l'âge de cinquante ans, en plein hiver, il campa au milieu de la neige, supportant vaillamment toutes les fatigues d'une campagne pénible, remplissant simultanément les fonctions d'ingénieur et de capitaine. On le nomma colonel, mais on devait bientôt réclamer de lui une aide plus efficace.

Franklin entra dans la vie politique sans aucune ambition, sans avoir rien brigué; la nécessité l'y poussa, son patriotisme l'y retint.

En 1757, ses compatriotes l'envoyèrent à Londres, en qualité d'agent de la province, pour défendre les droits et les intérêts des Colonies, que méconnaissaient le gouvernement et le parlement anglais.

Il revint plusieurs fois dans la métropole, chargé de missions délicates dont il s'acquitta avec honneur. De nouvelles vexations ayant ranimé les hostilités entre les colonies de l'Amérique du Nord et l'Angleterre, il fut obligé de quitter Londres pour échapper à la prison. Quand on vint pour l'arrêter, on apprit qu'il faisait voile vers sa patrie sur un navire qu'il avait affrété; Franklin n'était pas homme à se laisser surprendre!

A son retour, il fut élu député de la Pensylvanie au Congrès, où il prit une grande part à la Déclaration de l'Indépendance des Colonies anglaises, qui ont formé les États-Unis, l'une des plus grandes et des plus puissantes nations du monde.

L'homme d'État fut aussi grand que le savant.

Quand, en 1776, la jeune république américaine se sent encore faible devant l'Angleterre, c'est le Docteur Franklin qu'elle envoie demander le secours et la protection de la France.

Grâce à la bonne entente qui s'établit entre ces trois hommes vertueux : Franklin, Turgot et Lafayette, des liens d'étroite sympathie unirent la France et l'Amérique. On sait avec quel honneur les armées françaises soutinrent l'indépendance de nos nouveaux alliés.

Habile négociateur, politique intègre, entraînant les autres par l'exemple de sa sincérité, déjouant par sa sagacité les ruses diplomatiques, animé de l'amour de la paix et de l'humanité, Franklin amena, en 1783, la France, l'Espagne et l'Angleterre à signer un traité dans lequel l'indépendance des États-Unis était reconnue. Dans l'intervalle il avait conclu des traités de commerce avec la Suède et la Prusse.

*
* *

Franklin, précédé en France par sa renommée, y fut acclamé par l'admiration publique. Cet accueil respectueux et sympathique prouve que la vraie grandeur se révèle autrement que dans le faste. On s'inclinait devant le Docteur Franklin, que la simplicité de sa mise et la modestie de ses allures signalaient mieux que ne l'eussent fait des titres et des décorations orgueilleusement étalés. Il fit sensation à Versailles ; voici le portrait que Mme Campan en a tracé dans ses Mémoires :

« Franklin parut à la Cour avec le costume d'un cultivateur américain. Ses cheveux plats, sans poudre, son chapeau rond, son habit de drap brun, contrastaient avec les habits pailletés, brodés, les coiffures poudrées et embaumantes des courtisans de Versailles. Cette nouveauté charma toutes les têtes vives des femmes françaises. On donna des fêtes élégantes au Docteur Franklin. J'ai assisté à l'une de ces fêtes, où la plus belle, parmi trois cents femmes, fut désignée pour aller poser sur la blanche chevelure du philosophe américain une couronne de laurier et deux baisers aux joues de ce vieillard. »

En face de ce portrait dessiné par une femme, il ne sera pas sans intérêt de placer ici celui que Franklin esquissait de lui-même dans une lettre du 8 février 1777, adressée à une dame anglaise :

« Je sais que vous désirez me voir, mais, comme vous ne le pouvez pas, je vais vous faire mon portrait.

« Figurez-vous un homme aussi gai que vous l'avez vu autre-

Benjamin Franklin.

fois, aussi fort et aussi bien portant, seulement avec quelques années de plus, mis très simplement, portant tout plats ses cheveux gris et clairsemés qui dépassent un peu un beau bonnet fourré, sa *seule* coiffure, lequel descend sur le front jusqu'à une paire de besicles. Imaginez l'effet de ce costume au milieu des têtes poudrées de Paris. Je voudrais que toutes les dames et tous les hommes, en France, eussent seulement la bonté d'adopter ma mode, de se peigner eux-mêmes comme moi, de renvoyer leurs friseurs et de me compter la moitié de l'argent qu'ils leur payent. J'enrôlerais alors ces *friseurs* qui forment au moins cent mille hommes ; avec l'argent dont j'ai parlé, je les entretiendrais et je ferais avec eux une visite en Angleterre, pour accommoder les têtes de vos ministres et de vos conseillers privés, que je crois, en ce moment, *un peu dérangées.* »

Franklin habita neuf ans la France comme plénipotentiaire de la République des États-Unis. Il vivait simplement et modestement à Passy et, malgré ses soixante-dix ans bien sonnés, menait une vie pleine d'activité. Il fréquentait les philosophes, vivait dans l'intimité de Bailly, de Condorcet, de Turgot ; se montrait partout affable, bienveillant, animant la conversation par la finesse de son esprit et son bon sens plein d'enjouement.

« Plus on connaissait Franklin, dit Laboulaye, plus on se plaisait dans son commerce. Auprès de lui on apprenait à chérir le travail et l'économie, à se respecter soi-même, à aimer les hommes, à les aider, à défendre la liberté, à servir la Patrie. Personne n'a été plus sensé avec plus d'esprit, ni plus habile avec plus de patriotisme et d'honnêteté. »

Franklin aimantait, passionnait les gens qui l'entouraient, il les entraînait dans la sphère d'activité de son intelligence. Il démontra la nécessité de créer à Paris une *Société des Arts et Métiers* et en fut nommé président sur les conclusions favorables d'un rapport du célèbre Lavoisier.

C'est dans sa retraite de Passy que Franklin composa et écrivit en français, — il savait également l'italien, l'espagnol et le latin, qu'il avait appris seul, à plus de trente-six ans ! — ses petits traités de morale, qui sont considérés comme les chefs-d'œuvre du genre.

Qui ne connaît les Réflexions sur le luxe, dont voici la péroraison :

« Presque toutes les parties de notre corps exigent quelque dépense. Il faut des souliers pour les pieds, des bas pour les jambes, des habits pour le reste du corps et une nourriture abondante pour l'estomac ; nos yeux, quoique extrêmement utiles, ne demandent, quand cela est raisonnable, que le secours, peu dispendieux, d'*une paire de lunettes*, emplette qui ne saurait déranger beaucoup nos finances; mais ce sont *les yeux des autres* qui nous ruinent. Si tout le monde était aveugle, excepté moi, je n'aurais besoin ni de beaux habits, ni de belles maisons, ni de beaux meubles. »

Et le Dialogue entre le Docteur Franklin et la goutte, dont nous extrayons quelques passages :

« Franklin. — Eh! oh! ah! Mon Dieu! qu'ai-je fait pour mériter ces souffrances cruelles?

La goutte. — Beaucoup de choses. Vous avez trop mangé, trop bu, et trop indulgé vos jambes en leur indolence. »

(Le malade s'excuse de son mieux, allègue ses occupations, les devoirs de sa profession qui le contraignent à une vie sédentaire.)

« La goutte. — Fi donc, monsieur Franklin! — Mais en continuant mes instructions j'oubliais de vous donner vos corrections. Tenez, cet élancement! et celui-ci!

Franklin. — Oh! oh! oh! ohhh! autant que vous voudrez de vos instructions, madame La Goutte. Mais, de grâce, plus de vos corrections!

La goutte. — Tout au contraire, je ne vous rabattrais pas le quart d'une. Elles sont pour votre bien. Tenez!

Franklin. — Oh! ah! Ce n'est pas juste de dire que je ne prends aucun exercice. J'en fais souvent dans ma voiture en allant dîner et en revenant.

La goutte. — Souvenez-vous combien de fois, vous étant proposé de vous promener le matin suivant dans le Bois de Boulogne, dans le Jardin de la Muette ou dans le vôtre, vous vous êtes manqué de parole, alléguant que le temps était trop froid ou trop chaud, trop venteux, trop humide ou trop quelque autre chose, quand en vérité il n'y avait rien qui vous empêchât de marcher, excepté votre trop de paresse.

Franklin. — Que voulez-vous donc que je fasse de ma voiture?

La goutte. — Brûlez-la si vous voulez... Regardez les pauvres paysans qui travaillent à la terre autour des villages de Passy, Auteuil, Chaillot. Vous pouvez trouver parmi ces bonnes créatures quatre ou cinq vieilles femmes et vieux hommes courbés qui, après une longue journée de fatigue, ont encore à marcher un ou deux milles pour regagner leur chaumière... Ordonnez à votre cocher de les prendre et de les mener chez eux ; voilà une bonne œuvre qui fera du bien à votre âme ! Et en même temps vous vous en retournerez à pied, ce qui sera bon pour votre corps. »

Inutile d'ajouter que Franklin n'avait pas la goutte et qu'il pose ici pour un autre.

Et la Pétition de la Main gauche aux personnes qui ont la surintendance de l'éducation, citée dans tous les recueils de *Morceaux choisis?*

Et la Découverte économique ? Cette espèce de pamphlet, si plein d'une bonne et saine malice, adressé à tous les paresseux mondains.

Au moment où il n'était question que de la belle lumière des nouvelles lampes de M. Quinquet et de l'*épargne* qu'il y aurait à s'en servir, Franklin feint de faire une découverte du même genre et bien autrement avantageuse. Il s'éveille, prétend-il, une fois par hasard, à six heures du matin, voit sa chambre pleine de lumière et se plaint que pendant son sommeil on ait dispendieusement allumé chez lui une douzaine de lampes de M. Quinquet. Il saute du lit, court à la fenêtre, dont son domestique avait oublié de fermer les volets, et s'aperçoit que c'est tout simplement le soleil levant qui se permet d'entrer ainsi à pleins rayons. Il découvre alors, à lui tout seul, ce qui étonnera « beaucoup de gens qui n'ont jamais vu le soleil avant onze heures ou midi », que, cet astre « donnant gratis sa lumière au moment *même* où il se lève, cette manière de s'éclairer est encore beaucoup plus économique que celle de M. Quinquet... Que la seule ville de Paris, en se servant pendant les six mois d'été seulement de la lumière matinale du soleil levant, épargnerait annuellement la somme de 96 075 000 livres tournois ! » Il propose donc « de faire sonner toutes les cloches au lever du soleil et, si cela n'est pas suffisant, de faire tirer un coup de canon dans chaque rue pour ouvrir les yeux des paresseux sur leur véritable intérêt ».

Et, pour avoir appris à un peuple sage qu'au lieu de s'enfumer avec une lumière malsaine et dispendieuse, il peut s'éclairer pour rien avec la pure lumière du soleil, il ne réclame, dit-il, ni place, ni pension, ni privilège, ni récompense d'aucun genre.

Est-il possible de se moquer des travers de l'humanité avec plus de verve et de les châtier avec plus de modération ?

*
* *

En 1778, Voltaire, alors âgé de quatre-vingt-quatre ans, quitta sa résidence de Ferney pour venir à Paris faire représenter sa tragédie d'*Irène*.

Franklin accourut saluer le grand écrivain et rendre hommage à son génie.

Voltaire, autrefois réfugié en Angleterre au sortir de la Bastille, avait étudié la langue et la littérature de ce pays ; il fit appel à sa mémoire pour exprimer en anglais la joie et l'émotion qu'il éprouvait de serrer la main du fondateur de la République américaine.

« Monsieur Franklin mérite bien que je lui parle sa langue, » dit-il.

Et par courtoisie Franklin donna la réplique en français.

Voltaire, imposant alors les mains sur la tête du petit-fils de Franklin qui accompagnait son illustre aïeul, s'écria d'un air inspiré :

« *God and Liberty!* (Dieu et Liberté!). Voilà la seule bénédiction qui convienne au petit-fils de monsieur Franklin. »

Quelque temps après, Franklin et Voltaire se retrouvèrent l'un à côté de l'autre, à une séance de l'Académie des sciences, où le public leur fit une ovation. Les deux vieillards, cédant à l'émotion générale, ne purent retenir leurs larmes ; ils s'embrassèrent aux applaudissements de toute l'assistance qui partageait leur profonde émotion.

Voltaire mourait quelques mois après.

Franklin, ayant terminé son œuvre diplomatique et obtenu

son rappel en Amérique, se disposa à quitter la France. Agé de soixante-dix-neuf ans, et malade de la pierre, il ne pouvait supporter le mouvement de la voiture ; la litière de la reine vint le chercher à Passy et le conduisit au Havre, où il s'embarqua le 28 juillet 1785.

Sa rentrée à Philadelphie, au bruit des salves d'artillerie et des cloches qui sonnaient à toute volée, fut un véritable triomphe. Une population émue et enthousiaste le porta plutôt qu'elle ne l'escorta jusqu'à sa demeure, en acclamant celui qu'elle appelait « le libérateur de la patrie ». Les pères le montraient à leurs fils en disant : « N'oubliez jamais que vous avez eu le bonheur de voir Franklin ! » Les mères lui tendaient leurs petits enfants pour qu'il les bénît.

Il fut élu à l'unanimité membre du Conseil exécutif suprême de Philadelphie et président de l'État de Pensylvanie. C'est à ce titre qu'il assista à la célèbre Convention de 1787 qui, sous la présidence du grand Washington, revisa la Constitution fédérale.

Franklin mourut le 17 avril 1790, emporté par une pleurésie aiguë, au moment où, pour compléter l'œuvre de son ami Antoine Bénézet, il venait de terminer un écrit contre la traite des nègres. Le dernier acte de cet homme de bien devait être inspiré par son esprit de charité et par son amour du genre humain.

Les cruelles souffrances qu'éprouvèrent ses dernières années n'altérèrent en rien sa belle sérénité et sa confiance en Dieu.

« Cette vie, disait-il, est plutôt un état d'embryon, une préparation à la vie. Un homme n'est point né complètement jusqu'à ce qu'il ait passé par la mort. »

Quand la nouvelle de la mort de Franklin parvint en France, Mirabeau, retenu chez lui par une indisposition, courut à l'Assemblée constituante et, se précipitant à la tribune, il s'écria :

« Messieurs, Franklin est mort ! Il est retourné au sein de la Divinité, le génie qui affranchit l'Amérique et qui versa sur l'Europe des torrents de lumière.

« Je propose qu'il soit décrété que l'Assemblée nationale porte pendant trois jours le deuil de Benjamin Franklin. »

Lafayette se leva pour appuyer cette motion, qui fut adoptée par d'unanimes acclamations.

*
* *

Pourquoi Franklin fut-il aussi populaire de son vivant? Pourquoi eut-il une si grande influence sur les hommes et les événements de son temps? Pourquoi aujourd'hui encore, près d'un siècle après sa mort, suffit-il de prononcer son nom pour éveiller la sympathie?

C'est qu'il a pratiqué la morale qu'il a enseignée ; c'est qu'il n'est pas seulement un philosophe de théories et de doctrines; c'est que, sans prétendre à gouverner les autres, il était arrivé à se gouverner lui-même ; c'est que sa noble vie est un enseignement que rend plus profitable l'autorité de l'exemple ; c'est que tous ses efforts n'avaient qu'un but : être utile au prochain, améliorer l'avenir de l'humanité ; c'est que rien de mesquin ni de personnel ne vint amoindrir ce grand homme.

Lorsqu'il eut connaissance du vers latin, devenu célèbre, dans lequel Turgot résume les titres de gloire de celui qui

> Ravit la foudre au ciel et le sceptre aux tyrans,
> (*Eripuit cœlo fulmen, sceptrumque tyrannis*),

le philosophe protesta modestement contre l'excès de la louange :

« Ce vers-là m'attribue beaucoup trop, écrivait-il; particulièrement en ce qui concerne les tyrans : la révolution est l'œuvre de quantité d'hommes braves et capables, et c'est bien assez d'honneur pour moi si l'on m'y accorde une petite part. »

Voilà ce qui rend cet homme extraordinaire si réellement grand. Il n'a pas plus recherché l'admiration des hommes qu'il n'a sollicité leur reconnaissance, mais elles sont venues d'un commun accord consacrer sa mémoire.

« Franklin, dit Mignet, eut tout à la fois le génie et la vertu, le bonheur et la gloire. Sa vie, constamment heureuse, est la plus belle justification des lois de la Providence »

L'ABBÉ DE L'ÉPÉE

Dans les vieilles sociétés — la société moderne n'en a-t-elle rien gardé? — les favoris de la fortune se faisaient un mérite de leur bonheur et tiraient vanité de leur bien-être. Ils formaient une aristocratie qui ne frayait pas avec la plèbe des douleurs, ils disaient volontiers : Malheur aux malheureux! comme les conquérants disaient : *Væ victis!*

Les heureux craignaient la contagion du malheur; les riches craignaient le contact de la misère. Les lépreux n'étaient pas tenus à plus grande distance que les pauvres.

Même quand la charité fut mise en honneur, lorsqu'elle fit partie non-seulement des devoirs sociaux, mais encore des devoirs religieux, elle ne mettait pas en rapport direct celui qui donne et celui qui reçoit.

Le bienfait ne s'échangeait pas entre deux âmes; il ne s'échangeait pas même de la main à la main. L'homme réputé charitable faisait l'aumône de haut : il permettait de glaner l'épi tombé de sa gerbe, il laissait ramasser les miettes de son opulence, il abandonnait aux affamés les restes de sa table, mais il fuyait le spectacle de leurs misères.

Et pourtant, donner n'est rien si l'on ne sait donner !

La véritable charité, quel que soit le nom qu'elle porte, est celle qui met de plain-pied le bienfaiteur et l'obligé. Elle ne se croit pas quitte envers les déshérités de ce monde quand elle leur a payé sa dette en espèces sonnantes; elle prétend à mieux. Elle demande à guérir tous les maux, elle s'efforce à fermer ou à panser les plaies du corps et de l'âme; elle aspire à consoler toutes les afflictions. C'est cette charité qui se consacre au soulagement des infirmités et met en contact immédiat le consolateur et l'affligé.

Parmi les infirmités que la nature inflige à des êtres innocents, en est-il de plus cruelle que celle qui frappe les sourds-muets? Qu'ont-ils fait, pour être condamnés, dès leur naissance, à vivre comme des reclusionnaires dans le silence et l'isolement?

Le don le plus précieux qui ait été donné aux hommes pour communiquer fraternellement entre eux, pour former des sociétés, pour se transmettre de génération à génération les richesses accumulées de leur intelligence, n'est-ce pas assurément le don de la parole?

Privé de la parole, l'être humain n'est-il pas banni du monde des vivants? Séparé de ses semblables, il n'a rien à leur donner et ne peut rien en recevoir.

Rendre la parole à ceux à qui la nature l'a refusée, c'est donc les rappeler à la vie sociale; c'est les rapatrier dans la famille humaine, à laquelle ils apportent à leur tour les ressources que possède tout être intelligent et industrieux.

La grande et généreuse pensée de réparer les injustices du sort, de corriger les erreurs de la nature, ne pouvait appartenir qu'aux temps modernes.

Faire entendre les sourds, faire parler les muets, c'était là un miracle que les sages d'autrefois n'osaient attribuer à la puissance humaine. C'est pourtant ce miracle sublime qu'a opéré le meilleur et le plus humble des hommes, celui qu'on a si justement appelé : « l'instituteur, le père, l'apôtre, le rédempteur des sourds-muets, » l'Abbé de l'Épée.

L'Abbé de l'Épée.

***

Ce n'est pas que précédemment aucunes tentatives n'eussent été faites, mais elles étaient restées isolées. L'Abbé de l'Épée n'avait pu en profiter, car ce n'est qu'après avoir tout tiré de son propre fonds qu'il eut connaissance des travaux de ses précurseurs. Nous citerons les plus célèbres.

Dès le quinzième siècle, Rodolphe Agricola donnait le renseignement suivant :

« J'ai vu un individu, sourd dès le berceau et par conséquent sourd-muet, qui avait appris à comprendre tout ce qui était écrit par d'autres personnes et qui, lui-même, exprimait toutes ses pensées comme s'il avait l'usage de la parole. »

Ce fait parut si étrange que, un demi-siècle plus tard, Louis Vivès, dans son ouvrage *De animâ*, révoquait en doute le témoignage d'Agricola.

Vers la fin du seizième siècle, le savant italien Jérôme Cardan indiqua, pour l'instruction des sourds-muets, une méthode d'enseignement qui est loin de constituer un système

A la même époque, le bénédictin espagnol, Pedro de Ponce, trouva des procédés qui ne sont pas connus, mais dont les résultats ne sont pas douteux ; des contemporains en témoignent :

« Chose admirable ! écrit François Vallès, mon ami Pedro de Ponce enseignait la parole aux sourds-muets de naissance ; il leur montrait du doigt les objets qui étaient exprimés par des caractères écrits et les exerçait ensuite à répéter par l'organe vocal les mots correspondants à ces caractères. »

Ambroise Moralès, historien espagnol, a vu Pedro de Ponce instruisant deux frères et une sœur du connétable de Castille ainsi que le fils du gouverneur d'Aragon, tous quatre sourds-muets de naissance, *lesquels parlaient, écrivaient et raisonnaient très bien.*

L'Espagnol Bonnet, qui s'est attribué l'invention de Pedro de Ponce, a publié, en 1620, un livre sur l'art d'apprendre à parler aux sourds-muets.

On peut citer avec plus d'éloges Ramirez de Carion, sourd-muet de naissance qui, dans le même temps, enseignait aux autres sourds-muets l'écriture, la lecture et la prononciation.

Ce n'est qu'au dix-septième siècle qu'on trouve trace de cet enseignement en Italie. Dans un livre, publié à Padoue en 1603, Fabrizio d'Aquapendente présente quelques considérations sur l'art d'instruire les sourds-muets.

Le Jésuite Lana Tezzi, dans un travail publié à Brescia en 1670, expose sommairement ses vues sur les moyens d'instruire les sourds-muets.

Pierre de Castro, médecin du duc de Modène, instruisit le fils du prince Thomas de Savoie, sourd-muet de naissance.

Jean Bonifacio, en 1616, indiquait des procédés pouvant servir à l'instruction des sourds-muets.

En Angleterre, Jean Bulwer publia dans la première moitié du dix-septième siècle *la Chironomia* (rhétorique manuelle), *la Chirologia* (langage de la main), et le *Philosophe* ou l'*Ami des sourds-muets*.

L'Écossais Dalgarno publia, un peu plus tard, le *Didascalophus* (le précepteur du sourd-muet). Dans un autre ouvrage, ce savant proposait une langue universelle établie sur une classification méthodique des idées.

En 1653, Wallis, professeur à l'université d'Oxford, inventa des procédés d'articulation à l'usage des sourds-muets et les mit en pratique.

En 1669, le recteur William Holder publia la méthode d'enseignement qu'il avait employée pour instruire un sourd-muet.

En Hollande, Pierre Montans fit paraître, en 1635, un traité sur l'instruction des sourds-muets et, en 1667, le docteur Amman publia : *Le sourd qui parle*, ouvrage inspiré par les publications de ce temps.

En Allemagne, les tentatives faites au dix-huitième siècle restèrent tout occasionnelles et ne furent pas inspirées par des vues générales. Ce fut d'abord le professeur Raphael, qui publia un intéressant travail sur les moyens qu'il avait employés pour instruire trois de ses filles, sourdes-muettes. Puis le pasteur

Arnoldi, et Schweinhagen, qui employèrent avec succès le dessin pour l'éducation particulière de quelques sourds-muets, et enfin Samuel Heinicke, qui dirigea, à Leipsick, le premier établissement public consacré à l'instruction des sourds-muets. Ce brave homme, successivement cultivateur, soldat, chantre de village aux environs de Hambourg, avait instruit un sourd-muet en très peu de temps. Le fait fit grand bruit, et l'électeur de Saxe eut l'idée de lui confier la direction de l'Institut de sourds-muets qu'il fonda à Leipsick.

Heinicke eut le mérite, déjà très rare, d'appliquer avec intelligence et dévouement les procédés mis en usage dans d'autres pays; il aurait pu s'en contenter sans vouloir s'attribuer l'honneur de l'entière découverte.

La France, qui a eu l'initiative de tant de progrès, retardait de deux siècles sur l'Espagne et d'un siècle sur l'Italie dans l'éducation des sourds-muets.

Au milieu du dix-huitième siècle, on y connaissait à peine les efforts tentés et les résultats obtenus à l'étranger. On citait pourtant un M. Lucas (du Languedoc) qui faisait l'éducation d'un sourd-muet; un M. Rousset de Nimes qui en instruisait plusieurs; le célèbre géomètre de Meiran, le père Vanix et Mme de Sainte-Rose, religieuse, qui se dévouaient pour instruire isolément quelques enfants sourds-muets.

En 1749 et 1751, Rodriguez Pereire, Espagnol d'origine, faisait constater officiellement par l'Académie des Sciences le succès qu'il avait obtenu dans l'éducation de deux sourds-muets. Il en fut récompensé par les éloges et les honneurs qui lui furent décernés, bien qu'il refusât de faire connaître ses procédés, ce qui exclut tout rapprochement avec l'Abbé de l'Épée. Pereire, en refusant de divulguer sa méthode, ne se préoccupait-il pas plutôt de la fortune et de la renommée que du soulagement des infortunés?

L'Abbé de l'Épée n'est donc pas le premier inventeur d'un langage propre aux sourds-muets, mais il en est vraiment le propagateur, le vulgarisateur. S'il ne s'est jamais vanté, comme tant de ses devanciers, d'avoir découvert avant tout autre le moyen de faire entendre les sourds et parler les muets, il n'en a pas moins appliqué le premier, dans une école spéciale, un système particulier d'éducation pour ces malheureux.

Les essais tentés avant lui conservaient un caractère privé et s'adressaient surtout à des êtres favorisés par la fortune et par l'intelligence, à des fils de princes, de connétables, de hauts fonctionnaires.

Si l'Abbé de l'Épée a fait une distinction, c'est en faveur des plus malheureux. Il a voulu surtout racheter les plus pauvres de la condition humiliante que leur imposait leur infirmité ; c'est surtout ceux-là qu'il a voulu rendre à la vie de famille, à la vie sociale. C'est avant tout pour eux qu'il a créé un langage méthodique, qu'il a fondé une école spéciale où l'instruction leur fût à jamais assurée.

L'œuvre de l'Abbé de l'Épée ne se dissimula pas en se localisant ; elle s'étendit à toute la France, elle se répandit dans le monde entier : en Amérique aussi bien qu'en Europe, en Afrique aussi bien qu'en Asie !

Nous devons faire ici plutôt l'histoire de l'homme de bien que celle de sa méthode ou celle de son école devenue une Institution nationale.

*
* *

C'est à Versailles, non loin des splendeurs du palais du Roi-Soleil, que naquit, en 1712, l'homme dont la gloire a couronné l'humble existence et le sublime dévouement.

Le sieur de l'Épée, qui dirigeait son fils Charles-Michel vers la carrière des sciences, lui fit faire ses études au collège des Quatre-Nations. La vocation du jeune de l'Épée ne répondit pas aux vues de son père. Il se sentait un grand penchant pour l'état ecclésiatique et étudia la théologie avec autant d'indépendance que de piété.

Il fut ordonné prêtre par Mgr Bossuet, évêque de Troyes, neveu du célèbre Bossuet, qui le pourvut d'un canonicat dans son diocèse. Après la mort de son protecteur, il revint à Paris chercher une carrière où pussent se développer cette mansuétude, cette abnégation, cette vertu que sa nature tenait en réserve. Le hasard devait bientôt lui ouvrir la voie dans laquelle pouvait le mieux s'exercer son dévouement.

L'Abbé de l'Épée n'avait que trente-deux ans quand une circonstante toute fortuite l'amena en visite dans une maison de la rue des Fossés-Saint-Victor. La maîtresse de la maison était sortie ; on le pria d'attendre dans un petit salon où deux fillettes travaillaient à l'aiguille. L'abbé, toujours affable, leur adressa la parole à plusieurs reprises sans recevoir aucune réponse.

Surpris de ce silence, il insiste ; on ne lui répond pas davantage. Frappé de l'expression placide des jeunes filles, de leur inattention sérieuse, il s'approche pour les encourager à vaincre leur timidité. L'une d'elles, s'apercevant enfin qu'il leur adresse la parole, lui fait comprendre, par signes, qu'elles ne peuvent ni l'une ni l'autre l'entendre ni lui répondre, qu'elles sont sourdes-muettes toutes les deux.

A son tour, il reste muet d'étonnement et de douleur. A partir de ce moment, sa sympathie fut acquise à ces infortunées. Leur mère, qui ne tarda pas à rentrer, lui apprit que ces deux sœurs jumelles avaient été atteintes dès leur naissance de cette cruelle infirmité. Elle ajouta qu'elle avait eu l'espoir de voir s'adoucir leur infortune, grâce au Père Vanin qui, à l'aide d'images, les instruisait pour leur première communion, mais que la mort de ce prêtre l'avait replongée dans son désespoir.

L'Abbé de l'Épée trouvait là une belle occasion d'exercer son esprit de charité, et il ne la laissa pas échapper. Il reprit l'œuvre du Père Vanin. C'est l'éducation de ces deux jeunes filles qui inaugura cette longue mission consacrée sans relâche à l'œuvre la plus charitable et la plus méritoire.

L'étude qu'il dut faire pour instruire les deux sœurs jumelles lui fit découvrir les moyens de communiquer avec l'intelligence des sourds-muets. Pour cela, il mit tout simplement son esprit d'observation et sa sagacité au service de son amour du bien, et puisa ses inspirations dans la nature.

Comment, se demanda-t-il, le nouveau-né arrive-t-il à connaître les personnes et les choses ? N'est-il pas, lui aussi, sourd et muet en arrivant au monde ? Par quels moyens parvient-il à comprendre ce qu'on lui dit, à y répondre avec justesse ?

Par la mémoire. En rattachant à propos le souvenir qu'il garde des choses aux sons, aux mots qu'il entend. C'est d'abord par les yeux que l'entendant prend connaissance des choses, c'est ensuite par le son qui les représente. Eh bien ! un signe, un geste, ne peuvent-ils remplir, quoique moins parfaitement, le même but pour celui qui ne perçoit pas les sons ? La vue ne suffit-elle pas pour parler par signes ? Les notions acquises par les signes ne peuvent-elles se traduire par l'écriture comme celles qui sont acquises par les sons ? Vraiment si ! Donc, les sourds-muets entendront par les yeux et parleront avec les doigts. Ils pourront se faire comprendre à l'aide d'une *parole visible*.

Il profita du *langage mimique*, ce langage imparfait que la nature a mis au service des malheureux privés de l'ouïe ; il le compléta, le régularisa, le fixa, et en fit une méthode, un système qui lui permit d'exprimer toutes les idées et les sentiments.

Ce système des *signes méthodiques*, comme on l'appelait, demandait le secours des deux mains et un grand nombre de signes. Il n'en fallait pas moins de quarante pour traduire ce seul vers :

> Aux petits des oiseaux il donne la pâture.

Pendant que l'Abbé travaillait à simplifier son système des signes méthodiques, il eut connaissance d'un *alphabet manuel* usité en Espagne, plus simple, plus expéditif que le sien, qui n'exigeait que l'emploi d'une seule main, et il l'adopta pour son enseignement. Voici cet alphabet dont les lettres forment une sorte d'écriture en l'air appelée *dactylologie*, c'est-à-dire langage des doigts. D'Espagne il a passé en France, en Italie, en Allemagne, en Russie, en Suède, en Amérique, en Angleterre, dans toutes les écoles de sourds-muets du monde entier.

Cet alphabet manuel ne figure que des lettres servant à former des mots. Employé concurremment avec la mimique qui ajoute l'expression à la parole, il donne aux sourds-muets instruits le moyen de traduire leurs pensées, d'une façon claire

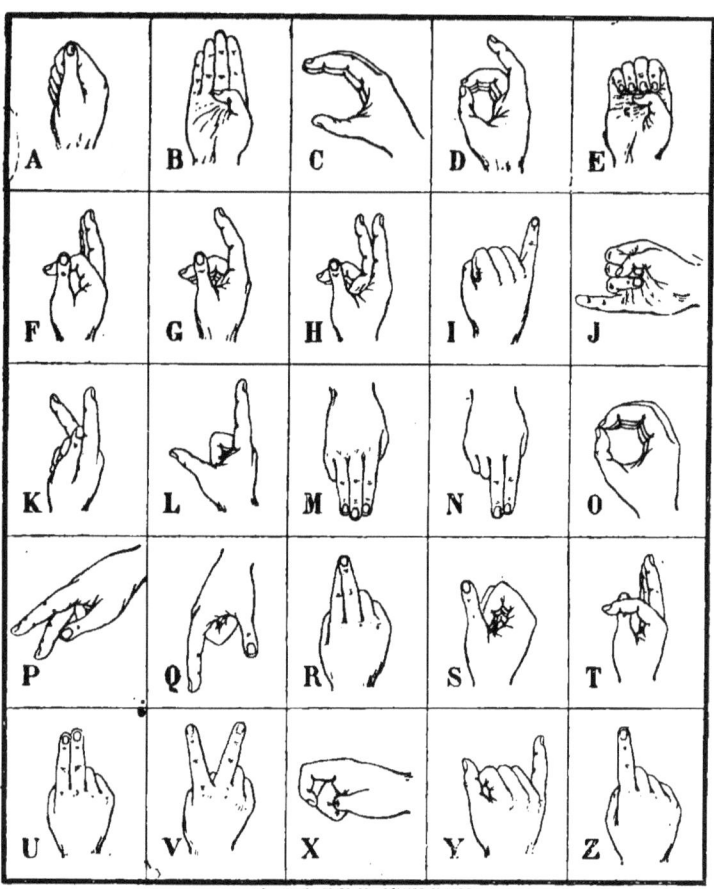

et intelligible, non-seulement entre eux, mais encore avec tous ceux qui veulent bien prendre la peine d'apprendre les vingt-cinq signes qui le composent.

Ayant en son pouvoir de tels moyens d'action, l'Abbé de l'Épée ne pouvait échapper à sa vocation d'homme de bien.

Ami de l'humanité, prêtre dévoué, il dut son génie bienfaisant autant à sa pitié qu'à sa piété.

Il recueillit quelques sourds-muets et fonda pour **eux une** école, sans compter sur d'autres ressources que ses propres revenus.

Il s'installa d'abord au n° 14 de la rue des Moulins avec ses premiers élèves, ou mieux, ses premiers enfants.

En 1760, il en avait réuni soixante-douze.

On comprendra sans peine que les douze cents francs de rentes qu'il consacrait tout entiers à son œuvre étaient devenus insuffisants, malgré les privations auxquelles il se soumettait. Il fallut donc aviser. Il mit à contribution son frère, qui succédait à son père dans la charge d'architecte du Roi, et imposa de même ses autres parents et ses amis riches. Tout cela ne faisait pas encore de bien grosses sommes.

Malgré les difficultés de cette pénible tâche, malgré les embarras suscités à chaque instant par le manque d'argent, l'Abbé de l'Épée persévéra dans la voie que lui avait tracée l'amour du bien. Il bravait tous les obstacles que lui opposaient les préjugés et les préventions. Les casuistes lui demandaient, en s'appuyant sur l'autorité de saint Paul, de quel droit il déliait la langue des muets; les sages prenaient en pitié ce pauvre homme qui croyait à la possibilité de faire un tel miracle; les sots riaient de sa prétention d'apprendre plusieurs langues à ceux-là qui n'en peuvent parler une seule.

A ces turpitudes, il n'opposait ni discours ni discussions ; il souriait de son beau sourire plein de mansuétude, et se contentait de faire entendre les sourds, de faire parler les muets.

La sottise et l'incrédulité, que n'auraient jamais convaincues le raisonnement, furent vaincues par le fait.

D'opulents personnages, ayant à leur tête le duc de Penthièvre, aidèrent de leur bourse l'œuvre de l'Abbé de l'Épée, et le roi Louis XVI lui accorda une pension de 6000 livres.

En 1785, un arrêt du Conseil royal ordonna que le siège de l'École des sourds-muets demeurerait fixé à perpétuité dans une partie des bâtiments de la maison des Célestins, et qu'une somme de 3400 livres serait versée chaque année à la caisse de l'École par le receveur général du clergé.

***

L'Abbé de l'Épée n'était pas seulement populaire en France, il était célèbre par toute l'Europe ; il avait reçu les témoignages d'estime de l'empereur Joseph II, de l'impératrice de Russie Catherine II, du Grand Électeur Frédéric-Charles, sans rester pour cela moins modeste. Il éprouvait plus de satisfaction que d'orgueil du bien qu'il faisait et disait souvent :

« Quel mérite ai-je donc à donner gratis ce que j'ai reçu gratis : la vue et l'ouïe ? »

Cet humble aimait les humbles et se plaisait avec eux ; il se vouait aux pauvres et non aux riches, qu'il recevait pourtant *par faveur* dans son école.

« Les riches, disait-il, ne sont admis chez moi que par tolérance ; ce n'est pas à eux que je me suis consacré, c'est aux pauvres. Sans les pauvres, je n'aurais pas entrepris l'éducation des sourds-muets. »

L'esprit charitable de l'Abbé de l'Épée, accaparé par cette grande œuvre qu'il a si glorieusement accomplie, s'est encore exercé en dehors de la mission qu'il s'était donnée. Le procès célèbre qu'il a soutenu dans sa vieillesse témoigne autant de sa puissante activité que de sa rare sagacité.

On lui présenta un jour, à l'Hôtel-Dieu, un sourd-muet d'une douzaine d'années, recueilli aux environs de Péronne où il avait été abandonné les yeux bandés, dépouillé de ses vêtements, mourant de faim et de froid. Quand ce pauvre petit fut assez instruit pour se faire comprendre, il donna sur son enfance des détails qui permirent à l'Abbé de l'Épée de pénétrer le mystère de sa ténébreuse histoire.

Il établit, devant le tribunal du Châtelet de Paris, que son pupille, auquel il avait donné le nom de Joseph, appartenait à la riche et puissante famille des Solar de la Gascogne.

L'Abbé de l'Épée enseignant un sourd-muet

Malheureusement, deux ans après la mort de l'Abbé de l'Épée, le procès, suspendu par arrêt du Parlement, fut reporté devant le tribunal de la Seine. Joseph, sans protecteur, sans appui, ne pouvant se faire comprendre des juges, perdit sa cause. Privé de tous moyens d'existence, le pauvre jeune homme s'engagea dans un régiment de cuirassiers ; blessé, dit-on, sur le champ de bataille, il succomba, peu de temps après, dans un hôpital.

*
* *

L'Abbé de l'Épée mourut, le 23 Décembre 1789, persuadé qu'il avait bien employé sa longue carrière et convaincu que l'avenir de l'établissement qu'il avait fondé était assuré. Il avait eu la rare bonne fortune de voir son zèle et sa persévérance récompensés par le succès ; il pouvait compter sur la durée de son œuvre.

A ses derniers moments, il était entouré de ses parents et de ses élèves quand arriva, conduite par Mgr de Cicé, archevêque de Bordeaux, une députation de l'Assemblée Nationale. Le prélat s'approcha avec vénération du lit de ce grand homme de bien et lui dit au nom de ses collègues : « Mourez en paix, la Patrie adopte vos enfants ! »

Dix-huit mois plus tard, au mois de Juillet 1791, l'Assemblée Nationale décrétait que l'Abbé de l'Épée serait placé au rang des citoyens qui ont bien mérité de la Patrie et attribuait à l'école qu'il avait créée le caractère d'une Institution nationale.

Les gouvernements qui se sont succédé depuis ont tous contribué à l'agrandissement et à la prospérité de cet établissement.

Aujourd'hui, l'Institution nationale des Sourds-muets de Paris dépasse les espérances que n'avaient pu concevoir ni l'Abbé de l'Épée, ni l'Abbé Sicard son successeur, ni aucun de ses disciples et de ses émules à qui il avait communiqué sa science et ses vertus. Elle a servi de modèle aux autres institutions de ce genre établies en France, dans le reste de l'Europe, en Amérique et en Asie.

Pour mesurer l'étendue des services que rend cet établissement, il ne suffit pas de considérer le nombre des infortunés qu'il arrache à l'isolement et à l'ignorance pour les rendre à la vie sociale. Les bienfaits qu'il répand sont bien souvent d'un ordre plus élevé.

Combien de ces déshérités ont pu, grâce à l'instruction commune, être initiés aux arts et aux sciences, prendre un rang honorable dans la société civilisée ! On compte aujourd'hui, parmi les sourds-muets de naissance, un grand nombre de professeurs, d'écrivains, de graveurs, de peintres, de statuaires.

La statue, érigée dans la cour de l'Institution, en Mai 1879, et représentant l'Abbé de l'Épée instruisant un sourd-muet, est l'œuvre d'un ancien élève de l'École, médaillé aux expositions.

Le jour de l'inauguration, l'artiste sourd-muet, M. Félix Martin, fut nommé chevalier de l'ordre de la Légion d'honneur.

*
* *

Le système imaginé par l'Abbé de l'Épée a été grandement perfectionné.

Les moyens en honneur aujourd'hui pour instruire les sourds-muets se rapportent à deux méthodes : l'une emploie la lecture, l'écriture, la *dactylologie*, et accidentellement le dessin ; l'autre se sert de l'*articulation artificielle* et de la lecture de la parole sur les lèvres, sans jamais négliger la lecture et l'écriture alphabétiques.

C'est cette dernière méthode qui réussit le mieux en Allemagne et en Suisse. Elle est actuellement étudiée en France et concurremment appliquée avec la dactylologie. Il serait à souhaiter qu'elle pût se généraliser, puisqu'elle permet au sourd-muet de se faire entendre de tout le monde et non plus seulement de ceux qui connaissent son langage.

Après dix mois d'étude les élèves nomment distinctement les objets qu'on leur montre ; en moins de deux ans, ils savent construire une phrase et exécutent promptement les ordres verbaux qui leur sont donnés ; au bout de trois ans, ils causent entre eux, à haute voix, sans le secours de la dactylologie.

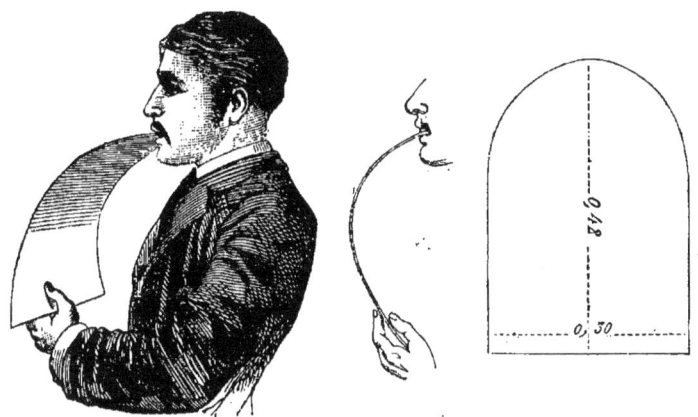

Audiphone.

Leurs yeux acquièrent une telle acuité, une telle sûreté, qu'ils lisent à plusieurs mètres de distance sur les lèvres de leurs interlocuteurs.

Que de services est appelé à rendre dans cet enseignement le merveilleux audiphone, instrument d'une extrême simplicité, qui permet aux sourds-muets de comprendre même les sons musicaux !

*
* *

Mettre les sourds-muets sans instruction en communication avec leurs parents illettrés ; leur apprendre à parler avant qu'ils sachent lire, écrire et orthographier ; se faire comprendre d'eux, sans être soi-même lettré, telle est la grande et difficile mission que s'est imposée M. Auguste Grosselin. A-t-il résolu le problème ? On en peut juger par les tentatives qu'il a faites et que continue la Société pour l'instruction et la protection des Sourds-muets fondée avant sa mort.

Auguste Grosselin, ancien sténographe-réviseur au Corps législatif, mort en 1868, s'était voué corps et âme à la propagation de sa méthode, dans un but purement philanthropique.

Dans cette méthode, dite *phonomimique*, la vue remplace l'ouïe, le geste remplace la voix. Les articulations et les sons de notre langue, au nombre de trente-trois, sont représentés par autant de gestes de la main ; voilà toute la science qu'il faut acquérir. A l'aide de ce langage manuel, l'éducation du sourd-muet se fait comme celle des autres enfants. Plus de signes arbitraires pour remplacer la forme orthographique des mots! Les sons et les articulations de la langue parlée s'énoncent aussi facilement avec la main qu'avec la bouche et sont perçus aussi bien par l'œil que par l'oreille.

Plusieurs instituteurs et institutrices primaires ont introduit la phonomimie dans leurs écoles. Des sourds-muets assis sur les mêmes bancs que les entendants-parlants, font les mêmes dictées, récitent les mêmes leçons et obtiennent, comme eux, le certificat d'études à la fin de leurs classes.

Sans doute, l'emploi de cette méthode demande de la part des maîtres une attention plus grande, un dévouement plus constant, mais les résultats obtenus sont une digne récompense de si louables efforts.

La *phonomimie* une fois répandue dans le public, tous les sourds-muets seraient en communication avec la société. Mais, persuadera-t-on aux personnes qui jouissent de la plénitude de leurs sens qu'elles doivent apprendre un langage spécial dans l'éventualité d'une rencontre avec des sourds-muets?

Et pourtant cette langue universelle qui permet de parler toutes les langues connues, ne demande pas une heure d'étude aux entendants! bien plus, elle leur présente pour eux-mêmes des avantages particuliers.

Dans combien de circonstances trouverait-on opportun de s'entretenir avec quelqu'un sans troubler le silence ou les conversations auxquelles on n'a aucune part? Près du lit d'un malade, dans une assemblée, dans un théâtre ou un concert! Avec les signes phonomimiques les dialogues se croisent sans se nuire.

En cas d'extinction de voix, dans un wagon, dans une voiture dont le bruit nous assourdit, pourquoi n'emploierions-nous pas le langage manuel?

On en rirait peut-être un peu d'abord, mais l'on finirait bien par avoir les rieurs de son côté.

Toutefois ce sont là des considérations secondaires. Ce qui fait triompher la méthode phonomimique c'est qu'elle permet la vie en commun des sourds-muets et des entendants-parlants. Les pauvres déshérités peuvent causer avec leurs camarades, prendre part aux divertissements des enfants de leur âge, se mêler à leur babil et ne sont plus parqués dans un coin du monde vivant.

ANTOINE BÉNÉZET[1]

Un jour de l'année 1715, la sentinelle avancée d'un des derniers postes militaires du nord de la France fut brusquement assaillie par un individu qui, d'une main, lui présentait une bourse et, de l'autre, un pistolet.

« La bourse? ou la mort? dit-il en parodiant avec esprit et à-propos le mot des voleurs de grand chemin.

— La bourse ! répondit la sentinelle avec non moins d'esprit et d'à-propos.

— Laisse passer ces braves gens sans les inquiéter et cet or est à toi, » reprit l'inconnu, en désignant un homme d'un âge mûr qui s'avançait suivi de sa femme. Le père conduisait deux jeunes garçons par la main; la mère en tenait un troisième dans ses bras.

La sentinelle prit la bourse et la famille passa la frontière.

Où donc allaient ces fugitifs? En Hollande. Devant qui fuyaient-ils? Devant la persécution.

Jean-Étienne Bénézet, descendant d'une vieille famille pro-

---

[1]. Extrait d'une notice biographique publiée par G. Demoulin dans les nnales de la Société Académique de Saint-Quentin.

testante du Languedoc, et jusqu'ici protégé par de puissants amis, venait seulement d'être atteint par la révocation de l'édit de Nantes. Ses biens étaient confisqués; il se voyait réduit à fuir sa patrie.

La fuite présentait de grandes difficultés : la France était une prison pour les Français et les frontières étaient mieux gardées qu'une geôle.

Quand l'autorité avait dépouillé les protestants de leurs biens, elle ne les tenait pas quittes, elle voulait encore confisquer leur conscience. Les malheureux n'avaient pas même le droit d'aller mourir de misère à l'étranger.

Pour les habitants de Paris, l'entreprise était facile : d'habiles spéculateurs qui savaient déjouer la vigilance de la police, ou peut-être payaient son inaction, avaient organisé un service régulier pour favoriser l'émigration des réformés. Le proscrit passait de relai en relai, de main en main, guidé dans chaque localité par des agents qui connaissaient tous les dangers du pays et savaient les éviter. Bénézet père ne pouvait, dans sa province, profiter des ressources de ce dévouement vénal. Un de ses amis, homme énergique et entreprenant, se chargea de le faire passer en Hollande. Aucun événement ne vint entraver la marche des fugitifs jusqu'à la frontière ; nous venons de voir comment ils la franchirent.

L'enfant inconscient qui, dans les bras de sa mère, quittait la France pour ne plus jamais la revoir, était Antoine Bénézet, né, à Saint-Quentin, le 31 Janvier 1713. C'est ainsi que s'expatria pour toujours celui qui devait être le grand homme de bien, le héros de charité que révère l'Amérique, que connaît à peine l'Europe et dont le nom est presque ignoré dans sa ville natale.

Après un séjour de quelques mois à Rotterdam, la famille Bénézet alla résider à Londres, où Jean-Étienne reconstitua en partie sa fortune. Ses fils aînés s'adonnèrent comme lui au commerce. Quant au jeune Antoine, lorsqu'il eut terminé des études élémentaires qu'on jugeait suffisantes pour le négoce, il déclara que n'ayant point de goût pour les affaires, il préférait embrasser une profession manuelle. Il alla en apprentissage chez un tonnelier, mais sa santé délicate ne lui permit pas d'y rester longtemps.

On a peu de détails sur l'enfance et la première jeunesse de Bénézet. Tout ce qu'on peut découvrir, c'est qu'il se fit initier à la doctrine des Quakers et qu'il fit partie de la *Société des Amis* à l'âge de quatorze ans.

*
* *

En 1731, Bénézet vint s'établir avec sa famille à Philadelphie où, cinq ans plus tard, il épousait Joyce Mariott, femme d'une grande simplicité de cœur et d'une piété sévère.

Un an après son mariage, il voulut faire une tentative industrielle, mais il fut bientôt persuadé qu'il ne convenait pas plus au commerce que le commerce ne lui convenait. Ses sentiments religieux, sa nature toute de dévouement n'étaient point compatibles avec les préoccupations des intérêts matériels. Sans chercher en dehors de lui des ressources extraordinaires pour aider à sa charité, il voua tout simplement sa vie, son intelligence et ses forces à la destruction du mal et à la réalisation du bien.

L'homme n'a pas besoin de richesses pour secourir les infortunes. La bonté attentive et intelligente a toujours des bienfaits à répandre. Ne trouve-t-on pas souvent un humble dévouement à l'origine d'un grand établissement de bienfaisance? La multiplication des pains est aussi un miracle de charité qui s'est souvent renouvelé.

Au lieu de s'épuiser, le trésor des bons cœurs augmente en se prodiguant. Bénézet l'a prouvé une fois de plus : il était pauvre et il donna beaucoup.

Dès l'âge de vingt-six ans, il avait absolument renoncé aux carrières qui mènent à la fortune et aux honneurs pour se faire professeur à Germantown, près de Philadelphie. Il était là dans son élément. Instruire les autres, c'était déjà se dévouer, et comme les leçons, peu ou point payées, n'eussent pas assuré l'entretien de son modeste ménage, il était entré à titre de correcteur dans une imprimerie, à la condition d'y être logé et nourri avec sa femme.

Bénézet ne tarda pas à se faire remarquer dans cette humble situation. Trois ans après, les administrateurs du collège fondé par William Penn, qui tous étaient par leur science et leurs vertus les notabilités du pays, vinrent l'obliger à occuper une chaire devenue vacante.

Il resta douze ans attaché à ce poste et y déploya les qualités du professeur intelligent et de l'homme de bien. Persuadé qu'un autre pouvait alors aussi bien que lui continuer une tâche qu'il avait rendue plus facile, il quitta sa chaire pour remplir une mission plus importante et plus délicate.

A cette époque l'instruction des femmes était considérée comme inutile sinon comme nuisible.

Bénézet y attachait au contraire une grande importance. Il voulait instruire la femme non-seulement pour développer sa faculté d'être pensant, mais encore pour en faire l'institutrice de la famille. Telles mères, tels fils, disait-il.

C'est dans ce but qu'il fonda une institution qui fut immédiatement fréquentée par les jeunes filles appartenant au meilleur monde de Philadelphie.

Il remplaça dans son école les procédés routiniers et la dicipline brutale, usités alors, par une méthode logique et une douceur parfaite. Il n'admettait point que, pour tous les enfants, la crainte des punitions fût, comme la crainte de Dieu, le commencement de la sagesse. Traitant ses élèves, chacune suivant son tempérament et ses aptitudes, il obtint de toutes l'obéissance active, l'attention intime qui seules peuvent donner un travail utile.

Sa touchante bonté, son aménité charmante, avaient fait de ses élèves de respectueuses amies. Cette affection, plus vive et plus vraie que celles qu'obtiennent certains parents par une condescendance maladroite et coupable, il l'avait obtenue en faisant aimer le travail et le bien. Quelques-unes de ses élèves, qui vivaient encore il n'y a pas trente ans, avaient conservé dans leur vieillesse la même admiration, le même respect pour leur vénéré professeur et dirigeaient encore leurs actions d'après les conseils qu'elles en avaient reçus.

* * *

Bénézet n'était jamais touché par un malheur sans songer à le soulager. On lui amena un jour une jeune sourde-muette repoussée de toutes parts ; il la reçut dans son école en dépit des préjugés et des préventions. En ce temps de superstition ces malheureuses créatures étaient abandonnées des hommes sous prétexte qu'elle étaient maudites de Dieu, et l'on n'avait rien trouvé de mieux que de les exorciser. Dans bien des pays on les considérait comme des monstres.

L'abbé de l'Épée et l'abbé Sicard n'avaient pas encore opéré le miracle de faire entendre les sourds et parler les muets. Bénézet trouva le moyen d'instruire cette jeune fille en deux ans et de la mettre en communication avec le monde qui l'avait répudiée.

Le dévouement de cet homme de bien ne s'est exercé jusqu'ici que dans la vie privée et dans l'enceinte modeste de son école, mais il s'est fortifié ; il peut s'étendre. Sa voix, si douce à ses aimables écolières, va franchir l'Océan et retentir dans les deux mondes, où elle éveillera des dévouements qui rivaliseront avec le sien. Son grand rôle commence : il a voué sa vie au salut de la race nègre. Du fond de sa retraite, il donne le branle au grand mouvement anti-esclavagiste qui ne s'arrêtera plus.

* * *

Depuis longtemps Bénézet souffrait en silence du spectacle affligeant de l'esclavage et de la traite des noirs sans qu'il aperçût aucune possibilité de remédier à un malheur universellement considéré comme une nécessité et à une honte qu'il était presque seul à sentir. Cependant il n'était pas homme à déplorer le mal sans tenter de le combattre : il n'était rien moins qu'un rêveur stérile. Sa conscience l'appelait au secours des malheureux ; il obéit à l'impulsion du devoir et, malgré sa modestie, il crut pouvoir, lui, simple maître d'école, faire avec l'aide de Dieu la leçon aux puissants de la terre. Au nom de la justice, de l'humanité, de l'Évangile, il proclama les droits des nègres et réclama leur délivrance.

Il créa d'abord pour eux une école du soir. C'était la première qui fût ouverte, et il faut voir là une preuve de grand courage. Fréquenter les nègres était réputé chose vile ; les instruire était une honte et un crime. La seule excuse que le public admit d'abord en faveur de Bénézet, c'est qu'il devait être fou. Peu lui importait.

L'école des noirs prospéra. La Société des Amis s'empara de l'idée, qu'elle développa, et les succès obtenus prêtèrent un argument capital à la cause de l'émancipation. Les esprits les plus bienveillants accordaient bien une âme aux malheureux nègres, mais ils déclaraient que la race noire était une race inférieure, rebelle à l'éducation, et sans aptitude pour l'instruction. L'expérience donna bientôt un démenti formel à ces assertions. Après plusieurs années d'épreuves, Bénézet témoignait en ces termes dans cette cause célèbre :

« Je puis, en toute loyauté et sincérité, déclarer que j'ai trouvé chez les nègres une aussi grande variété d'aptitudes que chez un même nombre de blancs, et je ne crains pas d'affirmer que l'opinion généralement admise, que les nègres sont inférieurs en intelligence, est un préjugé vulgaire fondé sur l'orgueil et sur l'ignorance de maîtres hautains qui ont tenu leurs esclaves à une distance telle qu'ils n'ont pas su porter sur eux un jugement éclairé. »

Plus Bénézet apprenait à connaître cette race déshéritée et plus il souffrait du sort auquel elle était condamnée. Agissant d'abord sur le milieu où le confinaient ses fonctions de maître d'école, il eut bientôt gagné l'esprit de ses coreligionnaires et de ses concitoyens ; puis il étendit le cercle de son action. Il publia, d'une façon suivie, des articles sur l'esclavage et sur la traite des noirs dans les journaux des différents États de

Bénezet instruisant les nègres.

l'Union; il profita de l'immense publicité des almanachs de son ami Benjamin Franklin pour répandre ses idées et préparer l'opinion; enfin, il imprima à ses frais, pour les adresser à tous les personnages influents d'Amérique et d'Europe, des livres dans lesquels il peignit avec des couleurs sombres et vraies les crimes qu'occasionnait la traite des noirs, les misères et les malheurs qu'elle amenait et les terribles conséquences qu'elle entraînait.

Il répandit ses écrits philanthropiques dans toutes les contrées de l'Amérique et de l'Europe. Il fut en correspondance avec tous les hommes éminents qui avaient part à la vie publique : avec l'abbé Raynal, auteur d'une *Histoire des colonies européennes dans les Indes occidentales*; avec le philanthrope Granville Sharp; avec Benjamin Franklin, alors agent des États coloniaux à Londres; avec John Wesley, le célèbre fondateur de la secte des Wesleyens. Il écrivit à la reine Charlotte de la Grande-Bretagne :

A LA REINE CHARLOTTE

« Philadelphie, 25 août 1783.

« Poussé par le sentiment du devoir religieux, encouragé par l'opinion généralement accréditée de tes dispositions bienveillantes envers les malheureux, je prends, très respectueusement, la liberté de t'offrir quelques brochures qui dépeignent fidèlement le sort misérable de plusieurs milliers de nos frères appartenant à la race africaine.

« Un grand nombre de ces infortunés sont, chaque année, enlevés à la tendresse de leur famille, arrachés à leur patrie, et transportés dans les îles et les plantations d'Amérique pour y subir un esclavage si rigoureux et si cruel que la plupart sont enlevés par une mort lamentable et prématurée.

« Lorsqu'on songe que les habitants de la Grande-Bretagne, qui jouissent pleinement des bienfaits de la liberté civile et religieuse, ont longtemps pris part, et prennent encore une part très active, à cette violation flagrante du droit commun de l'humanité, que le gouvernement lui-même protège cet abominable trafic, n'a-t-on nulle raison d'appréhender qu'un tel état de choses n'attire le courroux divin sur la nation et sur ses colonies?

« Puissent ces considérations te déterminer à déployer tes charitables efforts en faveur d'une race injustement opprimée dont l'abjecte situation est d'autant plus digne d'en appeler à la pitié et à la protection des cœurs généreux, qu'elle est dépourvue de tout moyen de les solliciter elle-même.

« Puisses-tu être entre les mains de Celui par qui les rois règnent et dispensent la justice, un instrument béni pour détourner du royaume les châtiments redoutables qui l'ont déjà si terriblement ébranlé!

« Puisses-tu mériter les bénédictions de milliers d'êtres sauvés par ta bonté d'une mort injuste! Ces bénédictions arriveront jusqu'à toi à l'heure où les privilèges attachés à ta haute situation dans ce monde seront impuissants à te consoler et à te soutenir.

« Aux petits traités sur lesquels j'ose ainsi appeler spécialement ton attention, j'en ajoute quelques autres que j'ai cru de mon devoir de publier à diverses époques. J'ai le ferme espoir qu'ils te donneront quelque consolation chrétienne, car ils ont pour but de travailler au progrès de la paix universelle et de la fraternité humaine que prêche l'Évangile.

« J'espère que dans ta bonté tu voudras bien excuser la hardiesse d'un vieillard qui, séparé depuis plus de quarante ans du monde, se préoccupe des maux cruels de pauvres humains ayant autant de droits que nous à l'amour du divin Rédempteur.

« Personne ne souhaite plus ardemment que moi le bonheur terrestre et la félicité éternelle de la reine et de son royal époux.

« Antoine Bénézet. »

Après la lecture de cette lettre pathétique, la reine s'écria avec émotion :

« Quel brave et digne cœur! j'accepte son présent avec

reconnaissance et je lirai les livres qu'il a bien voulu m'envoyer. »

Bénézet adresse les mêmes supplications et les mêmes doléances à la reine de France, à la reine de Portugal, à tous les hauts personnages qui avaient voix délibérative ou consultative dans cette grande question de justice et d'humanité.

Il s'adresse au clergé de toutes les religions, de toutes les sectes, et fait partout des prosélytes. Sa lettre à l'archevêque de Cantorbéry passe de paroisse en paroisse et de main en main ; elle a sur les ministres anglicans la même influence que sur l'archevêque et entraîne leur zèle.

Personne, en Amérique ou en Europe, ne conteste que Bénézet ne soit le promoteur de l'abolition de la traite des noirs. Sandiford, Lay, Woolman avaient jeté le cri d'alarme avant lui, cela est vrai ; mais Bénézet a eu, le premier, une puissance d'action sur l'opinion publique, sur les grands philanthropes, sur les hommes d'État qui ont réalisé des réformes. C'est son influence qu'on retrouve dans toutes les tentatives faites au siècle dernier pour supprimer la traite et améliorer le sort des esclaves. C'est lui qui inspire Edmond Burke, fortifie les convictions de Granville Sharp, éclaire Thomas Clarkson. Il a rendu facile la tâche de Wilberforce.

Les Amis furent les premiers à donner l'exemple. A partir de 1774, les Quakers avaient émancipé les nègres appartenant à leur *société*, et dix-sept ans après on ne trouvait plus un seul Quaker qui possédât un esclave. Ce grand mouvement d'émancipation fut dû au génie actif et charitable de Bénézet. Il faut donc lui faire une large part dans le succès obtenu par les philanthropes à la fin du siècle dernier et du commencement de celui-ci. C'est bien son zèle, sa persévérance et son dévouement qui ont provoqué, entretenu et accéléré l'œuvre de l'abolition de la traite des nègres. C'est par là qu'il a obtenu une célébrité qu'il n'a pas cherchée et dont ce bon cœur n'avait nul souci.

En 1776, vingt années de luttes n'avaient fait que fortifier ses convictions et redoubler son ardeur. Tous les jours il était entouré de nègres qu'il interrogeait avec affabilité, appréciant leurs dipositions avec une pénétration d'esprit et une impartialité que son amour pour ces malheureux n'a jamais égarées.

Après avoir établi dans ses livres l'illégitimité et l'injustice de l'esclavage, il ne travailla plus qu'à l'abolition de la traite des noirs, en faisant surtout valoir les raisons qui devaient frapper les gens les plus intéressés au maintien de l'esclavage. Il savait bien d'ailleurs que, du jour où les nègres enlevés à l'Afrique n'alimenteraient plus les troupeaux d'esclaves américains, l'esclavage, atteint dans sa source, serait menacé dans son existence. A force d'éloquence, il arriva à faire élever, dans certains Etats, l'impôt sur les nègres importés, de 250 francs à 500 francs par tête.

*
* *

Bénézet n'a pas borné là l'action de son expansive charité. Sa préoccupation du sort des nègres n'avait pas absorbé toute sa pitié. Sa tendre bienveillance s'était aussi tournée du côté des malheureux Indiens, et il avait pris leur défense avec la même sollicitude sinon avec le même succès.

Les émigrés européens que l'intolérance religieuse et les dissensions politiques avaient rejetés dans l'Amérique du Nord s'étaient fait bien vite une patrie de leur terre d'exil; ils y avaient formé une nation qui voulait vivre, s'étendre et grandir. Ils se trouvaient en présence des restes misérables, mais naturellement hostiles, des anciens habitants du pays, les maîtres du sol par droit de naissance. La lutte était inévitable et la victoire des derniers venus était certaine. Nous n'avons pas à raconter ici l'histoire de cette guerre de race qui va finir faute de combattants, c'est-à-dire par l'anéantissement d'un peuple : c'est toujours mêmes violences, même abus de la force, mêmes représailles de la vengeance et du désespoir.

Antoine Bénézet devait être du côté des faibles; il a donc, comme la plupart des *Amis*, défendu et protégé les Indiens.

Mis en rapport direct et constant avec certaines tribus, il

avait appris à les connaître ; il respectait leurs coutumes et leur religion, admirait la sagesse qui souvent inspirait leurs lois. Il avait le courage de confesser hautement l'intérêt qu'il portait à cette race menacée et s'élevait contre l'injustice qui violait les droits d'un peuple.

Les conquérants ne souffrent guère qu'on intercède en faveur des vaincus dépossédés ; qu'importe ! Bénézet protestait avec acharnement contre tous les actes qui blessaient les sentiments de justice et d'humanité. Il allait jusqu'à plaider la cause des malheureux Indiens devant le général qui ouvrait la campagne contre eux ! Avocat sublime d'une cause perdue d'avance.

Il fut un des fondateurs de la Société instituée, en 1756, pour le maintien de la paix entre les Blancs et les Indiens par des moyens pacifiques. On retrouve encore chez certains numismates la médaille d'argent qui, suivant le conseil de Bénézet, avait été frappée en 1757, et représente William Penn offrant le calumet de paix à un chef Indien ; elle porte en exergue cette devise : LET US LOOK TO THE MOST HIGH WHO BLESSED OUR FATHERS WITH PEACE (*Élevons nos regards vers le Très-Haut, qui a béni nos Pères en leur accordant la paix*). Cette médaille devait être portée par les principaux des Indiens, afin de leur rappeler incessamment la bonne intention des *Amis*.

La guerre, le plus terrible des fléaux qu'engendrent les passions humaines, n'est pas tolérée chez les Quakers, qui n'admettent ni les nécessités de la politique, ni les exigences du patriotisme. Le respect de la vie humaine est pour eux absolu. Dieu seul a droit de vie et de mort, et l'homme ne peut atteindre la félicité qu'en marchant dans les voies de la vertu, guidé par l'amour de Dieu et observant rigoureusement l'amour du prochain.

Cet idéal, dont nous ne sommes pas plus rapprochés que nos premiers pères, devait être le rêve de l'âme tendre et pieuse de notre héros. C'est sans aucun succès, bien entendu, qu'il employait contre la guerre entre individus et entre nations les procédés qui lui avaient si bien réussi dans sa propagande contre l'esclavage.

Il eut même la naïveté d'écrire à Frédéric-le-Grand une lettre restée célèbre, dans laquelle il condamne la guerre en termes énergiques et pathétiques qui furent sans doute honorés de la pitié et du dédain du roi-troupier.

*
* *

Chez Bénézet la charité était une force surhumaine qui prenait son point d'appui dans l'amour de Dieu et faisait des miracles. Au milieu des préoccupations et des travaux qui l'accablaient jour et nuit pour l'accomplissement de sa noble tâche, il entendit le cri de détresse des malheureux colons français que les Anglais venaient de chasser de la Nouvelle-Écosse, et il y répondit.

Ces Français étaient bannis de leur retraite, comme ses parents l'avaient été de leur patrie, mais eux, au moins, n'étaient pas exilés et privés de leurs biens par leurs compatriotes, ils étaient frappés par les ennemis de leur mère-patrie.

En 1713, le traité d'Utrecht avait cédé la Nouvelle-Écosse à l'Angleterre, mais il avait été stipulé que la propriété des terres était garantie aux Français qui prêteraient serment à leur nouveau monarque. Ce serment ne fut prêté par les Français de la Nouvelle-Écosse qu'à la condition de ne jamais être contraints, ni eux ni leur postérité, à porter les armes contre la France, ni contre les tribus indiennes de leur voisinage. Cette condition formelle, renouvelée plusieurs fois, était si bien connue que, pendant cinquante ans, ces Français n'eurent d'autre nom que celui de *Neutrals*, neutres.

Quand, en 1755, la France, alliée aux tribus indiennes, porta la guerre dans la Nouvelle-Écosse, quelques jeunes Neutrals violèrent la neutralité en favorisant les Français et les Indiens.

Le commandant anglais, obéissant à la colère et à la rancune plutôt qu'à la justice et au droit, rendit tous les colons français responsables de la faute de quelques-uns; il résolut de confisquer leurs biens, de les transporter dans la baie de

Bénézet secourant les déportés français.

Massachussetts et dans la Caroline du Sud. Il exécuta cet arrêt, rendu sans enquête et sans jugement, de la façon la plus perfide. Sous différents prétextes, les Neutrals furent appelés en divers lieux; là, ils apprirent que leurs biens étaient confisqués au profit de la couronne d'Angleterre et que, prisonniers de guerre, ils allaient être immédiatement déportés.

A l'annonce de cette terrible décision, il y eut, on le comprend, des scènes de désespoir et de révolte, mais les troupes, dissimulées d'abord pour ne pas éveiller la méfiance, parurent soudainement, et les pauvres victimes furent poussées à coups de crosse et de baïonnette vers les vaisseaux qui devaient les débarquer, c'est-à-dire les abandonner sur un rivage lointain.

Ce sont ces tristes événements qui ont inspiré à Longfellow son beau poème d'*Evangéline*.

Deux ou trois cents échappés à l'embarquement se réfugièrent dans les forêts voisines et y trouvèrent un sort funeste; la plupart furent tués à coups de fusil, le reste mourut de faim.

Le nombre de ces malheureuses victimes ne peut être déterminé : on sait seulement que sept mille Français habitaient cette province et que presque tous ont disparu du pays.

Mille de ces infortunés furent déposés dans la baie de Massachussetts et cinq cents furent amenés à Philadelphie. C'est en faveur de ces derniers que Bénézet puisa encore à pleines mains dans son intarissable trésor de charité. Il se mit en rapport avec eux et put leur servir d'interprète, car on avait continué de parler la langue française dans sa famille. Il adressa, en leur nom, une requête au roi d'Angleterre; puis, en attendant la réponse qui n'arriva jamais, il se consacra tout entier au soulagement de ces malheureux.

En débarquant à Philadelphie, ils étaient tombés à la charge de l'Assistance publique, qui les entassa dans une vieille caserne abandonnée et ne leur fournit qu'une subsistance insuffisante. La plupart avaient vécu dans l'aisance et dans la richesse et ne purent supporter un pareil régime. Bénézet soigna les malades, assista les mourants, rendit les derniers devoirs aux morts. De plus en plus navré des maux qui décimaient ces innocentes victimes, il fit plus que l'administration de l'Assistance publique : il obtint d'un Quaker de ses amis un square que celui-ci possédait dans la ville de Philadelphie. Grâce aux dons en nature et aux collectes, il y fit bâtir autant de petites habitations qu'il y avait de familles françaises à loger ; ce qui décida l'Assistance publique à les abandonner tout à fait.

Bénézet mit ces pauvres gens en mesure d'exercer de petites industries qui n'exigeaient aucune mise de fonds : les uns fabriquaient des sabots, les autres une grossière étoffe avec les chiffons ramassés dans les rues. Il prélevait sur ses propres ressources ce qui manquait aux vieillards et aux plus nécessiteux. Il dérobait à son modeste ménage du linge, des couvertures pour les donner à ses pauvres *Neutrals*, comme il les appelait toujours. Son dévouement dura tant qu'il y eut des misères à soulager, jusqu'à ce que la mort eût délivré les uns ou que la recherche d'un travail plus lucratif eût disséminé les autres dans la Pensylvanie.

Les soins constants que Bénézet donnait aux membres de cette triste communauté éveillèrent la méfiance de quelques-uns d'entre eux qui ne pouvaient croire à tant de désintéressement. Un ami de Bénézet lui apprit un jour que ses protégés lui attribuaient une arrière-pensée d'ambition. Au lieu d'en paraître fâché, il se prit à rire follement de ce trait comique : lui, Bénézet, ambitieux! Pouvait-on imaginer quelque chose de plus amusant!

Il nous faut, si nous voulons donner une image fidèle de notre héros, peindre le Quaker à côté du philanthrope. Bénézet avait au suprême degré l'amour du prochain, mais il est cependant difficile de séparer sa vocation charitable de son esprit religieux. Ses bonnes œuvres étaient à la fois la manifestation de sa bonté naturelle et l'inspiration de sa foi. C'était par-dessus tout un croyant.

Indifférent en matière politique, sans souci de l'esprit de nationalité, acceptant les lois et les usages adoptés par les nations civilisées, il ne reconnaissait au monde qu'un code : l'Évangile. Ses convictions étaient profondes, inaltérables, et ses coreligionnaires le tinrent toujours en grande estime. En 1756, ils le nommèrent inspecteur de l'école publique fondée par William Penn en faveur de la ville et de la province de Philadelphie; en 1757, ils l'élurent administrateur de l'hôpital de Pensylvanie; enfin, en 1770, ils le désignèrent pour occuper le poste de doyen de la Société des Amis.

Quoiqu'il possédât un certain esprit pratique, il avait sur l'économie sociale des idées qui peuvent s'appliquer à des groupes d'individus et à des natures d'élite, mais qui ne peuvent convenir à nos sociétés modernes. Il ne voyait dans l'industrie et le commerce, conditions matérielles de la prospérité des nations, qu'une cause de corruption, et il voulait en préserver la société religieuse qu'il avait à éclairer.

Il essaya de ramener les Quakers à l'esprit de simplicité et de modération qu'ils avaient primitivement, dans la crainte que l'accumulation des richesses ne fît perdre à ses *Amis* l'innocence, l'honnêteté, la noblesse du cœur.

*
* *

Bénézet était petit, mais robuste et bien pris. Son visage, qu'animait une expression de douceur et de bienveillance, n'était rien moins que beau. Il disait aux amis qui voulaient qu'on fît son portrait :

« Ma laide face n'ira pas à la postérité. »

Alerte dans ses mouvements, rapide dans sa marche, il avait la vivacité française qui faisait ressortir la raideur anglo-saxonne de son entourage. Il n'admettait aucun luxe, aucune superfluité dans sa toilette; ses vêtements avaient la coupe la plus simple et étaient de l'étoffe la plus solide et la plus grossière.

« De cette façon, disait-il, je puis, quand je les remplace, les donner aux pauvres sans qu'ils soient contraints d'afficher l'aumône reçue. »

Son habitation était des plus humbles; on la montre encore aujourd'hui comme un échantillon d'architecture primitive et surtout comme l'asile d'un des hommes les plus vertueux de son siècle.

Bénézet n'était pas modeste seulement dans ses rapports avec les hommes, il l'était intimement vis-à-vis de lui-même. Bien que renommé pour ses travaux, pour sa prodigieuse charité, pour sa droiture, pour sa vertu, il était le seul qui ne rendît point justice à son mérite. Il disait sincèrement qu'il n'avait pas fait assez pour être digne de la reconnaissance des hommes et de la miséricorde de Dieu.

Toujours d'humeur égale, toujours bien disposé, il avait souvent des accès de gaîté ; comme celle de Franklin, sa sagesse avait le mot pour rire ; il donnait parfois à ses préceptes la forme de saillies touchant au facétieux.

Son intelligence était puissante, son instruction fort étendue; il avait même étudié la médecine. Il possédait la science de la géographie mieux que personne de son temps ; il établissait de mémoire, sans errer sur la longitude et la latitude d'aucun lieu, la carte entière du globe

Il possédait aussi la principale science : la science de la vie et la connaissance de l'homme. Quoiqu'il fût innocent et naïf, il pénétrait d'un coup d'œil, à travers les apparences hypocrites, au fond du cœur des méchants et des fourbes.

Son activité semble avoir dépassé les forces humaines. Peu d'hommes ont travaillé plus que lui et pour un plus noble but. Il n'eut jamais un moment de lassitude ni de découragement; il déplorait la nécessité du sommeil qu'il subissait, mais qu'il ne voulait pas accepter. Quand le matin, au lever du soleil, on le voyait travailler dans son potager, il avait déjà passé les dernières heures de la nuit à étudier et à écrire.

Sobre par nature, il exagérait, par excès de scrupule, les règles de la tempérance ; il mangeait trop peu et ne mangeait que des légumes. Dans sa vieillesse, il frémissait à la pensée que l'homme tuait, pour se nourrir, des êtres qui avaient été doués de sensibilité.

Un jour qu'il entrait chez une de ses anciennes élèves au moment du repas, il fut invité à se mettre à table.

« Ah! merci, dit-il en regardant le poulet rôti qu'apportait un domestique, je ne mange pas de mon prochain. »

*
* *

    Comme tous les hommes que leur nature voue à la charité, Bénézet ne passait jamais à côté d'une infortune sans y apporter le soulagement possible. L'histoire de sa vie privée pourrait être remplie de traits aussi touchants qu'insensés. Plus d'un jour d'hiver, sa femme le vit rentrer en manches de chemise; il avait rencontré un vieillard grelottant et, un habit ne pouvant se partager comme le manteau de saint Martin, il avait donné son habit tout entier.

    Le jour même de sa mort, il se leva de son lit pour aller chercher quelques dollars dans son secrétaire et les donner à une pauvre veuve.

    Pendant la guerre d'Amérique, alors que la ville de Philadelphie était occupée par l'armée anglaise et que les habitants, même les moins pauvres, étaient réduits aux plus rudes privations, il déploya toutes les ressources de son génie charitable pour alléger les misères qui l'entouraient ; il consolait, il conseillait, il encourageait ceux qu'il ne pouvait secourir.

    Rien ne lui coûtait pour rendre un service. Une femme qui lui est inconnue passe près de lui : elle paraît triste et découragée; il l'aborde et l'interroge; elle lui raconte qu'elle est lavandière, qu'elle ne peut plus nourrir ses petits enfants parce qu'elle a six soldats hessois à loger. Il court au quartier-général, force la porte qu'on lui refuse, pénètre dans le salon où se trouve le général allemand au service de l'Angleterre, s'assied devant l'officier supérieur au grand scandale de l'entourage, et raconte la simple histoire de sa protégée avec une émotion si vraie qu'il émeut l'assemblée. Le général hessois fait immédiatement droit à sa réclamation et demande comme une faveur l'amitié d'un si brave homme.

    Cette simplicité, ce sans-façon qui appartient aux Quakers et qui allait si bien à Bénézet, n'avait jamais rien d'affecté ; il en usait avec tout le monde, il suivait le précepte qu'il avait fait inscrire sur les murs de son école : « *Que les pensées soient droites, que les paroles soient sincères* ».

Dans une entrevue qu'il eut avec le général français de Chastellux, il lui dit avec une franchise qui contrastait avec les précautions oratoires de son interlocuteur :

« Tu es un homme de lettres, tu es membre de l'Académie Française, tu as, comme la plupart des gens de lettres de ton pays, écrit de bonnes choses, tu as attaqué comme eux les erreurs, les préjugés, et surtout l'intolérance, mais as-tu jamais rien fait pour combattre la guerre et pour que les hommes vécussent fraternellement ? »

*
* *

Bénézet était en naissant de faible constitution, sa santé ne se consolida que vers l'âge de quarante ans. Il n'eut d'autre maladie que celle qui l'emporta à soixante et onze ans. Encore cette maladie n'était-elle que l'épuisement physique causé par le régime d'anachorète qu'il s'était imposé, croyant ainsi conserver plus vigoureuses et plus lucides ses facultés intellectuelles.

Cet affaiblissement organique fut dissimulé aux yeux de tous par l'ardeur qu'il avait conservée jusqu'à la fin dans l'accomplissement des bonnes œuvres. Mais quand il n'eut plus la force de sortir de son lit et que la nouvelle s'en répandit, ce fut une consternation générale. Des groupes nombreux stationnaient toute la journée à sa porte et le long de sa rue, se transmettant de proche en proche les bulletins de santé qui se faisaient de plus en plus tristes.

Le jour où l'on fut assuré de l'issue fatale, les habitants de Philadelphie voulurent pénétrer dans la chambre du malade et recevoir la bénédiction de cet homme de bien que l'approche de la mort semblait sanctifier. Les portes furent ouvertes et la foule émue défila devant le mourant qui, les mains étendues, recevait plus étonné qu'enorgueilli ces touchantes manifestations de respect et d'amour. Des mères avaient amené leurs enfants malades dans la naïve croyance que la vertu avait le don de faire des miracles en faveur de l'innocence.

Il mourut, le 17 Mai 1784, dans l'amour du prochain et dans la crainte de Dieu.

La veille de sa mort, il voulut faire ses adieux à sa femme qu'il allait quitter pour la première fois depuis quarante-huit ans. Quand la pauvre infirme fut amenée près de son lit, il lui prit les mains et dit ces simples paroles qui renfermaient à la fois un regret et une consolation :

« Nous avons vécu longtemps dans l'amour et dans la paix. »

Il n'avait jamais eu d'enfants, lui qui aurait si bien su les initier à sa vie de labeurs charitables, et aurait eu un si riche patrimoine de vertus à leur transmettre !

A sa mort, la ville de Philadelphie prit le deuil. Ce ne fut pas seulement sa veuve que ce malheur atteignit, c'étaient les pauvres, les malheureux, les nègres affranchis et les nègres esclaves dont il avait été l'appui et le consolateur; c'était la *Société des Amis*, qui perdait sa plus grande lumière et sa plus haute vertu ; c'étaient les habitants de la ville tout entière, à qui il avait, pendant plus de quarante ans, prêché sa religion d'amour, à qui il avait donné l'exemple d'une vie de désintéressement et de dévouement, qu'il avait pour ainsi dire convertis à ses doctrines charitables et associés à ses vues sur l'abolition de l'esclavage et sur la paix universelle.

Il fut enterré au cimetière des Quakers. Aucune cérémonie funèbre ne fut jamais plus touchante et plus grave. Tous les habitants, à quelque parti, à quelque rang, à quelque religion qu'ils appartinssent, suivaient le convoi. On n'avait pas eu besoin, selon la coutume, de solder *des pleureurs*, c'était la reconnaissance qui les fournissait; des centaines de nègres se lamentaient et versaient de vraies larmes. Un biographe a pu dire que la mort de Bénézet avait été embaumée dans les pleurs.

Un officier général qui assistait à ses funérailles fit en deux mots son oraison funèbre :

« J'aimerais mieux, dit-il, être Bénézet dans son cercueil que Washington dans sa gloire. »

Lui aussi avait fait son oraison funèbre quelque temps avant sa mort. Un ami proposait de recueillir ses papiers et ses notes pour publier ses mémoires posthumes ; Bénézet le lui interdit et ajouta :

« Si vous voulez absolument parler de moi quand je ne serai plus de ce monde mortel, dites :

Antoine Bénézet fut une pauvre créature et, grâce à la faveur divine, il eut le mérite de le savoir. »

ROSA GOVONA

Dans un grand nombre de villes de la haute Italie, on désigne les orphelines de certains hospices sous le nom de *Rosines*. D'où leur vient cette appellation charmante ? Du nom d'une pauvre ouvrière qui, ne possédant rien, absolument rien, et vivant au jour le jour du travail de ses mains, fonda plusieurs hospices d'orphelines dans le Piémont, sa patrie, et dans l'ancien royaume de Sardaigne.

Cette humble créature s'appelait Rosa Govona. Elle était née à Mondovi, en 1716, de parents fort pauvres qui la laissèrent orpheline dans le premier âge de l'adolescence. Dès ce moment elle ne devait plus compter que sur elle-même.

Rosa Govona arrangea sa modeste vie avec une sage prévoyance. Elle s'appliqua à devenir une habile ouvrière, se fit un devoir et surtout un plaisir du travail. Elle modéra ses désirs, restreignit ses besoins et se logea dans la plus pauvre chambre d'une pauvre maison qu'elle embellit d'un luxe à la portée de toutes les bourses : le luxe de la propreté.

Rosa trouvait dans sa simplicité et sa frugalité de grandes jouissances recherchées en vain par tant de gens dans le raffinement d'une existence somptueuse. Elle était riche, puisqu'elle avait de quoi se procurer tout ce qu'elle pouvait souhaiter ; elle était heureuse, puisqu'elle possédait les seuls bonheurs qu'elle eût enviés : un asile, du pain tous les jours, la santé et le travail, c'est-à-dire l'indépendance.

Mais hélas ! rien de parfait dans ce monde, pas même le bonheur d'une créature parfaite.

Rosa s'aperçut bientôt qu'elle avait autour d'elle des êtres faibles, malheureux et misérables, n'ayant ni asile, ni pain, ni santé, ni travail, et elle ne fut plus heureuse à son aise. Il y avait de la tristesse dans un coin de son cœur ; elle gémissait du malheur et de la misère des autres ; elle souffrait du froid et de la faim qui torturaient de pauvres innocents. Pourtant, qu'y pouvait-elle ? Elle n'avait rien, elle ne pouvait rien ; et elle s'en désolait.

Un jour d'hiver qu'elle travaillait dans sa chambrette, près d'un petit brasero, elle vit, arrêtée devant sa fenêtre, une petite fille qui grelottait sous ses misérables haillons et la regardait d'un air suppliant en lui demandant un morceau de pain.

D'un bond, Rosa fut à la porte. Elle fit entrer l'enfant, l'assit sur ses genoux en présentant ses petits pieds nus à la chaleur du foyer ; quand elle l'eut réchauffée et fait manger, elle l'interrogea.

C'était une bien triste et bien courte histoire que celle de cette pauvre orpheline, abandonnée de tous, mal nourrie par la charité publique et qui n'avait eu pendant tout l'été d'autre asile que les champs et les bois !

En écoutant le récit naïf et sincère de l'enfant, Rosa Govona sentait monter du fond de son cœur une émotion qu'elle ne pouvait dominer. Elle ne crut plus possible de laisser l'orpheline dans l'abandon et elle lui dit simplement :

» Reste ici, mignonne, tu demeureras avec moi. Je suis pauvre, mais nous partagerons. Tu dormiras dans mon lit, tu mangeras de mon pain, tu boiras dans mon verre. Seulement, retiens bien ceci : *Tu vivras du travail de tes mains.* »

Rosa Govona et ses orphelines.

L'orpheline partagea la demeure et la vie de la Rosa, qui l'éleva comme sa propre fille, lui apprit à coudre, à tisser, si bien que, en peu de temps, la petite gagnait elle-même sa nourriture.

L'exemple ne fut pas perdu.

Une seconde orpheline, puis une troisième, se présentèrent et furent accueillies avec le même bon cœur et la même simplicité. Rosa Govona leur répéta les mêmes paroles :

« Venez vivre avec moi du travail de vos mains. »

Le logis devint bientôt trop étroit pour recevoir les orphelines dont le nombre augmentait de jour en jour, et Rosa fut forcée de louer, l'une après l'autre, toutes les chambres de la masure qu'elle avait toujours habitée.

Les pauvres filles ainsi recueillies travaillaient à l'envi ; mais les frais de loyer, d'installation, de nourriture, d'habillement, dépassaient encore les chétives recettes.

Rosa ne se découragea pas une seule fois. A mesure que les difficultés croissaient, elle se faisait plus habile, plus active et plus courageuse. Elle se multipliait pour hâter l'apprentissage des nouvelles recrues, pour stimuler le zèle et l'ardeur des autres ; elle sollicitait des secours qu'elle n'obtenait pas toujours.

Soit par une jalousie instinctive qu'inspirait un si grand dévouement, soit par on ne sait quel dépit d'avoir sous les yeux un si bel exemple qu'elle n'était pas disposée à suivre, la bourgeoisie de Mondovi se laissa aller à un esprit d'hostilité contre cet asile d'orphelines improvisé par une pauvre ouvrière.

Pendant neuf longues années, cette bonne âme opposa son inaltérable trésor de patience angélique, de persévérante humilité pour se faire pardonner son intelligente charité et son sublime dévouement.

Vaincue enfin par cette constance dans le bien, par cet héroïsme désintéressé, la municipalité de Mondovi offrit à Rosa Govona un local spacieux et convenablement aménagé où elle installa sa nombreuse famille d'orphelines.

Dès qu'elle put disposer de plus d'espace, sans même

attendre que les ressources lui fussent assurées, elle ouvrit les bras et les portes à toutes celles qui avaient besoin d'un asile et qui le demandaient. Elle était d'avis que, pour la charité, nécessité fait loi!

Cette noble femme savait par expérience que les efforts et le courage grandissent en raison de la tâche à accomplir.

Enfin cette fondation, d'origine si modeste, devint un établissement public qui porta le nom d'*Hospice des Rosines*.

Alors que l'œuvre de Rosa Govona était encore discutée à Mondovi, elle était admirée dans toute la Sardaigne. Il y a des choses que l'on voit mieux de loin et que l'on juge mieux à distance.

En 1755, Rosa Govona fut appelée à Turin pour y établir un orphelinat sur le modèle de celui de Mondovi. Le succès, plus facile à Turin qu'à Mondovi, y fut encore plus grand; aussi la Rosa fut-elle chargée de créer successivement d'autres orphelinats à Novare, à Fossano, à Savigliano, à Saluces, à Chieri, à San-Damiano d'Asti.

Telle fut l'œuvre d'une humble ouvrière qui, n'ayant jamais rien possédé, légua à son pays une des plus grandes et des plus utiles institutions de bienfaisance dont il s'honore et dont il tire profit.

Quand la Rosa, en adoptant sa première orpheline, lui dit :

« Tu vivras du travail de tes mains », elle avait posé son principe, elle avait formulé son système. Elle ne s'en est jamais écartée, et c'est en l'appliquant rigoureusement qu'elle a produit ce miracle de la bienfaisance qui se multiplie et se suffit à elle-même.

Mais, qu'est-ce qu'une idée, qu'est-ce qu'une théorie, si belle et si grande qu'elle soit, si elle n'est pratiquée logiquement, intégralement, avec l'esprit de suite d'une grande intelligence, avec la conviction d'un adepte froidement passionné?

Le mérite de Rosa Govona, ce n'est pas seulement d'avoir maginé de faire travailler des orphelines pour les faire vivre et faire vivre leurs compagnes pendant leur apprentissage ; ce n'est pas encore d'avoir ennobli les secours en les faisant payer noblement par le travail. Non, ce n'est pas tout cela. Cette idée pouvait venir à toutes les bonnes âmes.

Ce qui restera le mérite de Rosa Govona, ou mieux, sa gloire, c'est de s'être fait aimer de pauvres créatures abandonnées, sans instruction, sans éducation ; c'est de leur avoir donné le goût du travail ; c'est de leur avoir inspiré l'esprit de solidarité, l'amour du prochain ; c'est d'avoir fait connaître le bonheur à de pauvres déshéritées qui n'avaient point de place du banquet de la vie.

En sauvant de la misère et du vice tant de pauvres enfants, Rosa Govona n'a pas seulement accompli un grand acte de charité, elle a encore fait une bonne spéculation pour le compte de la société ; car elle a recruté dans les rangs du vagabondage improductif et nuisible ses laborieuses filles qui contribuent modestement à la fortune publique.

Cette femme, de grand cœur et de grand sens, considérait avec juste raison le travail comme l'un des principaux devoirs, l'un des principaux buts de la vie terrestre. Pour elle, le travail, c'était le pain du corps, c'était la paix de l'âme !

Aussi avait-elle fait inscrire à la porte de tous les hospices d'orphelines qu'elle avait organisés :

Tu vivras du travail de tes mains.

Cette devise est encore aujourd'hui celle des orphelinats du Piémont.

Rosa Govona mourut à son poste, le 28 Février 1776, à l'âge de soixante ans, entourée des orphelines qui la considéraient comme leur mère adoptive. Pendant plus de trente ans, elle n'avait pas vécu un seul jour qui ne fût consacré à son œuvre de charité et d'amour.

L'humble fondatrice d'une des plus belles œuvres qui honorent l'humanité eut des funérailles publiques. On grava sur le monument qui lui fut élevé cette inscription qui résume sa noble vie :

> QUI GIACE
> ROSA GOVONA DI MONDOVI,
> CHE DELLA GIOVINEZZA DELICATASI A DIO,
> PER LA DI LUI GLORIA
> INSTITUI ERESSE
> IN PATRIA, QUI E IN ALTRE CITTA
> VITIRI DI ABBANDONATE FANCIULLE
> PERFARTI SERVIRE A DIO
> CON DAR LORO OTTIME REGOLE
> PER CUI S'IMPIEGANO NELLA PIETA,
> E NEI LAVORI.
> NEL SUO GOVERNO DI ANNI PIU DI TRENTA
> DIEDE PROVE COSTANTI
> D'ESIMIA CARITA E D'INVITTA FORTEZZA.
> PASSO ALL' ETERNO RIPOSA EL DI 28 FEBRARO
> L'ANNO 1776, DELL' ETA MA 60.
> LE FIGLIE GRATE ALLA BENEFICA MADRE
> HAN POSTO QUESTO MONUMENTO.

HOWARD

Le vénérable Howard, qu'un homme de bien de notre siècle, le baron de Gérando, a surnommé « le héros, le martyr de l'auguste science qui préside aux établissements d'humanité », est un des philanthropes qui ont le plus de droits à la reconnaissance universelle. Le premier, il a donné le signal de la réformation du régime des prisons.

« Il a éveillé l'attention des amis de l'humanité ; grâce à lui, on a compris que l'application des peines n'est pas, de la part de la société, simplement une arme de défense ou de vengeance, qu'elle n'a pas seulement pour objet d'empêcher le coupable de nuire encore et de détourner les autres de l'imiter, qu'elle doit se proposer aussi d'opérer la correction du coupable. » C'est ainsi que s'exprime encore le baron de Gérando dans son beau livre *De la Bienfaisance*.

John Howard naquit, en 1726, à Hackney, près de Londres, où son père, tapissier en renom, s'était retiré du commerce avec une fortune considérable.

Il était fort jeune quand il perdit sa mère ; sa constitution délicate donnait quelques inquiétudes à son père, qui l'envoya à la campagne chez un de ses fermiers, à Cardington, aux environs de Bedford. Son enfance y fut si heureuse qu'il fixa plus tard sa résidence favorite dans cette contrée.

A sept ou huit ans, John entra dans une école fréquentée par les fils de riches dissidents. Il est à croire que les études y étaient fort négligées, car le jeune écolier en sortit à quatorze ans parfaitement ignorant. Il passa deux autres années sous la direction d'un maître renommé pour son profond savoir. Soit que l'intelligence du jeune Howard ne fût pas encore éveillée, soit que sa constitution débile le rendît peu apte à l'étude, il quitta sa seconde école avec un bagage scientifique assez léger.

Quand son père jugea qu'il était temps de l'initier au commerce, il ne s'inquiéta guère des inclinations de son fils et le plaça à Londres, chez des épiciers en gros, auxquels il paya une prime d'apprentissage de 17 500 francs. Il faut dire que l'apprenti épicier avait son appartement particulier, un valet de chambre et deux chevaux de selle.

Le père Howard mourut cette année-là, et John se libéra en payant à ses patrons le dédit stipulé par le contrat.

Devenu indépendant, il résolut de fortifier sa santé par les voyages et son esprit par l'étude des lettres, des hommes et des mœurs. Pendant deux ans, il parcourut la France et l'Italie avec les aspirations d'un artiste et les préocupations d'un philosophe.

En 1745, il rentrait en Angleterre, considérablement affermi en santé et en savoir. Il parlait très bien le français et l'italien; possédait des notions exactes sur l'histoire, la géographie, la politique et la littérature des pays qu'il avait visités.

Il prit pension chez une veuve qui possédait une villa meublée dans un faubourg aristocratique de Londres. Il menait là une vie calme et retirée, toute consacrée à l'étude, cherchant à acquérir les connaissances qui devaient compléter son savoir. Il y réussit si bien que, à vingt-neuf ans, il faisait partie de la fameuse Société Royale de Londres.

Une maladie grave mit les jours de Howard en danger. Il dut la vie aux soins intelligents et assidus de son hôtesse, qui lui avait voué une affection toute maternelle. La reconnaissance

Tremblement de terre de Lisbonne

du convalescent prit un tour plus sentimental. A peine guéri, il sollicita de sa garde-malade le bonheur de devenir son mari. Cette femme, pleine de sens, repoussa énergiquement la proposition d'Howard. Elle lui remontra combien serait ridicule une alliance entre un mari de vingt-cinq ans et une femme de cinquante-deux ans qui pourrait être sa mère. Il ne voulut rien entendre, et le mariage fut célébré en 1752.

Mme Howard mourut trois ans après, laissant son mari si désespéré de sa perte qu'il résolut d'abandonner à jamais la maison où il avait coulé ses plus heureux jours. Il distribua les meubles aux familles indigentes du voisinage et chercha des consolations dans les distractions forcées d'un voyage.

Il s'embarqua pour le Portugal, où il voulait constater les effets du terrible tremblement de terre qui venait de détruire Lisbonne et porter sa part de secours aux victimes de la catastrophe.

La France et l'Angleterre étaient alors en guerre.

La frégate à bord de laquelle se trouvait Howard fut prise par un vaisseau français. Tous les passagers furent faits prisonniers et jetés dans le donjon de Brest, où, suivant la coutume du temps, ils furent assez maltraités. Howard ayant enfin obtenu d'être échangé contre un officier français prisonnier de l'Angleterre, fut rendu à la liberté après quelques mois de captivité.

Cette mésaventure eut d'heureuses conséquences : elle livra un but aux élans philanthropiques d'Howard ; elle appela son attention sur les souffrances d'autrui ; il résolut d'employer sa vie et sa fortune au soulagement des misères humaines.

Il se retira dans sa terre de Cardington, où il se consacra tout entier à des œuvres de bienfaisance.

Il commença par faire construire, aux limites de sa propriété, de nombreux cottages, sains et confortables, entourés d'un jardinet, qu'il louait à bas prix aux familles nécessiteuses les plus méritantes. Il augmenta le bien-être des ouvriers en haussant les salaires ; il secourut les indigents valides en leur procurant du travail, les vieillards et les infirmes en leur distribuant des vivres et des vêtements. Il s'appliqua à répandre, par son exemple et ses exhortations, les habitudes de travail, d'ordre, de tempérance et de propreté. Il compléta son œuvre en créant des écoles pour les enfants qu'on laissait vagabonder jusqu'à leur entrée dans les manufactures.

Comme un chaud rayon de soleil, la bienfaisance de ce bourgeois gentilhomme embellissait et réchauffait tout autour de lui. Cependant, si méritoires que fussent ces œuvres, elles ne lui auraient pas apporté la célébrité qui honore aujourd'hui sa mémoire. Elles auraient laissé, dans ce coin de l'Angleterre où elles se sont accomplies, un souvenir qu'aurait emporté le temps.

En 1758, Howard épousa en secondes noces Henriette Leeds, jeune et belle personne, pieuse, aimable, compatissante et en tout digne de lui. Elle n'avait pas de plus grande joie que de l'aider dans ses bonnes actions.

Un jour qu'il lui proposait de faire ensemble un voyage d'agrément, elle répondit avec élan :

« Quels jolis cottages on pourrait bâtir pour de pauvres gens avec tout l'argent que nous allons dépenser en plaisirs ! »

Le voyage n'eut pas lieu et les cottages furent construits.

Cette noble créature qui partageait le respect, la reconnaissance et l'affection que le pays tout entier avait vouées à son mari, mourut après quelques années de mariage, en donnant le jour à un fils.

Dans sa douleur, Howard, dont le cœur était tout amour et toute tendresse, dut espérer que sa femme lui laissait, en quittant ce monde, une consolation. Hélas ! il n'en fut rien. Ce fils fut pour lui la source d'amères douleurs : échappant à l'influence de son vertueux père, il se livra à la vie la plus scandaleuse et ses désordres le conduisirent à la folie.

* * *

En 1773, Howard dut à la considération dont il jouissait d'être nommé shérif du comté de Bedford. Il accepta avec joie des fonctions qu'il n'avait pas recherchées, parce qu'elles allaient lui permettre d'exercer sa bienfaisance sur un plus grand théâtre et plus efficacement.

La charge de shérif était surtout honorifique. En réalité, c'était le sous-shérif qui en remplissait les fonctions et expédiait toutes les affaires. Howard profita de cette situation, non pour jouir de ses honorables loisirs, mais pour rechercher les moyens d'être utile à son pays et à l'humanité.

Son attention avait été appelée depuis longtemps sur le sort des prisonniers. Sa qualité le mettait à même de prendre une connaissance plus exacte des faits qui étaient parvenus jusqu'à lui.

Il commença par visiter toutes les prisons de son ressort et se fit ouvrir les portes de celles des comtés voisins. Ces inspections lui révélèrent des désordres affreux. Il fut épouvanté des profondeurs de misères insondables qui lui donnaient le vertige. Il se sentit envahi par un sentiment de honte patriotique en présence d'horreurs qui déshonoraient la civilisation et son pays.

Partout il trouva les prisonniers renfermés dans des espaces étroits, obscurs, insalubres, privés d'air et d'exercice, torturés à plaisir par des geôliers qui les soumettaient aux plus cruels traitements.

Ce qui surtout le navra, fut de voir des prisonniers enfermés pour dettes, des enfants incarcérés pour de légers délits, livrés à l'école du vice, au milieu d'une société de bandits et de scélérats, hôtes habituels de toutes les prisons.

Dans aucun de ces établissements les geôliers n'avaient de traitement fixe; ils vivaient du produit de leurs exactions.

Les prisonniers pour dettes qui s'étaient libérés vis-à-vis de leurs créanciers, les accusés déclarés non-coupables, les prévenus renvoyés par une ordonnance de non-lieu, n'en étaient pas moins, en dépit du jugement qui les mettait en liberté, reconduits à leurs cachots pour y *pourrir* jusqu'à ce qu'ils aient payé la rançon fixée par le geôlier. Que d'innocents passaient ainsi leur vie dans un emprisonnement trop cruel même pour des coupables!

A Leicester, les prisonniers pour dettes étaient plongés dans des souterrains sombres et humides, absolument privés d'air et de lumière.

A Nottingham, la prison possédait trois chambres pour les prisonniers assez aisés pour être *à la pistole* ; les autres étaient ensevelis dans des cavernes creusées dans le roc, où ils mouraient souvent sans qu'on s'en aperçût.

A Lichfield, les prisonniers manquaient d'eau et n'avaient pas même de paille.

A Gloucester, les hommes et les femmes réunis en commun, pendant le jour, dans une pièce éclairée par une brèche du mur, restaient exposés à toutes les intempéries. Une fièvre pestilentielle, causée par les émanations d'une fosse voisine, enlevait chaque jour quelques-uns de ces misérables et les délivrait d'une existence cent fois pire que la mort.

A Salisbury, les prisonniers, enchaînés par le pied le long d'une grande chaîne fixée au mur extérieur de la prison, devaient rester debout et offrir aux passants des bourses, des filets, de la dentelle ou autres produits de leurs travaux. Le jour de Noël, on les lâchait par les rues, attachés deux par deux, et on les envoyait mendier, l'un tendant une sébile pour recevoir la monnaie, l'autre un panier pour recueillir les dons en nature.

A York, où la plus infecte saleté échappe à toute description, des êtres qui n'avaient d'humain que le nom, étaient enchaînés trois par trois dans des cachots de quelques pieds carrés aérés par un trou percé au-dessus de la porte et donnant sur un égout !

Que la maladie et la mort avaient beau jeu dans ces antres pestilentiels !

A Chester, après avoir descendu vingt marches, on trouvait, de chaque côté d'un corridor obscur, des cellules sans fenêtre ayant huit pieds de long sur trois de large et renfermant chacune plusieurs prisonniers. On nettoyait, on curait, devrions-nous dire, ces cloaques deux ou trois fois l'an.

A Londres, les prisons étaient encombrées. La discipline y était tellement relâchée que les femmes des prisonniers venaient s'installer près de leurs maris avec leurs enfants.

Howard secourant les prisonniers.

Les cris de cette nuée de marmots, les lamentations des malades, se mêlaient à la joie bruyante des prisonniers qui jouaient dans la cour à la paume, au ballon, aux quilles, aux dominos, au cheval fondu, non-seulement entre eux, mais encore avec les garçons bouchers et les balayeurs des rues que le geôlier admettait moyennant un prix d'entrée et une prime sur le gain des parties.

Des réunions de buveurs et de joueurs restaient en permanence toute la nuit, assourdissant de leur tapage les autres prisonniers qui voulaient se livrer au sommeil.

A Plymouth, les criminels étaient entassés dans deux pièces longues de dix-sept pieds sur huit de large et cinq de hauteur. Ils étaient obligés de venir tour à tour respirer devant le guichet pratiqué dans la porte.

Dans un cachot qui n'avait pas été ouvert depuis cinq semaines, Howard trouva un spectre humain, un fantôme vivant qui attendait comme un bienfait l'heure de la déportation à laquelle il avait été condamné.

Il en était de même partout. Dans les prisons des bourgs, des comtés, de la métropole, dans les maisons de correction, dans les maisons de force, le cœur du digne philanthrope fut déchiré par le spectacle le plus lamentable. Toujours des débiteurs soumis à la même rigueur que les meurtriers, toujours le même entassement, le même aménagement défectueux ! Toujours la *fièvre des prisons*, toujours la petite vérole qui emportaient les victimes par centaines.

Nous demandons pardon à nos lecteurs de les avoir introduits dans cet enfer terrestre où la justice humaine jetait pêlemêle des innocents et des coupables, d'avoir étalé à leurs yeux une des grandes plaies de notre vieille société ; mais nous ne pouvions l'éviter. Il fallait montrer toute l'horreur du mal avant de célébrer la gloire de celui qui a le plus contribué à le guérir. Pour célébrer cette gloire, nous n'aurons qu'à raconter comment il s'est dévoué.

Il ne faudrait pas croire qu'Howard reçût toujours un bon accueil des misérables à qui il apportait des consolations et des soulagements. On ne répondait souvent à ses bontés que par des blasphèmes et par de grossières injures, mais rien ne le rebutait. Est-ce qu'un homme de cette trempe a d'autre mobile que sa conscience, d'autre récompense que l'accomplissement du devoir !

En 1774, il présenta à la Chambre des Communes le résultat de son enquête personnelle et le plan des projets de réforme qu'il proposait. Sa voix fut écoutée. La Chambre des Communes comprit que, comme l'avait dit Howard, l'état actuel des choses était une honte pour l'Angleterre et un scandale pour le monde entier. Après examen, elle approuva les projets de réforme qui lui étaient soumis, en votant des remerciements solennels à Howard.

※

Après avoir parcouru l'Écosse et l'Irlande, Howard résolut de poursuivre sa charitable croisade à travers la France, la Hollande et l'Allemagne.

Il ne put, à Paris, obtenir l'entrée de la Bastille, mais il eut accès au Grand-Châtelet, au Petit-Châtelet, au Fort-l'Évêque, à Bicêtre, et partout il trouva les choses plus humainement conduites qu'en Angleterre.

« Les Français ont, dit-il, des soins dignes d'éloge pour l'administration de leurs prisons. Tout y est sain, propre, bien aménagé ; et nulle part je n'ai trouvé la *fièvre des prisons*, ce fléau terrible qui fait chez nous tant de ravages. Non-seulement les prisonniers ne sont point meurtris par des fers cruels, mais ils ont une alimentation bien supérieure aux nôtres. Ils reçoivent chaque jour deux livres de pain et la soupe ; le dimanche, on y ajoute une livre de viande. »

Pouvons-nous, sans manquer aux devoirs qu'impose la vérité, ne pas faire remarquer ici que le philanthrope anglais n'a guère vu que l'élite de nos prisons, et que les termes de comparaison qu'il a pris dans son pays devaient les faire juger plus favorablement ?

En Hollande et en Allemagne, l'organisation des établissements pénitentiaires était meilleure. Le travail, ce grand moralisateur, y était presque toujours introduit. Dans certaines villes, les prisonniers, conduits sous bonne escorte, étaient occupés à des travaux d'utilité publique tels que le balayage des rues, l'entretien des routes; le gain qu'ils rapportaient était consacré, en partie, à améliorer leur régime.

Howard n'était ni un touriste curieux en quête d'émotions, ni un philanthrope sentimental qui s'en allait de prison en prison écouter des gémissements et essuyer des larmes. C'était un homme pratique, un réformateur sensé, cherchant à faire de la discipline pénitentiaire un instrument de réforme sociale et de régénération individuelle.

A peine rentré en Angleterre, il visita de nouveau les prisons pour se rendre compte des améliorations introduites et étudier ce qui restait à faire.

Puis, il s'empressa de mettre en ordre les renseignements nombreux qu'il avait recueillis et publia, en 1777, un *État des Prisons d'Angleterre et du pays de Galles* suivi d'un *Essai sur les Prisons étrangères*.

En feuilletant ce volume si bien rempli, on s'étonne que tant de documents précieux et curieux aient été recueillis par un seul homme, dans un temps si court, et l'on admire le courage et la persévérance qu'ont exigés de pareilles investigations.

Ce livre est écrit sans passion et sans parti-pris, avec du bon sens, avec le sentiment de la justice et de la justesse. Aussi a-t-il attiré l'attention de tous les philanthropes et obtenu l'admiration publique.

Howard ne crut pas avoir fait assez encore. Loin de considérer sa mission comme terminée, il partit, en 1778, pour un troisième voyage continental. Il parcourut de nouveau la France, l'Allemagne et la Hollande; il visita la Russie, la Pologne, l'Autriche, l'Italie, le Danemark, la Suède, et enfin l'Espagne et le Portugal!

Dans ces courses à travers l'Europe, Howard ne suivait pas un itinéraire fixé d'avance. Il n'épargnait pas plus ses pas que sa peine : il allait en avant ou revenait en arrière pour prendre un supplément d'informations, pour comparer plus directement et plus sûrement les observations faites à de grandes distances.

Un de ses biographes a calculé que, dans l'espace de dix ans, de 1779 à 1789, il avait, dans ses missions philanthropiques, parcouru plus de 64 500 kilomètres rien que pour se rendre d'une prison à une prison, d'une maison de correction à une maison de détention.

En Angleterre, il voyageait généralement à cheval, accompagné d'un seul domestique, s'arrêtant de préférence chez de pauvres paysans à qui il ne demandait qu'une tasse de lait pour son repas.

Sur le continent, il voyageait nécessairement en poste, payant généreusement les postillons afin d'éviter les pertes de temps.

*
* *

Après un repos de deux années employées à collationner ses documents, Howard quitta encore l'Angleterre. Il traversa la France et visita les principaux lazarets d'Europe le long des côtes de la Méditerranée. A son arrivée à Rome, il fut reçu par le pape Pie VI.

Au moment des adieux, le pape posa une de ses mains sur la tête du philanthrope et lui dit d'une voix attendrie :

« Vous autres Anglais, vous ne faites point cas de ces choses ; recevez pourtant la bénédiction d'un vieillard, cela ne saurait vous faire aucun mal. »

De Rome, Howard poussa jusqu'à Malte, où il eut la malicieuse pensée de comparer les écuries du Grand-Maître de l'ordre avec l'hôpital de la ville.

Pendant que les chevaux et les mules de Sa Seigneurie recevaient avec une grande sollicitude les soins empressés de nombreux serviteurs d'une tenue parfaite, les malades étaient abandonnés à la garde d'infirmiers aussi négligents que sales, aussi inhumains que déguenillés. L'air était empesté à ce point que le médecin faisait sa ronde d'hôpital rapidement et tenait constamment sous son nez un mouchoir parfumé.

Howard arriva à Constantinople au moment où cette ville était ravagée par la peste. Il n'en mit que plus de zèle à visiter les hôpitaux, où les médecins refusaient de pénétrer.

Il eut, dans cette ville, le bonheur de guérir, d'une maladie réputée mortelle, la fille d'un haut personnage. Dans l'élan de sa reconnaissance l'heureux père, adressant au sauveur de son enfant ses adieux et ses remerciements, lui offrit en même temps une bourse renfermant en sequins d'or une vingtaine de mille francs.

« Si vous voulez absolument rémunérer mes services, dit Howard en souriant, permettez-moi de cueillir à votre treille une grappe de ce beau raisin et réservez votre or pour soulager des infortunés. »

A Venise, où il se rendit ensuite, il apprit que ses concitoyens avaient ouvert une souscription dans le but de lui ériger une statue à Londres. Cet honneur le contrista.

« Comment, écrit-il à l'un de ses confidents, je n'ai pas en Angleterre un véritable ami qui s'oppose à une pareille entreprise ! Je vais donc hâter mon retour pour empêcher l'exécution d'un projet si contraire à mes principes. »

Toutefois, avant de rentrer en Angleterre, il se rendit à Vienne pour condescendre au désir de l'empereur Joseph II, qui se targuait de philosophie et souhaitait s'entretenir avec le célèbre philanthrope. L'entretien faillit être compromis.

Howard, qui pouvait être courtois, ne voulait pas être courtisan, et il refusa de faire acte de vasselage en pliant le genou devant l'empereur, ainsi que l'étiquette l'exigeait.

En entamant le sujet qui le passionnait, le voyageur manifesta vivement le chagrin que lui causait l'établissement de nouveaux cachots dans la capitale de l'empire.

« Comment, monsieur, dit Joseph II étonné et piqué, vous vous plaignez de mes cachots? Mais est-ce que, en Angleterre, vous ne pendez pas les malfaiteurs par douzaines?

— Cela est malheureusement vrai, sire, répondit-il avec vivacité. Cependant, j'aimerais mieux être pendu haut et court en Angleterre que de languir dans un de vos cachots. »

Cette franchise ne déplut pas autant qu'on pourrait le croire au prince, qui promit au philanthrope d'étudier ses plans de réforme et de les adopter selon la nécessité.

La considération que Joseph II témoignait à Howard lui attira celle des courtisans. Le gouverneur de la Haute-Autriche vint le voir accompagné de sa femme et, sans se départir de sa morgue de grand seigneur, il lui demanda d'un ton assez hautain ce qu'il pensait des prisons de son gouvernement.

« Il n'y a rien de pire dans toute l'Allemagne, monsieur le comte, répondit Howard, et particulièrement celles qui sont destinées aux femmes. Je recommande à madame la comtesse de les visiter personnellement dans le but de rechercher les meilleurs moyens de remédier à des abus révoltants.

— Moi ! s'écria la dame. Moi ! que j'aille visiter des prisons ! Vraiment, monsieur, sachez à qui vous parlez. »

Et, choquée au dernier point, elle se retira avec l'air digne d'une personne injustement offensée.

Cette arrogance n'intimida point Howard ; il y répondit par une sortie qui laisse même beaucoup à désirer sous le rapport de l'urbanité. Ne doit-on pas l'excuser en songeant que son interlocutrice l'avait blessé au point le plus vif, le plus sensible de son cœur ?

Donc, il suivit la grande dame jusque dans l'escalier et, se penchant au-dessus de la rampe, il lui cria :

— Rappelez-vous, madame la comtesse, que vous n'êtes qu'une femme semblable aux autres et que, tôt ou tard, vous n'habiterez qu'un petit coin de terre comme la plus misérable des prisonnières que vous méprisez. »

La leçon était brutale, mais Howard, si bienveillant pour les humbles et les infortunés, était dur aux orgueilleux et aux sots.

*
* *

De retour en Angleterre, Howard fit liquider la souscription organisée pour lui ériger un monument. Il rendit l'argent aux souscripteurs connus et fit, avec le reste des fonds, libérer quelques malheureux prisonniers pour dettes.

Tout en continuant son inspection des prisons d'Angleterre et d'Écosse, il mit la dernière main à un nouvel ouvrage : *Essai sur les principaux lazarets d'Europe*.

Sans en attendre la publication, il reprend le cours de ses pérégrinations charitables. Il part pour étudier sur place le terrible fléau de la peste qui vient d'éclater en Orient.

« Je n'ignore pas, écrivait-il au docteur Aikin, son ami et son biographe, les dangers qui m'attendent dans une expédition de ce genre. Mais je m'en remets avec soumission à la volonté divine. »

Un soldat ne doit-il pas souhaiter mourir sur le champ de bataille?

A la fin de 1789, Howard arrivait en Crimée, à Cherson, ville située à l'embouchure du Dniéper. C'est là qu'en visitant des malades il contracta le germe d'une fièvre maligne qui l'emporta en quelques jours.

L'amiral Priestman, en résidence à Cherson, allait souvent le voir chez le banquier Markus, où il était soigné, et s'ingéniait à le divertir par sa conversation enjouée.

« Mon ami, dit Howard, cessez de chercher à détourner mon esprit de la pensée de la mort; ce sujet m'est plus agréable que tout autre. La mort n'a point de terreurs pour moi; c'est une amie que j'attends avec sérénité.

« Écoutez mes dernières instructions, car je n'ai plus que peu de temps à vivre.

« Il y a, au village de Dauphigny, près de Cherson, un coin qui me convient à tous égards. Vous le connaissez bien, car je vous ai souvent dit que j'aimerais à être enterré là.

« Promettez-moi que vous ne donnerez aucune solennité à mes funérailles et que ma tombe ne sera distinguée par aucun ornement, par aucune inscription. Qu'on y mette un cadran solaire et que je sois enseveli dans l'oubli et dans la paix. »

Il mourut, le 20 Janvier 1790, âgé de soixante-quatre ans, prenant congé de ses amis avec autant de simplicité et de résignation que s'il se fût agi d'un voyage de courte durée.

Ses dernières instructions ne furent pas suivies à la lettre. La population assista à ses funérailles; les dignitaires de la ville et les soldats de la garnison se joignirent au cortège.

On ne respecta pas non plus la volonté qu'il avait exprimée de n'avoir sur sa tombe qu'un cadran solaire. On y éleva une pyramide sur laquelle est gravée une inscription qui indique au passant la dernière demeure d'un martyr de la charité.

Ses concitoyens, qui avaient voulu l'honorer de son vivant par une manifestation publique, ne pouvaient manquer de glorifier sa mémoire; ils lui élevèrent un monument dans la cathédrale de Saint-Paul. Cette fois Howard ne pouvait plus s'opposer à l'érection de la statue qui avait si fort offusqué sa modestie. Sur le socle, on a gravé cette longue inscription qui raconte comment a vécu et comment est mort cet homme de bien :

CET HOMME EXTRAORDINAIRE
A EU LE RARE BONHEUR D'ÊTRE HONORÉ DE SON VIVANT
EN RAISON DE SES VERTUS ET DE SON MÉRITE.
LES DEUX CHAMBRES DES PARLEMENTS ANGLAIS ET IRLANDAIS
LUI ONT VOTÉ DES REMERCÎMENTS
POUR LES ÉMINENTS SERVICES QU'IL A RENDUS A SON PAYS
ET A L'HUMANITÉ.
LES RÉFORMES QU'IL A FAIT INTRODUIRE
DANS LES PRISONS ET LES HÔPITAUX,
SOUS L'INSPIRATION DE SA SAGESSE,
TÉMOIGNENT DE LA SOLIDITÉ DE SON JUGEMENT
ET LUI ONT VALU LA HAUTE ESTIME EN LAQUELLE IL A ÉTÉ TENU
DANS TOUTES LES RÉGIONS DU MONDE CIVILISÉ
QU'IL A PARCOURUES DANS LE BUT UNIQUE DE RÉDUIRE LA SOMME
DES MISÈRES HUMAINES.
DU HAUT DES TRÔNES AUSSI BIEN QUE DES PROFONDEURS DES CACHOTS
SON NOM ÉTAIT PROCLAMÉ AVEC RESPECT, RECONNAISSANCE ET ADMIRATION.
SA MODESTIE SEULE
A FAIT ÉCHOUER TOUTES LES TENTATIVES FAITES DE SON VIVANT
POUR LUI ÉRIGER CETTE STATUE
QUE LA RECONNAISSANCE PUBLIQUE CONSACRE ICI A SA MÉMOIRE.

IL NAQUIT A HACKNEY, DANS LE COMTÉ DE MIDDLESEX
LE 2 SEPTEMBRE 1726.
IL PASSA LA PREMIÈRE PARTIE DE SA VIE DANS LA RETRAITE
ET FUT NOMMÉ SHÉRIF DU COMTÉ DE BEDFORD
EN 1773.
IL MOURUT A CHERSON, EN CRIMÉE,
LE 20 JANVIER 1790,
VICTIME DES PÉRILLEUX ET COURAGEUX EFFORTS QU'IL TENTA
POUR DÉCOUVRIR LES CAUSES DE LA PESTE ET EN CHERCHER LE REMÈDE.
IL A MARCHÉ VERS L'IMMORTALITÉ PAR UN SENTIER FRAYÉ MAIS DÉSERT
DANS LA PRATIQUE CONSTANTE ET ZÉLÉE
DE LA CHARITÉ CHRÉTIENNE.
PUISSE CE FAIBLE HOMMAGE RENDU A SA RENOMMÉE
EXCITER A L'ÉMULATION DE SES VERTUS GLORIEUSES!

*
* *

Était-ce donc un colosse aux proportions athlétiques que ce lutteur infatigable qui allait par le monde combattre le monstre du mal?

Non. C'était un homme frêle, débile, maigre, chétif, au teint blême, à la voix douce et faible. Il ne conservait la santé que grâce à un régime austère, à une hygiène des plus rigoureuses. Des légumes, du pain, du beurre, du thé, formaient le fond de son alimentation. Ce ne fut que dans la vieillesse qu'il consentit à manger de la chair des animaux et à boire un peu de vin. Matin et soir, il s'enveloppait quelques minutes dans un gros drap de toile trempé dans l'eau froide et s'habituait à porter du linge humide. Il prétendait que cette hygiène stoïque fortifiait son corps en même temps que son âme.

L'activité qu'il a toujours déployée ne suffirait pas pour expliquer qu'il ait accompli tant de travaux, tant de voyages, qu'il ait mené à bonne fin une si grande œuvre. Le grand secret qui lui a permis de faire tenir tant de choses dans une existence pourtant limitée, c'est que, connaissant le prix du temps, il savait l'employer. Il se levait de bon matin, fuyait les réunions mondaines, les spectacles, tout ce qui n'aurait pas accaparé son esprit au profit de l'humanité.

Quand il avait formé un projet, pris une résolution, rien ne pouvait l'en détourner. On le voyait assis, tenant, dans sa main posée sur son genou, sa montre, que son regard interrogeait de temps en temps. Sitôt que l'aiguille marquait l'heure déterminée, il se levait, au milieu de la conversation la plus animée et la plus intéressante, prenait son chapeau et allait à ses affaires.

Cette tension d'esprit vers le but proposé, cette obstination à accomplir une chose projetée, sont un des traits les plus saillants de son caractère.

Sa pitié pour tout ce qui souffre s'étendait jusqu'aux bêtes. Il considérait les animaux domestiques hors de service comme des serviteurs infirmes auxquels on doit des soins et même des égards. Il avait établi dans son parc un asile de retraite pour ceux de ses animaux que la vieillesse ou l'infirmité rendait incapables.

Tous ces actes s'accomplissaient sans ostentation, sans orgueil, sans amour-propre, sans préoccupation du public ni de soi-même, tranquillement, avec bonhomie, comme la chose la plus naturelle et la plus vulgaire du monde. Il ne se cachait pas plus qu'il ne se montrait. Pourquoi prendre la peine de se cacher! Est-ce que la plus grande modestie, comme la plus grande pudeur, n'est pas celle qui s'ignore?

Howard était donc fort modeste.

Il ne pouvait souffrir la plus petite louange. Quand on parlait devant lui des bienfaits qu'il avait répandus autour de son domaine, de la grande œuvre qu'il avait accomplie, des services qu'il avait rendus à l'humanité, il se contentait de hausser les épaules.

« Vous ne voyez donc pas, disait-il plaisamment, que mon prétendu mérite consiste dans la satisfaction que j'éprouve à enfourcher mon dada favori? Hélas! je ne suis qu'un pauvre manœuvre occupé à rassembler les matériaux dont les hommes de génie seuls pourraient tirer parti. »

La sincérité d'Howard n'était pas moins grande que sa modestie; nous avons vu que sa franchise s'émancipait parfois jusqu'à la rudesse. Toute vérité lui paraissait bonne à dire quand les intérêts de la vertu étaient en jeu. Jamais cet honnête homme n'a parlé autrement qu'il ne pensait, jamais il n'a agi autrement qu'il ne parlait. Sa candeur n'admettait aucune distinction de rang. Sa parole était aussi indépendante que sa personnalité. Il ne reconnaissait qu'une servitude : le sentiment du devoir.

Les travaux de ce sublime manœuvre — pour lui donner le nom qu'il s'attribuait — n'ont pas été perdus. Il a réussi à éclairer les gouvernements, à éveiller l'opinion publique, à associer les cœurs généreux à ses propres sentiments.

La France et l'Angleterre ont profité des enseignements de ce sage, elles ont réformé le régime barbare des prisons et des hôpitaux. D'autres philanthropes ont continué son œuvre, que l'avenir achèvera.

*
* *

Le nom de l'Anglais Howard amène naturellement sous notre plume celui du Français Pinel, qui réforma le régime de prisons plus odieuses que les autres, puisqu'elles ne renfermaient pas des coupables, mais seulement des malheureux.

Nous voulons parler des aliénés qui, il y a moins d'un siècle, étaient traités avec la plus infâme cruauté. Ils étaient mis aux fers, enchaînés demi-nus à des piliers, jetés dans d'infects cabanons où ils pourrissaient en proie aux plus effroyables souffrances. Enfermés dans des cages, comme des bêtes féroces, ils n'avaient pas, eux, la triste consolation de s'y agiter, d'y tournoyer !

Oui, c'est naguère, en pleine civilisation, qu'existaient de telles horreurs !

Les aliénés, affamés, battus, torturés par leurs gardiens, se tordaient dans leurs fers en poussant des hurlements de douleur qu'on persistait à prendre pour des cris de possédés; on les brutalisait, puis on les exorcisait.

Loin de révolter la conscience publique, ces abominations attiraient comme spectateurs des désœuvrés et même des femmes du monde élégant en quête d'émotions, qui venaient se repaître de ces scènes dramatiques en jouant de l'éventail!

Pinel vint et condamna au nom de la science des infamies que la morale était impuissante à faire cesser. Grâce à lui, on comprit enfin que les aliénés n'étaient ni des possédés ni des bêtes fauves, mais des créatures humaines, de pauvres malades qu'il fallait plaindre et soigner.

Il brisa les chaînes de ces infortunés et les arracha de leurs cabanons; il soumit à un régime de douce pitié et de soins intelligents, il rendit à la liberté et à la lumière, des créatures déchues qui trouvèrent un apaisement à leurs maux et souvent même la guérison dans le travail et les bons traitements.

L'État prit à son tour les aliénés sous sa protection. En 1838, une première loi leur ouvrit des asiles publics dans les divers départements. Depuis, des décrets successifs ont sanctionné l'œuvre bienfaisante du médecin philanthrope.

GIOVANNI BORGI

Au milieu du siècle dernier, il n'y avait pas d'autres orphelinats que ceux qu'avait créés ou organisés Rosa Govona.

Rome, pas plus que les autres villes, n'avait pourvu au sort des orphelins, et cependant à Rome, plus qu'ailleurs, la misère était grande. La mendicité y était pour ainsi dire encouragée ; aussi les mendiants et les vagabonds pullulaient. C'était la plaie saignante, la plaie hideuse de la Ville éternelle, mais le bien naît quelquefois de l'excès du mal.

C'est précisément de ce milieu d'êtres abandonnés, d'enfants perdus, de mendiants paresseux, de vagabonds éhontés, que devait sortir le fondateur du premier orphelinat de Rome.

Giovanni Borgi, né à Rome en 1732, était encore enfant quand la mort de ses parents le laissa absolument sans aide, sans appui et sans guide. Giovanni était de ces êtres qui semblent nés pour le bien et prédestinés aux bonnes œuvres. Il traversa le foyer d'infection morale dans lequel l'avait jeté l'abandon sans rien perdre de sa candeur et sans y prendre rien de mauvais.

Tout enfant, il alla de lui-même se mettre au service des maçons qu'il s'était plu tant de fois à regarder travailler. Le pauvre petit avait plus de bon vouloir que de capacité, plus de courage que de vigueur, et c'est précisément par là qu'il se fit aimer : il avait les qualités qui ne s'acquièrent pas facilement, la force lui viendrait avec l'âge.

Les maçons qu'il servait du mieux qu'il pouvait s'intéressèrent à lui ; après l'avoir employé sans grand profit pour lui ni pour eux, ils lui enseignèrent leur métier ; si bien que Giovanni, encore adolescent, gagnait largement sa vie.

Doux et accommodant avec ses patrons, bon et serviable avec ses camarades du chantier, il était humble, indulgent, généreux, compatissant avec les misérables, eussent-ils l'esprit dépravé et le cœur corrompu. Il les avait vus de près et savait quelle part de responsabilité revenait à chacun.

Lorsqu'il rencontrait, et c'était à tous les instants, un de ces petits mendiants souffreteux que la faim maigrit et que le vice dégrade, il causait avec lui, gagnait sa confiance avant de l'interroger, avant de solliciter des confidences qui ne peuvent être sincères que quand elles sont faites avec abandon. Giovanni savait bientôt à qui il avait affaire et adressait plus de bonnes paroles que de réprimandes.

Il exhortait surtout ces petits vagabonds à demander au travail le pain que la pitié leur jetait avec mépris et qu'ils ramassaient dans la honte.

Il savait bien, le brave jeune homme, que la main qu'on tend lâchement à l'aumône n'est plus bonne pour le travail, mais à qui la faute ? Où donc ces pauvres petits êtres auraient-ils trouvé de l'ouvrage ? où auraient-ils pu apprendre un métier ? Est-ce que personne leur avait jamais donné le goût du travail ? Qui donc avait cherché à leur inspirer le sentiment du devoir ?

Giovanni ne comptait guère sur son éloquence ; il se disait que ses paroles étaient perdues, que ce n'est pas avec des sermons que l'on fait de grandes et nombreuses conversions ; mais il ne se rebutait pas et, croyant n'avoir que des conseils à donner, il donnait des conseils.

Un jour pourtant, il crut remarquer qu'un petit mendiant, orphelin sans asile, l'écoutait plus attentivement et le comprenaît mieux. Il l'emmena à son chantier, chercha à s'en faire aider, partagea ses repas avec lui et le fit coucher dans sa chambre.

Au bout de quelques jours, l'enfant avait changé d'aspect, il avait pris les couleurs de la santé; il était gai, actif, avait du cœur à l'ouvrage, il sentait le bien qu'on lui faisait et il en était reconnaissant.

D'autres rencontres semblables procurèrent à Giovanni un second, puis un troisième manœuvre. Ils ne lui faisaient pas beaucoup de besogne, mais ils promettaient beaucoup, et, en leur mettant la truelle à la main, Giovanni comptait qu'ils auraient fini leur apprentissage avant d'atteindre l'âge d'homme. En attendant, il partageait son pain avec eux, les faisait coucher dans son lit, se contentant pour lui-même d'un peu de paille étendue dans un coin.

« Bah! se disait-il, une mauvaise nuit est bientôt passée! Je suis fort et robuste, tandis que ces pauvres petits, si jeunes et si faibles, ont besoin de *se refaire*. »

La bonne mine des trois manœuvres qui paraissaient si heureux et si bien portants avait éveillé l'ambition de petits camarades de misère avec qui ils avaient dormi tant de nuits sous le porche des palais romains, et ils vinrent demander à Giovanni Borgi de les accueillir comme il avait accueilli les autres.

Bien que la demande fût fort inconsidérée, le bon Giovanni ne dit pas non. Seulement, l'on ne peut faire des maçons de tous les orphelins de Rome, et Dieu sait s'il y en a! D'ailleurs ne faut-il pas tenir compte des aptitudes et des vocations? Tout le monde n'est pas né pour manier la truelle.

A force de retourner le problème dans son esprit, Giovanni en trouva la solution.

« Au fait, se dit-il, pourquoi ne pas mettre ces enfants en apprentissage dans toutes les professions? C'est très simple cela, comment n'y ai-je pas songé plus tôt? »

Et le voilà interrogeant tous les orphelins qui se présentent, cherchant à deviner leurs aptitudes pour rendre la tâche plus douce et plus facile.

« Toi, disait-il, tu as du goût pour faire des chaussures? Eh bien! je te trouverai un cordonnier qui te nourrira jusqu'à ce que tu gagnes de l'argent.

« Toi, tu as des dispositions pour la couture? Tu entreras chez un tailleur aux mêmes conditions.

« Toi, tu veux être menuisier? Tu entreras chez un patron qui t'apprendra à raboter et à cogner.

« Toi, tu veux battre le fer? Tu iras chez un serrurier.

« Courage! mes amis; il y aura des métiers pour tout le monde. Ah! comme nous allons bien travailler! Je suis sûr que vous ne ferez pas mentir les promesses que j'aurai faites en votre nom aux patrons qui vous prendront sans vous connaître parce qu'ils ont confiance en moi, car, moi aussi, j'ai confiance en vous! »

« Jusqu'ici, c'est très bien, pensa-t-il; ces petits seront nourris et recueillis le jour, mais où passeront-ils la nuit? Au fait, en étendant un peu plus de paille dans ma chambre... ils seront mieux là que dans la rue. »

Et le brave homme, après avoir vêtu convenablement les orphelins avec des vêtements qu'il avait recueillis dans le voisinage et rajustés lui-même, alla présenter ses protégés au cordonnier, au tailleur, au menuisier, au serrurier qu'il savait bons et charitables. Il invitait les apprentis à l'obéissance et les patrons à l'indulgence. Il s'engageait à amener les enfants tous les jours à l'atelier, à venir les chercher tous les soirs, à les loger la nuit, à leur donner le pain du matin, à leur apprendre à lire, à écrire et à compter.

Qui donc aurait pu résister à la chaude parole de cet homme à la figure ouverte, à l'œil clair, au parler franc? Éloquent comme le sont généralement les gens de bonne foi, Giovanni n'avait pas grand'peine à persuader. Le succès de ses premières tentatives lui avait paru si facile qu'il trouva tout simple d'étendre encore et toujours son action bienfaisante.

Grâce à quelques collectes fructueuses, il put louer une maison dans la rue Giulia.

A partir de ce moment, il recueillit autant d'orphelins qu'il en pouvait loger et qu'il en put mettre en apprentissage. Du reste la confiance qu'il inspirait, autant que les conditions favorables qu'il faisait aux patrons, facilitait beaucoup le placement de ses pupilles de rencontre.

Aussi intelligent que charitable, Giovanni Borgi avait l'esprit d'ordre et le sens pratique des organisateurs qui savent produire le plus grand effet possible avec une somme d'efforts donnés. Il tirait parti de tout. Les vieux vêtements, la literie, le misérable mobilier qu'il obtenait à force de sollicitations, étaient remis à neuf par ses jeunes apprentis, sous sa direction et avec sa participation directe. La maison était vaste, bien aménagée, parfaitement tenue; les moindres recoins y étaient utilisés.

Les deux plus grandes pièces avaient été transformées en dortoir et en salle d'études. Oui, en salle d'études! Le maçon s'était dit que l'homme ne vit pas seulement de pain, et tous les soirs il se faisait professeur.

Ce maître intelligent et consciencieux ne pérorait pas; il ne comptait guère sur son autorité pour obtenir l'attention et l'initiative de ses élèves. Il savait bien que l'esprit inculte et réfractaire de ces pauvres petits êtres viendrait à lui comme leur cœur y était venu : à condition de les aller chercher. Il allait doucement au-devant d'eux, jusque dans les ténèbres de leur profonde ignorance, et il les amenait peu à peu, pas à pas, à l'instruction élémentaire et sommaire qu'il avait la prétention de leur donner.

Ce vaillant instituteur, qui n'avait guère fréquenté les écoles, d'ailleurs très rares à Rome, avait dû commencer par être son maître à lui-même avant de devenir celui des autres. Enfin, il était parvenu à enseigner à ses élèves la lecture, l'écriture et le calcul. Il leur avait appris les prières et le catéchisme, il leur inculquait les principes de morale, les règles de conduite qui devaient les guider dans la vie humble et laborieuse à laquelle ils étaient appelés.

C'était un spectacle à la fois touchant et divertissant de voir tous les matins le bon Giovanni sortir de son orphelinat entouré de toute cette jeunesse proprette, à la mine éveillée, à l'air enjoué, rayonnante de santé, qui gambadait autour de lui. Tenant les deux plus petits par la main, il suivait toujours le même itinéraire, déposant un de ses laborieux pensionnaires au seuil de chaque boutique, de chaque atelier. La grappe vivante s'égrenait le matin pour se reformer le soir.

Au coucher du soleil, et lorsqu'il avait terminé sa besogne, Giovanni reprenait en sens inverse les marmots qu'il avait amenés le matin, interrogeant les patrons, les exhortant à la patience quand ils avaient à se plaindre, gourmandant avec douceur, avec affabilité, l'apprenti qui n'avait pas fait son devoir, accueillant de son bon rire franc les compliments qu'il recevait d'un maître satisfait, félicitant sans exciter sa vanité l'enfant qui avait mérité des éloges et le proposant en exemple à ses camarades.

Quand ce bon pasteur avait rassemblé toutes ses brebis, le troupeau bondissant reprenait le chemin de la maison.

Après la récréation qui suivait le retour, la bande joyeuse se rendait dans la grande salle, où chacun se mettait avec ardeur à l'étude. Les uns copiaient plus ou moins péniblement les exemples que le maître avait tracés de sa plus belle main; les autres lisaient, qui dans un syllabaire, qui dans les évangiles; ceux-ci se livraient à la recherche de petits problèmes, ceux-là comptaient sur leurs doigts pour faire leur addition ou leur soustraction; personne n'était distrait; personne ne faisait de niches à son voisin.

Giovanni allait de l'un à l'autre, distribuant des conseils et des encouragements; aidant celui-ci, faisant aider celui-là par un *grand* qui savait tout ce qu'on pouvait apprendre là et servait de moniteur, leur enseignant ainsi à recevoir et à donner, leur apprenant la charité et la solidarité.

Le dimanche, il conduisait sa nombreuse famille d'adoption à la messe et à la promenade. C'était plaisir de voir tous ces enfants roses et pleins de vie, des plus grands aux plus petits, traverser les rues de Rome en s'essayant à marcher au pas cadencé ou jabotant à qui mieux mieux. Point de contrainte, point de sournoiseries, ils avaient tous l'air franc et honnête et, loin de fuir la compagnie du maître, tous la recherchaient à l'envi. Les plus grands l'appelaient *babbo,* papa; les plus

Le Pape bénit les orphelins.

petits l'appelaient *tato, tata*; et bientôt, par gentillesse et par câlinerie, tous l'appelèrent Tata. Ce nom lui est resté. Giovanni Borgi n'était guère connu à Rome que sous le nom de Tata Giovanni, et c'est sous ce nom qu'il est demeuré dans la mémoire des hommes qui gardent plutôt le souvenir des gens de bien que celui des gens de guerre.

Un soir, au moment où ces heureux orphelins allaient quitter la salle d'études pour le dortoir et que, debout devant leurs tables, ils joignaient les mains pour commencer la prière, on frappa à la porte de la rue.

Deux vénérables prêtres demandaient à visiter l'orphelinat. Tata les fit entrer.

Le plus âgé des deux s'arrêta, surpris et charmé, devant le spectacle merveilleux et attendrissant qu'offraient ces adolescents et ces enfants de tous les âges, rangés par file dans l'ordre le plus parfait. Immobiles et silencieux, portant sur leurs jeunes visages l'expression du contentement et du bien-être, ils se tenaient sans contrainte, dans l'attitude recueillie d'innocents qui vont parler à Dieu.

Après un instant de contemplation muette, le plus jeune des visiteurs fit un geste pour appeler l'attention de l'assistance et dit simplement :

« Mes enfants, agenouillez-vous. Notre Saint-Père le Pape, qui a voulu venir vous visiter, va vous donner sa bénédiction. »

Puis il s'agenouilla lui-même.

Le Pape posa la main gauche sur son cœur, étendit la main droite, bénit les orphelins et le père qu'ils avaient retrouvé si providentiellement. Il interrogea ensuite les enfants et les encouragea à mériter les bienfaits que leur prodiguait un saint homme de bien qui, par un miracle de charité, avait créé de rien des ressources pour les sauver du besoin et des trésors de vertus et de sagesse pour payer leur rédemption dans ce monde et dans l'autre.

Le Pape voulut que rien ne fût changé à l'ordre de la maison. C'était l'heure de la prière, il pria avec les orphelins. Giovanni les conduisit ensuite au dortoir, et, après avoir assisté à leur coucher, comme tous les soirs, il revint trouver

Pie VI, qui se fit rendre compte des moindres détails de l'organisation de l'orphelinat.

Le Pape retourna au Vatican ému, émerveillé de cet exemple de charité sublime qu'un pauvre maçon donnait au monde chrétien. Dès le lendemain, il acheta la maison qu'avait louée Giovanni et la lui donna en toute propriété.

Voulant offrir à Tata Giovanni un témoignage de la confiance que lui inspirait la sagesse de son administration, il déclara, dans un bref solennel, que l'orphelinat resterait indépendant de tout pouvoir public, civil ou religieux, et accorda à Giovanni le droit de désigner son successeur. Là, se borna à peu près, l'intervention personnelle de Pie VI.

Ce pape qui, à son avènement, avait montré les meilleures dispositions et formé de grands projets d'amélioration de toute nature, qui avait commencé le desséchement des Marais-Pontins, l'assainissement et l'embellissement de la Ville éternelle, qui avait introduit des réformes importantes dans l'administration romaine, ne put donner suite à ses bonnes intentions : il fut bientôt accaparé par la politique.

Il eut à lutter contre l'empereur Joseph II, contre le grand-duc de Toscane Léopold, contre le général Bonaparte qui envahit ses États à la suite du meurtre de l'envoyé français Basseville ; enfin, après l'assassinat du général Duphot, il fut enlevé de son palais et mourut prisonnier à Valence en 1799.

Au milieu de ces perturbations, de ces séditions, de ces révolutions, Giovanni Borgi continuait son œuvre sans trouble, avec cette quiétude d'esprit, cette tranquillité d'âme du juste qui marche droit et toujours du même pas dans la route du bien.

Après quarante ans de cette vie d'abnégation, de dévouement, de charité, Tata Giovanni vit son œuvre agrandie et prospère, il put entrevoir qu'elle serait durable. Mais il n'a certes pas osé espérer que l'humble asile qu'il avait ouvert aux enfants abandonnés deviendrait ce qu'il est aujourd'hui : le Grand-Hospice des Orphelins de Rome.

Pendant l'occupation française, le 28 Juin 1798, Giovanni Borgi dirigeait la classe du soir, lorsqu'il tomba tout à coup au milieu de ses élèves, de ses chers enfants, foudroyé par une attaque d'apoplexie.

Jamais père plus tendre ne fut pleuré plus tendrement.

La ville de Rome lui fit de magnifiques funérailles et l'humble maçon reposa dans la chapelle de l'hospice qu'il avait créé.

Que Tata Giovanni soit béni entre tous les hommes!

MONTYON

Le nom de Montyon évoque généralement l'idée d'un homme simple, sensible et facile à l'émotion.

Le véritable personnage est bien loin de ressembler à ce portrait de fantaisie qu'imaginent volontiers ceux qui ne connaissent l'austère magistrat que par ses fondations charitables. Le philanthrope était doublé d'un grand seigneur parlant quelquefois de haut, d'un propriétaire très soigneux de ses intérêts, d'un maître sévère pour les autres comme il l'était pour lui-même.

La biographie de cet homme de bien, dont le nom est connu de tous, a souvent été faite. Chaque année l'Académie Française honore sa mémoire par un éloge, sans que l'attention se fatigue et que l'admiration faiblisse. C'est qu'en effet, si l'on en a bien vite fini d'exalter les hauts faits d'un conquérant, on a toujours quelque nouvel enseignement à tirer de la vie d'un homme vertueux. Le temps ravive, en le consacrant, le souvenir des bonnes actions.

Les guides ne nous manqueront pas dans l'essai que nous allons tenter. Nous ne prétendons pas refaire un éloge tant de fois si bien fait, nous voulons seulement présenter ce grand philanthrope à de jeunes lecteurs.

Antoine-Jean-Baptiste-Robert Auget de Montyon naquit à Paris, le 23 Décembre 1733.

Il était fils de Jean-Baptiste-Robert Auget, baron de Montyon et seigneur de Chambry, Conseiller du Roi et Maître en la Chambre des comptes. Ce nom de Montyon venait d'une terre de Brie érigée en baronnie en 1654 et achetée par les Auget en 1705.

Les vertus civiques et privées étaient héréditaires dans cette vieille famille dont la noblesse sortait de la bourgeoisie ; le travail et l'économie y étaient de tradition.

Jean-Baptiste Auget avait une fortune considérable que, suivant la coutume de l'époque, il légua tout entière à son fils, sans se préoccuper autrement du sort d'une fille née d'un premier mariage.

Mme de Fourqueux, dont le mari devint plus tard ministre d'État de Louis XVI, était une femme d'un grand esprit. Elle ne garda point rancune à son frère de la préférence paternelle et continua d'habiter avec lui le vieil hôtel de famille de la rue des Francs-Bourgeois. Elle se fit un devoir de veiller sur ce frère mineur ; elle le produisit à la cour, où son mari avait les meilleures relations, et l'introduisit dans la magistrature. Elle eut ainsi une grande influence sur sa jeunesse et sur son avenir.

Cette femme intelligente avait un travers que son frère ne lui pardonna jamais : elle se mêlait d'écrire et il lui reprochait de n'écrire que des romans. Cette occupation lui paraissait incompatible avec la dignité et la modestie d'une femme. M. de Montyon peut dormir en paix dans sa tombe : les romans de Mme de Fourqueux sont aujourd'hui complètement oubliés. Il ne reste plus d'elle que le souvenir d'une femme distinguée, aimable, spirituelle et bonne.

Nous savons peu de chose de la jeunesse de Montyon. On peut croire qu'elle fut austère et studieuse, car il était à vingt-deux ans avocat au Châtelet, situation considérable qu'on s'étonne de voir occupée par un jeune débutant dans la

M. de Montyon.

magistrature et qui ne dut être accordée qu'à un mérite exceptionnel.

Montyon ne tarda pas à justifier la faveur royale. Ses austères vertus, l'élévation de son caractère et la droiture de sa conscience lui attiraient l'estime et la sympathie générales; elles lui valurent le surnom de *Grenadier de la robe*.

Passionné pour le travail, ardent à la recherche de la vérité, d'une équité intelligente, d'une bonté réfléchie, d'une bienfaisance raisonnée, il fuyait les plaisirs avec autant d'ardeur que les autres jeunes gens en mettent à les rechercher et étudiait sans relâche afin de s'élever toujours à la hauteur de la tâche qu'il acceptait. Aussi fut-il successivement et rapidement promu aux charges de Conseiller au Grand Conseil et de Maître des Requêtes.

C'est dans ces fonctions qu'il eut occasion de donner, pour la première fois, la mesure de sa fermeté et de son impartialité.

Le célèbre La Chalotais, procureur général au Parlement de Bretagne, l'une des lumières de la magistrature française, s'était fait de puissants ennemis par son éloquence fougueuse et son esprit sarcastique. Accusé de démarches séditieuses par le duc d'Aiguillon, gouverneur de Bretagne, dont il avait blessé la vanité, il fut emprisonné avec son fils, magistrat comme lui, dans la citadelle de Saint-Malo, où il subit une longue détention. Il y écrivit, à l'aide d'un cure-dent trempé dans la suie, un *Exposé justificatif* qui excita une grande fermentation dans le monde officiel.

Quand, en 1766, le Conseil du Roi voulut s'ériger en Commission criminelle pour juger La Chalotais, Montyon fut le seul qui s'opposa courageusement à ce qu'il considérait comme une infraction aux lois de l'État.

Ce procès célèbre, porté devant diverses juridictions, n'eut jamais d'issue et, après la mort de Louis XV, La Chalotais rentra dans sa charge.

⁂

Avant 1790, les fonctions administratives, judiciaires et financières étaient exercées, dans les trente-deux généralités du royaume, par des magistrats qui portaient le titre d'*Intendants généraux des finances.*

Si plusieurs de ces hauts dignitaires mirent leur situation à profit pour pressurer leurs administrés, d'autres s'appliquèrent au contraire à améliorer leur sort. Quelques-uns même, initiés aux principes de la science économique, parvenaient à rendre les impôts plus légers et à les mieux répartir.

Au premier rang de ces hommes d'intelligence et de cœur, il faut citer, après Turgot, Montyon, qui profita plus d'une fois de sa fortune personnelle pour aider aux réformes et aux améliorations qu'il tentait. Ces deux illustres magistrats devinrent les bienfaiteurs des *Généralités* dont l'administration leur fut confiée.

L'Auvergne subissait une crise terrible quand Montyon fut invité à prendre sans délai possession de l'Intendance de cette province. Les récoltes avaient manqué, la misère et la famine désolaient la contrée et, dans certaines localités, les paysans en étaient réduits à manger l'herbe des champs.

Le nouvel Intendant, précédé par sa réputation de vertu et de générosité, fut accueilli comme un sauveur. Néanmoins il fit, par ses libéralités sagement distribuées, plus encore que ce qu'on avait attendu de lui. Il prêcha les riches par l'exemple de sa bienfaisance, releva le courage abattu des paysans, réveilla la dignité des indigents en transformant l'aumône en salaire. Il leur procura de l'ouvrage en faisant exécuter des travaux pour l'assainissement et l'embellissement des villes d'Aurillac et de Mauriac.

Ne se fiant point à ses propres lumières, il courut prendre conseil de Turgot, alors Intendant de Limoges.

« Je viens, lui dit-il, savoir quel remède votre cœur vous a inspiré contre la famine qui désole nos provinces.

— Convaincu, répondit Turgot, que le premier mobile des hommes est l'intérêt, j'ai promis tant par sac de farine à ceux que j'ai chargés d'approvisionner le Limousin.

— Ne craignez-vous pas, répliqua l'Intendant d'Auvergne, que, si quelqu'un leur en donne davantage, l'appât du gain ne les décide à vous frustrer de votre espoir ?

« Permettez que je vous rende compte d'une autre idée dont j'espère de bons résultats.

« La famine qui nous afflige et qui se prolonge est évidemment l'ouvrage des accapareurs. J'ai remis des sommes importantes à des personnes sûres que j'ai chargées de faire des achats considérables; elles seront de retour incessamment : j'aurai, à l'avance, l'avis secret de leur arrivée. Je ferai savoir alors, sans affectation, aux accapareurs que je connais parfaitement, que bientôt la province regorgera de blé et qu'il y aura dans les prix une baisse énorme et subite. Effrayés de cette perspective qui les menacera dans leur fortune, ils se hâteront de vendre, et c'est à ce moment même que l'abondance renaîtra véritablement.

— Ah ! mon ami, que je vous embrasse ! s'écria Turgot; vous êtes un magicien, et je me servirai de votre baguette. » (Alissan de Chazet.)

On voit, par cet exemple, que Montyon était aussi avisé que prudent. Nous citerons une autre anecdote qui prouvera qu'il ne dédaignait pas les petites ruses honnêtes pour déjouer de méchants projets.

Il devait un jour porter une somme importante au roi. Ayant eu quelque raison de craindre un guet-apens, il ne montre aucune méfiance, prépare ostensiblement son départ et, à l'heure fixée, sa berline de voyage quitte l'hôtel de l'Intendance avec grand fracas, au retentissement des grelots et des coups de fouet.

Dans un défilé désert de la montagne, des malfaiteurs embusqués se jettent sur l'escorte qui se disperse, prennent les chevaux à la bride, se disposent à fouiller la voiture, à s'emparer de la personne de l'Intendant pour le rançonner. Ils ouvrent la portière, aperçoivent, caché sous un vaste manteau, un homme qui paraît privé de connaissance. Ce personnage muet, qui jouait si parfaitement son rôle, n'était autre que le valet de chambre de M. de Montyon.

Est-il besoin d'ajouter que les fameuses caisses étaient vides et que, pendant ce temps, le véritable et précieux convoi filait, sous bonne escorte, par une autre route?

« L'Intendance de M. de Montyon en Auvergne, dit Lacretelle dans son Éloge prononcé à la séance du 25 Août 1821, fut un enchaînement de soins paternels, de combinaisons savantes et de bienfaits. Quand les fonds publics lui manquaient pour réparer un désastre local, il y suppléait par sa fortune. Dans une année de famine, il fit ordonner, à ses frais, des travaux pour l'embellissement de la ville de Mauriac. Tous les indigents reçurent par lui du pain, et la ville profita du malheur même qui avait désolé ses murs. »

Tant de vertus et une ligne de conduite si sage ne mirent point Montyon à l'abri des intrigues ministérielles; il fut victime de sa droiture et de son dévouement à la cause de l'humanité.

Le chancelier Maupeou ayant voulu remplacer l'ancien parlement d'Auvergne par une nouvelle cour remplie de ses créatures, Montyon refusa énergiquement de s'y prêter. Cette honnête et ferme attitude ne pouvait manquer d'amener sa disgrâce : on lui enleva son Intendance.

Son départ causa un deuil général. Les villes d'Aurillac et de Mauriac consacrèrent son souvenir par des monuments commémoratifs comme on en élève à la mémoire des grands hommes disparus.

On grava, sur le monument de Mauriac, cette inscription composée par Marmontel :

> Aux rigueurs de l'hiver opposant sa bonté,
>   Un ami de l'humanité
> A ces heureux travaux occupa l'indigence ;
> Montyon, ton active et sage intelligence
> Éclairait Tournemine ; il t'a bien imité !
> Qu'à jamais cette pierre, inviolable et sainte,
>   Fasse lire aux siècles futurs
> Que, sans toi, tout un peuple eût péri dans les murs
>   Dont il a décoré l'enceinte.

C'est à Thomas, écrivain alors en renom, que la ville d'Aurillac demanda l'inscription suivante, qui devait célébrer la gloire de son bienfaisant administrateur :

> Nourrir un peuple entier, de famine expirant,
> Par la main de ce peuple embellir une ville,
> Rendre le malheur même utile,
> Enfin, par ses vertus, faire adorer son sang ·
> Montyon, ce fut ton ouvrage!
> Puisse ce monument, à jamais respecté,
> Transmettre à la postérité
> Nos maux et tes bienfaits, ta gloire et notre hommage !

Louis XV ne pouvait frapper ouvertement cet homme de bien par une simple révocation. Il se borna à reléguer le magistrat trop intègre à un rang secondaire et l'envoya en Provence.

Là, Montyon conjura des malheurs d'un ordre différent. Il sauva le commerce en détresse en faisant curer à ses frais le port de Marseille, où les navires ne pouvaient plus entrer pour décharger leurs cargaisons. Ces travaux délivrèrent du même coup la ville des exhalaisons d'un foyer d'infection qui pouvait ramener encore une terrible peste.

La haine et la jalousie le poursuivirent au milieu de ces généreuses préoccupations. Traité comme un mandataire infidèle et incapable, il fut rappelé de Provence et envoyé à La Rochelle.

Il n'y avait pas à s'y méprendre : cette fois encore c'était une disgrâce.

Louis XVI venait de monter sur le trône. Montyon lui adressa un mémoire qui a peut-être le tort d'être une apologie de sa conduite, mais qui est en même temps un procès-verbal très fidèle des actes de son administration.

Ce mémoire se termine fièrement ainsi :

« ... Si dans les trois départements où j'ai servi, il est une seule personne qui puisse articuler la moindre injustice qui procède de moi ; si dans ce mémoire, il est un seul fait qui soit contraire à la vérité, je consens à perdre la vie, mes biens et l'honneur. »

La réparation ne pouvait manquer d'être éclatante. L'Intendant d'Aunis fut nommé, en 1775, Conseiller d'État. Cet honneur ne lui monta pas à la tête et ne lui fit rien perdre de son antique simplicité.

« Par son régime de vie particulier, dit Lacretelle, par sa candeur, par son inaltérable bienveillance, il semblait un homme de l'âge d'or. Bien que jouissant d'une grande fortune, il avait un état de maison fort médiocre et s'occupait très peu de son costume.

« Il attendait, un jour, une audience du roi, lorsque de jeunes seigneurs remarquèrent son habit de coupe démodée et surtout l'ampleur surannée de sa perruque.

« On chuchota, on plaisanta et l'éclat de rire devint général. M. le comte d'Artois était parmi les rieurs. »

Le roi tança vertement son frère et lui reprocha son irrévérence envers un des plus vertueux magistrats du royaume. Le comte d'Artois fit amende honorable en sollicitant pour celui qu'il avait si gratuitement offensé la place de chancelier de sa maison, charge que Montyon n'accepta qu'à la condition qu'elle ne serait pas rémunérée.

∴

Les magistrats de cette époque vivaient dans l'opulence, au sein des plaisirs mondains, faisant bonne chère, menant, comme on dit vulgairement, la vie à grandes guides. Moins sages que leurs pères, ils participaient à la frivolité des gens de cour et allaient, souriant, de fête en fête, sans apercevoir le gouffre qu'ils creusaient sous leurs pas.

Montyon, au contraire, retiré dans son hôtel du Marais, y vivait en modeste bourgeois. Il était d'une sobriété excessive qui ne lui permit pas moins d'atteindre à une verte vieillesse ; il ne mangeait guère que des œufs, du laitage, des légumes et des fruits. Ce régime austère ne le rendait point morose : il goûtait les joies de la famille et les distractions du monde où l'on cause.

« Quoi de plus amusant, écrivait-il, que la conversation d'un homme d'esprit, pourvu qu'il ne veuille pas faire d'esprit, car alors il en manque. Le lire n'est point le connaître ; pour en jouir, il faut s'entretenir avec lui ; ce n'est que là qu'on le voit tout entier. Où trouver une récréation plus intéressante ? Jouissance inépuisable ! Plus on est avec lui, plus on sent le charme d'y être.

« Les témoignages de l'affection de ces êtres que l'unité d'origine nous appelle à aimer, ou à qui nous allie le sentiment, donnent des jouissances simples, pures, que ne troublent point des regrets et dont on jouit encore par le souvenir. Malheur à qui voit sans plaisir les ébattements badins de ses enfants et ne prend point intérêt à leurs folies ! »

Montyon était lui-même un merveilleux causeur. Il avait, en plus de son érudition, l'élocution facile, la diction nette, élégante et procurait souvent aux autres le plaisir qu'il savait si bien goûter lui-même. Sa prodigieuse mémoire lui fournissait un fonds inépuisable d'anecdotes qu'il disait avec infiniment d'agrément et qu'il assaisonnait de traits piquants, de réflexions judicieuses, de leçons sous-entendues qui faisaient redouter parfois sa perspicacité.

Il excellait dans les *portraits*, passe-temps littéraire fort en vogue au dix-huitième siècle ; jeu dangereux ! qui changeait souvent les joueurs en jouteurs et en adversaires impitoyables. Ainsi Mme de Staël ne lui pardonna jamais ce portrait de son père inséré dans l'ouvrage intitulé : *Particularités et Observations sur les contrôleurs-généraux des finances :*

« Le corps de M. Necker était une masse grande et lourde qui n'avait ni ensemble ni vigueur ; sa constitution était faible et il avait même quelque dérangement dans son organisation, car son cerveau était dans une fermentation qu'il ne pouvait calmer qu'en se faisant jeter tous les matins une grande quantité d'eau froide sur la tête, et une faim continuelle l'obligeait à manger beaucoup, souvent, et hors de ses repas.

« Il avait un maintien gêné, désordonné, sans grâce, et jamais il n'en manquait plus que quand il voulait s'en donner. On ne trouvait point chez lui un certain air de noblesse qui, dans tous les rangs, est l'expression naturelle du sentiment qu'a de lui-même un homme d'un grand caractère. Quand il a été en place, quelquefois il a voulu affecter de la dignité, mais ce n'était qu'une morgue ministérielle plus déplaisante, plus offensante que l'insolence polie d'un ministre homme du monde.

« Ses mouvements étaient inégaux, brusques, forcés ; il portait la tête fort élevée et même renversée, et il y avait de l'affectation dans cette contenance ; car le degré de renversement de sa tête était un thermomètre de sa situation politique.

« Le son de sa voix n'était point agréable, et son élocution n'était point facile ; il le savait ; et par cette raison, avec toute personne avec laquelle il n'était point dans l'intimité, il parlait peu ; sa conversation était sans aménité, sans abandon, sans sensibilité, sans cordialité ; cependant elle n'était pas sans intérêt, parce que l'esprit suppléait les sentiments, et chaque phrase énonçait une grande pensée. Dans les conférences d'affaires il était encore plus économe de ses paroles : réserve qui marquait la méfiance et l'inspirait ; mais s'il ne savait pas insinuer et persuader par ses discours, il savait déterminer et séduire par les moyens qu'il employait.

« Ses formes sociales se ressentaient du genre de vie qu'il avait mené, du manque d'une éducation soignée, et des relations habituelles avec des personnes d'un certain ordre. Embarrassé quand il était obligé à des égards et au respect, révérencieux quand il voulait être poli, lourdement complimenteur quand il voulait flatter, il était, dans la plaisanterie, d'une pesanteur, d'une gaucherie qui seraient surprenantes dans un homme de tant d'esprit, s'il n'était connu que ce genre de ton tient à un usage du monde qui peut rarement être remplacé par l'esprit.

« Sa physionomie morale n'était pas moins remarquable que sa physionomie physique et ses formes extérieures ; il était d'une inégalité singulière, toujours agité par des désirs, des regrets, des jouissances, des privations, par l'incapacité de se suffire à lui-même et de contenir son âme en paix : défaut dont on pouvait soupçonner l'origine dans les défectuosités de son physique que nous avons indiquées. »

Blessée dans son amour-propre filial, Mme de Staël écrivit à M. de Montyon une lettre de reproches amers à laquelle il fit la réponse suivante :

« Madame,

« Vous m'avez écrit une lettre dure et violente ; vous paraissez fort animée ; permettez que je m'en rapporte au jugement que vous-même porterez de cette lettre quand vous serez plus à froid.

« Le livre par lequel j'ai eu le malheur de vous déplaire a été écrit dans l'intention de rendre l'inaction, à laquelle me réduisait ma position, utile à ma patrie autant qu'il était en mon pouvoir ; et j'ai rempli cet objet en observant des fautes dans l'administration, science que j'ai étudiée pendant presque toute ma vie.

« J'ai dit et dû dire ce que je pensais, et sur un sujet aussi important que celui que je traitais, il eût été coupable de taire ou de dissimuler ma pensée. Depuis l'âge de huit ans il ne m'est pas arrivé de dire un seul mot que je ne crusse vrai, et, dans cette occasion-ci, je n'ai, pas plus que dans les autres, manqué à ce principe, mais il est très possible que je me sois trompé.

« J'ai prévu que mon livre pourrait exciter des contradictions, mais j'ai cru devoir faire ce sacrifice à mon patriotisme.

« Vous m'avez reproché d'avoir été ingrat envers monsieur votre père ; vous ne saviez pas apparemment que j'avais eu plus à me plaindre qu'à me louer des procédés ministériels de M. de Necker, et c'est, de ma part, une expression modérée : au reste, que j'aie eu à me louer ou à me plaindre des personnes, cette considération n'a nullement influé sur le jugement que j'ai porté de leurs opérations.

« Non-seulement je ne me suis point expliqué sur M. Necker avec humeur, mais je n'ai pas dit tout ce qui peut être susceptible de critique. S'il y avait une seconde édition, je ne pourrais m'empêcher d'y faire une addition, parce qu'il est indispensable de mettre au jour ce dont la notion peut être utile.

« J'ai éprouvé une vraie satisfaction en rendant justice à la force de tête de M. Necker; mais il n'est pas dans la nature de pénétrer par la seule vigueur de la pensée toute l'étendue d'une science, sans avoir lu les livres qui en traitent, sans avoir conféré avec les personnes qui en sont le plus instruites, sans avoir suppléé par l'expérience au défaut d'instruction : le génie même a son territoire circonscrit; et Newton, quand il a traité de la chronologie, n'a plus été égal à lui-même traitant du monde physique.

« Vous avez pu voir que je me suis fait un devoir de justifier M. Necker sur l'origine subite de sa fortune, et même à cet égard j'ai su des particularités certaines et peu connues, qui auraient pu, quoique mal à propos, faire une impression désavantageuse sur les esprits envieux de la gloire des hommes célèbres.

« La longueur de cette lettre doit au moins, Madame, vous convaincre du prix que j'attache à vos sentiments, et la manière modérée dont je réponds à l'amertume de vos reproches prouve que je ne les mérite pas. Vos torts exigent de l'indulgence, puisque l'amour filial en est le germe. Tant que je vivrai, je vous aimerai, fût-ce malgré vous, parce que vous êtes bonne ; je dis plus : lors même que vous n'êtes ni juste, ni raisonnable, votre bonté, jointe à la supériorité de votre esprit, forme de vous un être à part auquel tout honnête homme doit estime et affection.

« Daignez agréer cet hommage.

« A. DE MONTYON. »

C'est avec cette dignité d'honnête homme et cette modération d'homme du monde que savait s'exprimer un vieillard âgé de plus de quatre-vingts ans.

Il faut bien croire que le portrait qui chagrina tant Mme de Staël était ressemblant, car Mme Necker elle-même avait ainsi dépeint son mari :

« M. Necker est si convaincu de sa pénétration qu'il se laisse attraper sans cesse; si persuadé qu'il réunit tous les talents dans le plus haut point de perfection, qu'il ne daigne pas chercher ailleurs de modèles ; jamais étonné de la petitesse d'autrui parce qu'il l'est toujours de sa propre grandeur; se comparant sans cesse à ce qui l'entoure, pour avoir le plaisir de ne point trouver de comparaison ; confondant les gens d'esprit

M. de Calonne.

avec les bêtes, parce qu'il se croit toujours sur une montagne dont la hauteur met de niveau tous les objets inférieurs ; préférant cependant les sots, parce que, dit-il, ils font un contraste plus frappant avec mon sublime génie; d'ailleurs aussi capricieux qu'une jolie femme et plus curieux qu'elle. »

A la suite du portrait railleur de Necker, on ne lira pas sans intérêt le portrait sévère que Montyon a tracé du ministre de Calonne :

« Qu'on se représente un homme grand, assez bien fait,

l'air leste, le visage n'étant pas sans agréments, une figure mobile et de moment en moment changeant d'expression, un regard fin et perçant, mais marquant et inspirant la méfiance ; un rire moins gai que malin et caustique : voilà l'extérieur de M. de Calonne.

« La vivacité d'un jeune colonel, l'étourderie d'un jeune écolier, une coquetterie ridicule dans tout autre qu'une jolie femme, l'importance d'un homme en place, le pédantisme de la magistrature, quelques gaucheries d'un provincial, voilà les manières de M. de Calonne.

« Les bons mots d'un homme d'esprit, la finesse et la politesse d'un courtisan, l'astuce d'un intrigant ; de la facilité, de la grâce dans l'élocution, quelquefois de la force ; des phrases plus brillantes que solides et peu de suite dans la conversation : voilà le ton de M. de Calonne.

« Une grande rapidité de conception, une grande finesse dans la distinction des nuances, mais inaptitude dans la méditation ; la force de s'élever à de grandes idées, sans toutefois les combiner et en apprécier les résultats : voilà le genre et la mesure de l'esprit de M. de Calonne.

« Une âme sensible sans être tendre ; l'ambition des grandes places pour être en spectacle ; le projet de grandes entreprises pour acquérir de la célébrité ; une avidité pour l'argent qui n'admet pas une très grande rigidité dans le choix des moyens d'acquérir, de la prodigalité sans générosité ; de l'emportement dans la colère, peu de constance dans l'amitié, moins encore dans la haine ; des germes de vertus et de vices : voilà les sentiments de M. de Calonne. »

Peut-on mieux dessiner et mieux peindre ?

* *

A son tour, Montyon n'était pas épargné des belles dames de la noblesse qui l'avaient baptisé du sobriquet de *sanglier philanthrope*.

Plus d'une grande dame qui riait de lui, l'accusait de jouer la simplicité, d'affecter un ton bourru, fut bien heureuse de profiter plus tard de sa sage parcimonie lorsqu'elle se transforma en prodigalité pour secourir les émigrés indigents. Il fallait bien peu connaître Montyon pour lui appliquer l'épithète d'avaricieux ainsi qu'on le faisait dans son monde. Il était de l'école de Franklin en fait d'économie, et ne concevait pas qu'on pût faire une dépense sans utilité pour soi-même ou sans profit pour les autres.

La bienfaisance était au contraire le trait saillant de son caractère, sa vertu dominante, mais il aimait à l'exercer en secret.

Le comte Daru ayant un jour parlé devant lui d'un illustre général qui était tombé dans la dernière indigence, Montyon courut quérir huit mille francs et, les apportant à Daru, le chargea de les remettre à son ami infortuné. Il ne voulut point connaître le nom de celui qu'il obligeait et supplia qu'on ne lui divulguât point le sien.

La générosité de Montyon était toujours réfléchie. Il ne donnait pas pour être aimable, mais pour obliger.

Il se trouvait un soir, à Londres, chez une dame émigrée fort riche en France et fort malheureuse en pays étranger. Cette dame raconta qu'elle avait formé le projet d'aller à Paris pour tâcher d'obtenir du premier consul la restitution de ses biens non vendus ; elle était si pauvre qu'elle ne pouvait faire le voyage. On se cotisa, il manquait cinq guinées.

« Qui m'aurait dit, s'écria-t-elle avec un profond soupir, qu'une femme qui avait trois cent mille francs de rentes, se trouverait un jour hors d'état de retourner en France, faute de cinq guinées! »

M. de Montyon qui ne voulait jamais obliger que sous le masque, ne dit rien; mais, le lendemain, cette dame reçoit un bon de cinq guinées. Elle part, réussit dans tous ses projets, et revient à Londres terminer quelques affaires. Elle rassemble ses amis et, sans affectation, sans qu'elle puisse rien soupçonner, M. de Montyon lui rappelle le prêt de cinq guinées qui lui avait permis de retrouver sa fortune.

« Avez-vous cherché à savoir, lui dit-il, de qui vous les avez reçues?

— Je vous dirai franchement que non. Elles ne peuvent m'avoir été envoyées que par un véritable ami, et, en pénétrant ce mystère, j'aurais craint de l'affliger.

— Oui, sans doute, vous l'auriez affligé si vous aviez cherché à le connaître et que vous fussiez restée pauvre, mais vous avez retrouvé votre fortune, il faut savoir le nom du prêteur.

— Pourriez-vous m'aider à le découvrir?

— Vous n'iriez pas loin.

— Serait-ce vous?

— Comme vous le dites; et je vous redemande mes cinq guinées. »

Le lendemain il portait les cinq guinées restituées à un prisonnier français.

Ce trait peint Montyon. S'il s'ingéniait à être utile, il ne se souciait jamais d'être agréable. Il se considérait comme l'intendant des pauvres et il ne voulait pas les frustrer de ce qui leur appartenait. Son superflu était leur nécessaire.

Il avait le génie de la bienfaisance et savait l'exercer.

S'il accordait à grand' peine de l'argent à son régisseur pour des réparations, s'il refusait un délai à un débiteur gêné, c'est quand il croyait que sa générosité serait plus nuisible qu'utile. Il n'hésitait jamais à faire une bonne œuvre, mais il refusait impitoyablement de l'argent à un quémandeur.

Il ne donnait jamais qu'à bon escient et à propos, considérant l'aumône comme la moins bonne forme de la bienfaisance.

Ses libéralités étaient toujours faites avec un discernement qui les rendait fécondes. Pour lui aussi la façon de donner vaut mieux que ce qu'on donne.

« Dans un concours où une Académie, n'ayant qu'un prix à décerner, avait distingué quatre ouvrages, trois prix furent successivement offerts dans trois lettres anonymes. On cherchait les trois bienfaiteurs parmi les plus puissants personnages; il n'y en avait qu'un seul et c'était M. de Montyon. »

« On lui indiqua un jour un jeune littérateur dont les talents s'annonçaient avec éclat, et qui manquait des dons de la fortune. M. de Montyon lui fit offrir une pension, mais ne voulut point être nommé.

— Je n'accepte le bienfait, dit le jeune écrivain, que sous la condition de connaître mon bienfaiteur.

« Le combat dura quelque temps sans qu'il y eût aucun moyen de fléchir la modestie de l'homme d'État, ni la délicatesse de l'homme de lettres. » (Lacretelle).

*
* *

Si Montyon ne peut être mis au nombre des philosophes qui firent l'abandon généreux de leurs droits seigneuriaux, il n'était pas non plus de ces grands seigneurs qui émigrèrent par bon ton. Il fut des derniers à sortir de France.

Les émigrés lui imputaient cette conduite à crime, l'accusant de donner ainsi une approbation tacite aux idées nouvelles.

Serait-on mal venu d'avancer qu'il y avait du démocrate dans ce grand seigneur? Ce qui est indéniable, c'est qu'il ne partageait point la haine des émigrés contre les hommes de la Révolution.

« Je proteste, écrivait-il, que, dans tout homme je reconnais un frère; que je m'honore du titre de citoyen et que j'en défendrai les droits tant que j'existerai ; que j'abhorre le despotisme et que nul, plus que moi, ne mérite le nom de patriote. »

Et ailleurs :

« La loi fondamentale de tous les empires, c'est l'intérêt des peuples, et c'est l'intérêt des peuples qui a créé les rois. Là, où finit l'intérêt des peuples, finit la puissance des rois. »

Montyon ne put échapper à la proscription. Le 25 février 1793, il fut déclaré émigré, ses biens furent confisqués.

Il se réfugia en Angleterre où il resta vingt ans, exerçant la bienfaisance et cultivant les lettres.

Chaque année, il prélevait sur ses revenus, alors fort amoindris, une somme de cinq mille francs pour les émigrés pauvres ; une somme égale pour les soldats républicains prisonniers en

Angleterre et dix mille francs qu'il faisait distribuer aux indigents d'Amérique.

On ne riait plus alors de la mesquinerie, de la sobriété pythagoricienne, de la simplicité de mise qui le rendaient assez riche pour lui permettre d'être généreux envers les autres.

Montyon revint en France, avec les Bourbons, en 1815.

« Les années, dit Lacretelle, s'étaient accumulées sur sa tête sans lui faire sentir ni le poids ni les chagrins de la vieillesse. Les lettres ne lui avaient jamais été plus chères. Chaque jour, il écrivait le journal de sa vie. En même temps il entretenait une correspondance active et noblement mystérieuse avec tous les bureaux de bienfaisance. Il avait eu le malheur de survivre à toute sa famille : les indigents lui en formaient une nouvelle. »

Rentré en possession de tous ses biens, il ne s'occupa plus que de bonnes œuvres. Il consacra une somme annuelle de quinze mille francs à retirer du Mont-de-Piété les objets engagés au-dessous de cinq francs par des mères indigentes et dignes d'estime.

Il fit une dotation considérable aux douze mairies de la capitale pour fournir des secours aux convalescents sortis des hôpitaux. Ces pauvres gens dénués de ressources trouvaient, grâce à sa prévoyante bonté, le moyen d'attendre, sans désespoir, le retour de leurs forces et du travail.

La première fondation de Montyon remonte à 1780. Il avait alors établi un prix annuel, au jugement de l'Académie des Sciences, *pour des expériences utiles aux arts.*

En 1782, autre fondation de deux prix annuels : l'un *en faveur de l'ouvrage de littérature dont il pourrait résulter le plus grand bien*; l'autre pour récompenser un mémoire ou une expérience ayant pour objet de découvrir *le moyen de rendre les opérations mécaniques moins malsaines pour les artistes et les ouvriers.*

Quand Louis XVI apprit la teneur de cette dernière fondation, il fit écrire à l'Académie des Sciences par son secrétaire d'État, qu'il voyait cet acte de bienfaisance et d'humanité avec la plus vive satisfaction et qu'il regrettait de n'en pas être l'auteur.

L'année suivante, Montyon fonda deux nouveaux prix. Le premier, pour *un mémoire soutenu d'expériences tendant à simplifier les procédés de quelque art mécanique.* Le second, pour récompenser *un acte de vertu accompli par un Français pauvre.*

En 1787, un prix pour le meilleur mémoire traitant *une question de médecine.*

Toutes ces fondations, formant un capital de plus de soixante mille francs, avaient été supprimées par la Convention. Montyon les rétablit à son retour en France et y ajouta successivement :

Un prix de *statistique ;*

Un prix de *physiologie expérimentale ;*

Un prix de *mécanique,* décernés au jugement de l'Académie des Sciences.

« Mais, de toutes les belles actions de Montyon, celle qui les résume et les surpasse toutes, dit M. Feugère dans son *Éloge de Montyon,* c'est son testament. »

Parmi les dispositions généreuses que renferme ce monument de bienfaisance, nous extrairons les clauses suivantes :

« Dix mille francs seront mis en rente pour donner un prix à celui qui découvrira le moyen de rendre quelque art mécanique moins malsain, au jugement de l'Académie des sciences.

« Dix mille francs seront mis en rente pour fonder un prix annuel en faveur de celui qui aura trouvé dans l'année un moyen de perfectionnement de la science médicale et de l'art chirurgical, au jugement de l'Académie.

« Dix mille francs pour fonder un prix annuel en faveur d'un Français pauvre qui aura fait dans l'année l'action la plus vertueuse.

« Dix mille francs pour fonder un prix annuel en faveur d'un Français qui aura composé et fait paraître le livre le plus utile aux mœurs : ces deux derniers prix sont laissés au jugement de l'Académie française.

« Dix mille francs à *chacun* des hospices des divers arrondissements de Paris pour être distribués en secours aux pauvres à leur sortie de ces établissements.

« Tous ces legs pourront être doublés, triplés, et même quadruplés, si l'état de mes biens le permet. »

Montyon ne connaissait donc pas rigoureusement le chiffre de sa fortune. A sa mort, elle fut évaluée à cinq millions ; mais c'est, en réalité, plus de sept millions qu'il a légués aux académies et aux hospices de France.

*
* *

On a plus d'une fois contesté l'utilité et la moralité des prix de vertu. « On s'est demandé, dit Cuvier, si cette institution est bien conforme à la nature des sentiments qu'elle a pour but de propager..... M. de Montyon avait trop de pénétration dans l'esprit pour qu'une réflexion si naturelle ait pu lui échapper ; il savait, aussi bien que personne, que la véritable vertu ne peut trouver qu'en elle-même une récompense digne d'elle. D'ailleurs, tout nous porte à croire que, toujours délicat dans sa philanthropie, M. de Montyon avait autant en vue les classes élevées que les êtres pauvres. Pourquoi l'idée ne lui serait-elle pas venue de faire pratiquer le culte de la vertu pour inspirer la vertu ? La divinité, qui n'a aucun besoin de nos hommages, nous commande cependant de l'honorer, parce que nous ne pouvons nous approcher d'elle par la pensée sans devenir plus purs. N'en serait-il pas de même de la vertu, cette céleste empreinte de la divinité, et pourrions-nous célébrer si solennellement des actions vertueuses sans nous sentir plus vertueux nous-mêmes ? Semblable à ce philosophe qui marchait pour prouver le mouvement, M. de Montyon a voulu montrer tout ce qu'il y a parmi les hommes de vertus désintéressées. Il a fait la preuve qu'il voulait faire. »

*
* *

Il nous reste à présenter Montyon sous un aspect peu connu de la foule.

Bien que son plus glorieux titre à l'admiration soit celui de philanthrope, on ne saurait oublier le talent d'écrivain qui ajoute encore au mérite de cet homme de bien, car ses écrits avaient toujours un caractère moral d'utilité publique.

Il débuta, dans les lettres, en 1777, par l'éloge du chancelier Michel de l'Hôpital, qui obtint le second accessit à l'Académie française.

En 1788, il rédigea, pour le comte d'Artois, le prince de Condé, le duc de Bourbon, le duc d'Enghien et le prince de Conti, le célèbre *Mémoire des Princes*.

Il écrivit un grand nombre d'ouvrages pendant son séjour en Angleterre. Tandis que les émigrés ne cherchaient que les occasions de plaisir et reprenaient, à l'étranger, cette vie frivole qui avait compromis la France, Montyon partageait son temps entre la bienfaisance et le travail.

En 1796, il publia, en réfutation d'un livre de Calonne intitulé : *Tableau de l'Europe*, un rapport adressé au comte de Provence et qui est considéré comme son œuvre politique capitale. Bien qu'il y défendît l'ancien régime auquel il appartenait, il en reconnaissait les abus et signalait les réformes nécessaires. Les doctrines qu'il professait dans cette œuvre honnête ne furent point du goût des royalistes qui les condamnèrent comme trop libérales.

Pouvaient-ils, en effet, admettre des sentiments tels que ceux-ci :

« Dans ces républicains, devenus mes persécuteurs, j'aperçois encore mes concitoyens. Je ne dissimule pas que, sous le nom de Français, dont longtemps je m'honorai, il existe encore, même au sein de la République, des hommes réellement estimables; l'amour de l'humanité et de la patrie, l'idée de rendre l'homme aussi heureux que le comporte l'état social, le projet de faire régner la justice la plus exacte et de supprimer tous les abus; ces idées sont si grandes, ces sentiments sont si nobles, qu'il est possible que leur exaltation, égarant des âmes pures, ait fait considérer des injustices comme des sacrifices nécessaires de l'intérêt particulier à l'intérêt général, et des actions, désavouées par la raison et par la morale, comme légitimées par le patriotisme. »

Dans ce rapport, Montyon se montre déjà libre-échangiste; il déclare que la liberté du trafic peut seule rendre les peuples riches et il condamne le régime prohibitif, introduit par Colbert.

En 1801, Montyon reçut en prix une médaille d'or de l'Académie de Stockholm qui avait mis cette question au concours : *Quel jugement doit être porté sur le dix-huitième siècle ?*

Un autre travail, présenté à la Société royale de Gœttingue, ne fut pas admis à concourir, à cause de son étendue. C'est un véritable traité d'économie politique, en même temps que l'œuvre d'un philanthrope plein d'humanité. Loin de partager l'opinion des seigneurs de l'époque qui, pour la plupart, considéraient l'instruction nuisible pour le peuple, Montyon écrivait :

« Une des plus grandes erreurs que produit l'excès des impôts, quoi que ce soit un de ceux qui excitent le moins de plaintes, c'est, en réduisant le contribuable à la misère, de le priver des moyens de s'instruire, et par là, de stimuler en lui l'intelligence, qui, pour tout homme, est le premier des biens et le moyen d'acquérir tous les autres. Si l'homme a une existence meilleure que celle des bêtes, s'il a empire sur elles, s'il en fait sa propriété, ce n'est pas par la supériorité de sa force et de son adresse, mais par la supériorité de son intelligence.

« Quand nos pères n'avaient ni l'habitude de réfléchir, ni les éléments des arts, ils étaient nus, habitaient des cavernes, se nourrissaient de glands ; mais, quand ils ont raisonné les procédés de l'industrie, ils ont semé des grains, ils ont bâti des maisons, ils ont eu des vêtements, ils ont paru des êtres d'une autre espèce.... Entre les individus, la supériorité d'intelligence forme une aristocratie plus réelle que celle établie par les institutions publiques.

« Mais comment, dans les classes indigentes, la faculté intellectuelle pourrait elle se développer? Cette faculté, la plus éminente, la plus perfectible de toutes a, comme les facultés physiques, besoin d'être cultivée. On apprend à penser, comme on apprend à faire un usage industrieux de ses mains; or, quel moyen de donner une culture suivie à l'intelligence d'hommes sans cesse livrés à des travaux corporels qui absorbent tous les moments de leur existence?... Pour l'instruction de cette classe d'hommes il ne suffirait pas que le gouvernement payât ceux qui enseignent, il faudrait encore qu'il payât ceux qui sont enseignés. »

On voit que Montyon avait considérablement devancé son temps en faisant ainsi l'apologie de l'instruction gratuite et obligatoire !

Montyon fit présenter, en 1808, au concours de l'Institut, un Éloge de Corneille qui ne fut point admis lorsqu'on sut qu'il était l'ouvrage d'un émigré habitant un pays en guerre avec la France. Ce travail fut imprimé à Londres.

En 1811, parurent deux volumes sur l'*État statistique du Tonkin*. En 1812, *Particularités et observations sur les Ministres des finances les plus célèbres depuis* 1660, ouvrage curieux, rempli d'anecdotes intéressantes, que l'on considère comme le plus beau titre de Montyon à la gloire littéraire.

Quoi qu'il en soit, c'est comme bienfaiteur des pauvres, comme philanthrope, que cet homme de bien vivra dans la mémoire des générations.

Montyon mourut le 29 décembre 1820. Ses obsèques furent plus honorées par l'affluence des pauvres gens qui n'y avaient pas été conviés que par les discours officiels.

Son corps, d'abord déposé au cimetière de Vaugirard, fut ensuite solennellement inhumé sous le péristyle de l'Hôtel-Dieu, dans la maison des pauvres dont il restait encore le bienfaiteur après sa mort.

OBERLIN

Jean-Frédéric Oberlin est une des gloires les plus pures de l'humanité. Son nom, synonyme de bonté, charité, dévouement, est populaire par toute l'Alsace, où son souvenir se perpétue en témoignant de la reconnaissance qu'inspire aux hommes la persévérance dans la vertu et dans l'amour du prochain.

Nous n'avons pas la prétention de révéler la beauté et la grandeur de cette humble existence passée tout entière dans l'accomplissement du bien. Cette touchante histoire est connue. Mais il nous semble qu'Oberlin est un de ces rares types de vertu et de piété dont on ne s'entretient jamais assez. C'est un de ces hommes au cœur droit dont la vie est féconde en enseignements.

Le civilisateur du Ban de la Roche naquit, à Strasbourg, le 31 Août 1740. Son père, d'un caractère élevé et vigoureusement trempé, était régent de grammaire au gymnase de Strasbourg. Sa mère, belle et vertueuse, intelligente et lettrée, était une femme d'une distinction native, d'une grande piété et d'un rare mérite. Habile à tous les soins du ménage, elle n'en cultivait pas moins la poésie avec succès. Seulement, elle ne permettait à sa muse que ces accents discrets qui résonnent dans l'étroite enceinte où la famille reste cantonnée.

Ce ménage si bien assorti n'était pas favorisé de la fortune : les modestes émoluments du professeur constituaient le plus net du revenu. Cependant, grâce à la simplicité de leurs goûts, à la frugalité de leur vie, à leur ordre parfait, M. et Mme Oberlin trouvaient encore moyen d'exercer la charité autour d'eux. Et pourtant, ils avaient à pourvoir aux dépenses nécessitées par l'entretien de sept garçons et de deux filles. Quels prodiges d'économie et de prévoyance ne fallait-il pas accomplir constamment pour subvenir aux besoins de tout ce petit monde turbulent, doué d'un appétit toujours surexcité par l'exercice et la bonne humeur !

Oberlin raconte dans ses mémoires qu'un voisin entra un jour dans la salle à manger de son père au moment où les neuf enfants, assis autour d'une table modestement servie, s'évertuaient à qui mieux mieux au pillage de leurs assiettes.

« Oh ! mon cher professeur, que je vous plains ! s'écria le visiteur.

— Et pourquoi cela, je vous prie ?

— Je vous vois là sept garçons pétillants de vivacité, et moi je n'en ai que deux dont la désobéissance me tuera.

— Oh ! repartit le digne homme, les miens ne sont pas de cette trempe. N'est-ce pas, mes enfants, que vous aimez à obéir ?

— Oui, papa, oui, cher papa ! s'écrièrent des voix joyeuses.

— Voyez-vous, voisin, continua le brave père en ôtant brusquement son bonnet et le jetant contre la porte, si la mort entrait pour m'enlever un de mes neuf enfants, je lui crierais : « Hors d'ici, insolente ! qui donc t'a dit que j'en avais un de trop ? »

Les enfants se mirent à rire et vinrent embrasser leurs parents qui se serraient la main dans une muette étreinte.

Le professeur, admirablement secondé par sa digne compagne, consacrait à l'éducation de sa petite famille tous les instants de loisir que lui laissaient ses fonctions.

Le soir, on se réunissait autour de la vaste table de la salle à manger, couverte de papiers, de crayons, de couleurs, et chacun s'ingéniait, selon ses capacités, à copier ou à enluminer des modèles dessinés par le père, tandis que la mère lisait à haute voix quelque bon livre à la portée de ces jeunes intelligences.

On faisait ensuite la prière en commun et l'on se séparait pour la nuit, après avoir chanté en chœur un des beaux cantiques composés par la chère maman.

Le dimanche, pendant la belle saison, on s'en allait au village de Schiltigheim, où M. Oberlin possédait une petite propriété champêtre qui se trouvait toujours pleine d'amis.

C'est là que le savant professeur, devenu maître-ès-jeux, se plaisait à divertir ses enfants et à leur faire faire l'exercice. Les bambins, alignés par rang de taille, coiffés de bonnets de papier, armés de sabres de bois, manœuvraient comme un seul homme, aux commandements de leur chef de peloton qui tapait à tour de bras sur un vieux tambour.

« En avant ! marche ! par file à gauche, gauche ! »

Et les petits pieds battaient la mesure au pas gymnastique, et les fraîches joues se coloraient, et les yeux malins pétillaient de joie, et tous respiraient la santé.

Le plus ardent de ces guerriers en herbe était Frédéric — le petit Fritz, comme on l'appelait familièrement. Il témoignait alors d'un goût prononcé pour la carrière militaire et n'avait pas de plus grand plaisir que d'assister aux manœuvres de la garnison. Il se faufilait dans les rangs pour toucher de vraies armes, pour coudoyer des soldats *pour de bon*, tout joyeux de les imiter, de les suivre dans leurs marches et contre-marches. Les officiers l'avaient pris en affection et ne le rudoyaient jamais.

C'était pourtant sur un champ de bataille tout pacifique que ce rude combattant devait plus tard lutter avec tant d'héroïsme.

« J'étais soldat dès mon enfance, dit Oberlin dans ses mémoires ; mon goût me portait aux armes, à la guerre. Si je n'ai pas embrassé ce métier, c'est qu'on ne combattait pas alors contre la tyrannie et que je vis au contraire que, dans l'état de pasteur à la campagne, je pouvais faire infiniment de bien. »

A la pétulance de son âge, Fritz joignait des qualités sérieuses : un esprit attentif, un cœur compatissant, une exquise sensibilité, une bonté ingénieuse.

Nous avons dit que, malgré la modicité des revenus, la part des pauvres était toujours réservée dans la famille Oberlin. Les enfants, eux, recevaient chaque dimanche une gratification de *deux liards* laissés à leur libre disposition. Ce qui leur enseignait à bon marché les droits et les devoirs de la propriété.

Deux liards ! cela ferait sourire bien des favorisés de la fortune qui n'ont jamais assez d'argent pour satisfaire de futiles fantaisies. Quant aux jeunes Oberlin, ils recevaient avec joie la munificence dominicale qui les faisait assez riches pour leur ambition.

Fritz, qui n'avait jamais besoin de rien pour lui-même, thésaurisait afin d'obéir aux instincts charitables de sa nature ; il n'était jamais plus heureux que lorsqu'il pouvait rendre un service ou soulager une infortune. On pourrait citer mille traits de sa précoce bienfaisance.

Un jour qu'il passait devant une de ces méchantes boutiques où s'étalent de vieux vêtements, il entendit une discussion assez vive : le fripier refusait de livrer un jupon à une pauvre vieille infirme parce qu'il lui manquait deux sous. Elle allait se retirer toute chagrine quand Fritz, entrant dans la boutique, glissa dans la main du marchand les deux sous en litige. C'était l'économie de tout un mois, mais la pauvre vieille avait obtenu le misérable vêtement qu'elle convoitait.

Une autre fois, traversant le marché, il aperçoit une villageoise qui, bousculée à dessein par de petits vauriens, laisse tomber le panier d'œufs qu'elle portait sur la tête. Les mauvais drôles répondent aux larmes et aux récriminations de la paysanne par des quolibets. Sans se laisser intimider par leur nombre, ni par leur attitude hostile, Fritz, indigné, s'avance vers eux, leur adresse une vigoureuse admonestation, les fait rougir de leur mauvaise action. Il court à la maison paternelle, prend sa tirelire qui se trouvait cette fois assez bien garnie, et revient en verser le contenu dans le tablier de la pauvre éplorée sans lui donner le temps de le remercier.

En toute occasion, on le voyait se faire le champion des faibles et le défenseur des opprimés.

*
* *

Frédéric Oberlin fit sous la direction de son père d'excellentes études au gymnase de Strasbourg et entra ensuite à l'Université protestante, où il obtint, à vingt-trois ans, le diplôme de docteur en théologie.

Après sa consécration, se trouvant trop jeune pour exercer le ministère, il chercha les moyens d'affranchir sa famille du soin de son entretien tout en se proposant d'affermir sa vocation. On lui offrit une place de précepteur auprès des enfants d'un célèbre chirurgien de Strasbourg. L'intermédiaire chargé des négociations faillit tout compromettre. Pensant avoir facilement raison d'un jeune homme que la nécessité semblait lui livrer, il prétendit lui faire accepter des conditions humiliantes. Le jeune théologien s'en défendit avec autant de franchise que de dignité.

Nous citerons encore ici le texte même d'Oberlin :

« *Condition.* — Les enfants seront toujours proprement habillés et lavés.

Réponse. — Je recommanderai à mes élèves la propreté, je leur ferai sentir tout ce qu'elle a de bienfaisant, mais je ne me chargerai pas de soins domestiques qui me feraient perdre un temps précieux pour leur instruction et pour mes études.

Condition. — Le gouverneur se promènera avec ses élèves trois fois par semaine.

Réponse. — Je me promènerai avec mes élèves selon le temps et les occasions.

Condition. — Pendant la promenade, le gouverneur entamera avec les élèves une conversation sur des choses utiles.

Réponse. — J'ai l'habitude de le faire autant que les circonstances le permettent.

Condition. — A table, le gouverneur tranchera la viande.

Réponse. — Je n'en ferai rien.

On ne saurait avoir assez d'obligation à un gouverneur qui connaît et suit l'étendue de ses devoirs ; il fait plus que les parents, il prend soin des âmes, tandis qu'eux n'ont soin que des corps et de ce qui les regarde. Ils lui doivent autant de considération qu'il leur en doit à eux ; la loyauté et l'assiduité avec lesquelles il s'acquittera de sa tâche vaudront toujours plus que leurs honoraires. »

L'affaire n'en fut pas moins conclue, et Oberlin resta trois ans chez le docteur Ziegenhagen.

Il mit à profit son séjour dans cette maison pour se familiariser avec le maniement des principaux instruments de chirurgie et acquérir des connaissances médicales qui devaient lui être si utiles dans le cours de sa vie pastorale, à une époque où les médecins étaient rares, même dans les villes.

En 1765, Oberlin, désireux de reconquérir sa liberté, accepta un poste d'aumônier militaire dans un régiment français en garnison à Strasbourg. Il embrassa avec joie une situation qui mettait d'accord les inclinations de sa jeunesse avec ses sentiments chrétiens.

Retiré le soir dans une mansarde située au troisième étage et pauvrement meublée, il poursuivait ses études en apprenant à se connaître lui-même. C'est dans ce modeste réduit et livré à ces occupations qu'il reçut une visite qui décida de sa vocation.

Stuber, le vénérable pasteur qui avait entrepris de civiliser le Ban de la Roche, se voyait forcé, pour des raisons de santé, d'interrompre son œuvre. Il vint à Strasbourg dans le but d'y chercher un homme digne de continuer sa tâche. Ce qu'il apprit du zèle et des vertus de Frédéric Oberlin, lui fit espérer qu'il trouverait en lui l'intelligent dévouement qu'il recherchait. Il eut avec le jeune théologien de longs entretiens qui lui donnèrent la conviction que son espoir serait réalisé.

Mais avant de poursuivre ce récit, il est nécessaire de faire connaître le pays qu'Oberlin devait transformer.

*
* *

Le Ban de la Roche est un canton montagneux du N.-E. de la France, aux environs de Strasbourg. Il appartient aux déclivités occidentales du Haut-Champ, montagne détachée des Vosges par une profonde vallée et située entre l'Alsace et la Lorraine.

Ce canton, qui n'a guère plus de six lieues de périmètre, se distingue par des caractères tout particuliers. Il est encaissé par des montagnes couvertes de forêts et partagé en deux par des hauteurs. D'un côté est Rothau, l'ancien chef-lieu, qui garde encore les traces d'un repaire féodal ; de l'autre côté se trouve Waldbach avec les cinq villages et les trois hameaux qui en dépendent.

Le pays présente un aspect sévère et sauvage. Le site est fort accidenté : des vallons étroits sont resserrés entre des ballons de plus de mille mètres de hauteur que flanquent d'immenses blocs de granit ; des monts escarpés sont revêtus de forêts de sapins couronnées de neige pendant la plus grande partie de l'année.

Des sources nombreuses et abondantes, des torrents qui luttent contre d'énormes roches, ravinent le flanc des montagnes.

Bien qu'aux diverses altitudes on puisse trouver au Ban de la Roche les climats du midi, du centre et du nord, les hivers y sont aussi longs que rigoureux. Pendant les longs mois de la mauvaise saison, des vents violents balayent la contrée. En été, des trombes d'eau et des orages terribles fondent sur le pays, déchirent les gorges des montagnes et dévastent les vallées. Des brouillards persistants qui, vus du haut des sommets, semblent des miroirs ondoyants, renvoient, dans l'espace glacé, les rayons du soleil dont le pays est si souvent privé.

Au milieu du dix-huitième siècle, le Ban de la Roche souf

frait encore des ravages des guerres, des pestes et des famines qui l'avaient assailli pendant cinq cents ans. Point de cultures, point d'industrie, point de commerce. Une centaine de familles éparses dans l'isolement et l'abandon le plus complet, ne pouvaient communiquer avec leurs voisins les plus proches, car les chemins manquaient absolument et d'ailleurs elles ne pouvaient se faire entendre, ayant un dialecte particulier.

Les rares habitants qui n'étaient pas morts à la peine ou n'avaient pas déserté cette contrée inhospitalière, végétaient dans le plus affreux dénûment, dans la plus profonde ignorance et dans la plus grossière superstition.

Un des prédécesseurs de Stuber ayant fait enlever de son église une tête de saint Jean-Baptiste qui était l'objet d'un culte idolâtre, les femmes ne trouvèrent rien de mieux que d'envahir le presbytère, de s'emparer du pasteur et d'aller le noyer dans la Bruche. Ces furies allaient accomplir leur sinistre dessein quand des hommes moins abrutis vinrent arracher le pasteur à une mort certaine.

Séparé du reste des hommes, affaibli par l'apathie et le découragement, ce petit peuple s'amoindrissait tous les jours et était sur le point de retourner à la barbarie.

C'est alors que Stuber commença l'œuvre de régénération de ce groupe d'hommes que la civilisation oubliait dans un coin perdu des Vosges. Il les apprivoisa par la douceur, par la persuasion, en employant dans sa prédication un langage intelligible pour tous, en ayant recours aux charmes de la musique.

Il n'y avait pas d'autres instituteurs au Ban de la Roche que de vieux pâtres ignorants qui, trop âgés pour aller garder les pourceaux, gardaient les enfants.

Stuber réunit les moins rebelles de ses paroissiens et leur distribua en commun les bienfaits de l'instruction et de l'éducation.

Malheureusement, ses forces le trahirent. Sa faible constitution le contraignit à chercher « le vigoureux ouvrier qui pût continuer d'enfoncer le coin qu'il avait si bien engagé ». Le hasard le servit à souhait en lui faisant rencontrer l'homme prédestiné à régénérer une population que l'abandon aurait perdue.

Quand Stuber entra chez Oberlin, il le trouva souffrant, étendu sur un petit lit de camp entouré de rideaux de papier. Il plaisanta le jeune homme sur l'ingéniosité de ses tentures et, apercevant une petite marmite pendue au plafond et dans laquelle bouillait quelque chose, il lui demanda ce que signifiait cette suspension d'un nouveau genre. Était-ce une expérience de chimie en préparation?

« C'est ma cuisine, répondit Oberlin en souriant. Je dîne tous les jours à midi chez mes parents, d'où je rapporte un morceau de pain dans ma poche. Vers huit heures, j'émiette mon pain dans cette marmite, j'y ajoute de l'eau, un peu de sel, et je place ma lampe en dessous. Mon souper cuit ainsi économiquement pendant que je travaille et, quand la faim me presse, je mange ma soupe, qui me paraît meilleure que les mets les plus délicats.

— Voilà du Ban de la Roche tout pur ! s'écria Stuber avec joie. Vous êtes bien l'homme que je cherche. »

Alors il explique à Oberlin ce qu'il attend de lui. Dans un langage net, précis, sincère, il décrit la contrée ; il dépeint les habitants, plus sauvages, plus incultes que leurs terres désolées ; il expose les luttes, les dégoûts, les épreuves qui attendent son successeur ; il lui raconte le peu qu'il a fait, lui montre l'étendue du bien qui reste à faire.

Oberlin écoutait haletant. Loin de le désillusionner, ce récit enflamme ses instincts généreux, fait vibrer les cordes de son cœur ; il a besoin de se dévouer comme d'autres ont besoin de jouir. Il serre les mains de Stuber avec effusion et s'écrie plein d'enthousiasme :

« Je serai pasteur de Waldbach ! »

Et il donna sa démission d'aumônier militaire.

*
* *

Le 1ᵉʳ Avril 1767, Oberlin, âgé de vingt-sept ans, fut pourvu de la cure de Waldbach. Quelques jours après, il s'installait dans son presbytère, c'est-à-dire dans une misérable cabane humide, mal close et malsaine, où les rats pullulaient, où les intempéries faisaient rage.

Il s'aperçut vite que Stuber n'avait point chargé le tableau.

En présence de tant de maux à soulager, de tant d'obstacles à surmonter, le nouveau pasteur comprit qu'il ne fallait pas que de l'abnégation et du dévouement, qu'il fallait encore, et surtout, de l'intelligence, de l'habileté et de la méthode.

Il fallait aller au plus pressé en secourant la misère de ces pauvres gens que le manque de travail et de ressources affamait : il fallait d'abord les nourrir et les vêtir comme on pourrait, mais il fallait aussi penser au lendemain et préparer à ces abandonnés un avenir meilleur.

Comme Stuber, Oberlin pensa que le moyen le plus sûr d'arriver au bien-être matériel, c'était d'améliorer l'état intellectuel et moral, et il dirigea ses plus grands efforts vers l'instruction. Le mal de l'ignorance est en effet le pire des maux, car il engendre tous les autres et ceux qui en sont atteints ne veulent pas guérir.

Tout était à créer.

Au lieu de faire reconstruire son misérable presbytère qui tombait en ruines, le pasteur acheta en face un terrain pour y bâtir une maison d'école. Bien que la dépense dût être soldée à l'aide d'un prêt fait en son nom personnel, les habitants de Waldbach s'opposèrent d'abord à ce projet sous prétexte qu'ils auraient un jour ou l'autre à leur charge l'entretien du bâtiment. Il fallut que le brave pasteur s'engageât, par acte notarié, à supporter seul dans l'avenir les dépenses de l'école.

En dépit du mauvais vouloir des habitants qui, à deux reprises, complotèrent d'assommer ou de noyer leur bienfaiteur pour lui apprendre à ne se point mêler de leurs affaires, l'école eut des élèves et elle prospéra. Oberlin en profita pour provoquer dans les autres villages la création de semblables établissements.

La collecte est ouverte par une pauvre femme qui apporte un don de vingt-quatre sous. Les autres habitants qui ne possédaient pas un denier comptant, acceptent le système des cor-

Oberlin préparant son dîner.

vées et, de tous côtés, on charrie des matériaux à travers ce pays sans chemins.

L'exemple est contagieux. Grâce à quelques donateurs étrangers que l'éloquence d'Oberlin a séduits, il y a bientôt une école dans chaque village. On y installe les instituteurs dont les traitements sont ainsi réglés : avec la jouissance du logement,

Celui de Waldbach touchera annuellement	60 livres et 5 sacs de seigle.
Celui de Belmont — —	54 livres et 4 sacs de seigle.
Celui de Bellefosse — —	60 livres et 5 sacs de seigle.
Celui de Sollbach — —	60 livres et 5 sacs de seigle.

Oberlin trouva de bonnes gens qui acceptèrent une si lourde charge si piteusement rémunérée.

Restait à déterminer la méthode d'enseignement.

Le programme dépasse celui que promettent à nos écoles primaires les progrès modernes; il exige qu'on comprenne *tout ce qui se rapporte aux saisons et au temps; aux productions de la terre et aux animaux; aux hommes, à leur nourriture, à leur habillement, à leur logement; aux ouvriers et à leur salaire; à tout ce qui est propriété, donation, héritage, échange, argent, achats, emprunts, dettes, intérêts, familles, villages, procès et contestations; magistrats, états et bien public.*

On voit par ces prescriptions qu'Oberlin faisait donner dans les écoles de sa paroisse les *Leçons de Choses* qui sont encore loin d'être entrées dans l'enseignement de nos écoles primaires. Il était d'avis que la culture intellectuelle peut être soumise à la méthode des assolements et que la richesse des produits dépend de leur variété. C'est pourquoi il prescrivait l'enseignement de la musique qui adoucit les cœurs et élève les sentiments, ainsi que l'étude du dessin et de la peinture qui apprennent à regarder; il donnait à ce propos d'excellents conseils à ses instituteurs :

« Presque tous les écoliers ne veulent peindre qu'avec les couleurs brillantes. Cependant il y a peu de couleurs brillantes dans la nature : les rochers, les troncs des arbres, les maisons, les terres, les meubles et les ustensiles n'ont point de couleurs brillantes. S'il y a des écoliers qui soient assez sages pour prendre la nature pour modèle et employer les couleurs *mates*, conformément à la nature, je prie messieurs les régents de me faire parvenir leurs cahiers de dessin et de peinture. Je me propose de récompenser les écoliers sages. »

Afin de stimuler le zèle des maîtres, il les réunissait une fois par semaine avec leurs élèves dont il constatait les progrès. Plus tard, des dons lui permirent de mettre à leur disposition, outre les collections de plantes indigènes qu'il avait lui-même classées et étiquetées, une bibliothèque portative, des instruments de physique qui passaient successivement d'un village à l'autre.

Les habitants ne connaissaient alors que leur affreux patois lorrain, et ils étaient rebelles à l'étude du français qu'Oberlin voulait leur faire parler, sachant bien que c'était la seule manière d'achever la conquête de Louis XIV.

Quant aux enfants, après être restés jusqu'à l'âge de sept ou huit ans en état de vagabondage, ils ne se présentaient aux écoles que fort peu disposés à la discipline et aux leçons.

Cependant, grâce aux bonnes méthodes, au zèle des maîtres qu'Oberlin inspirait et stimulait, des résultats merveilleux furent obtenus. Le français et l'allemand s'enseignaient à l'exclusion du patois qui tendit à disparaître.

Le lecteur ne sera peut-être pas fâché de trouver ici deux exemples de la singulière poésie et du langage barbare de ces paysans.

CHANSON D'UNE MÈRE QUI BERCE SON ENFANT.

Hay drelo! mo petit colo!
T'ersenne mon bin to pére,
Te mendgy lé dché do pot
Et lés laichi lé féves.

TRADUCTION.

Hé drelon! mon petit pigeon!
Tu ressembles bien à ton père :
Tu as mangé la viande du pot
Et tu as laissé les fèves.

AUTRE EXEMPLE EN PROSE.

Biyet. — Mis dchers pére et mére. Djè sò errivè è Chtrosebourgue è buonne santè, si nò què dj'ons brâmon èvu lè pioaue et què dj'ons êtu bin hodés. Dj'ons errivè è chéz-honnes do sâ.

TRADUCTION.

Billet. — Mes chers père et mère. Nous sommes arrivés à Strasbourg en bonne santé, sinon que nous avons eu beaucoup de pluie et que nous avons été bien fatigués. Nous sommes arrivés à six heures du soir.

Le patois fut interdit dans les écoles, mais Oberlin s'empressa de l'apprendre afin de se mettre en rapport avec les parents et leur faire comprendre l'importance de l'éducation pour leurs enfants.

*
* *

Pendant que les aînés allaient à l'école, les petits enfants couraient les champs et les bois sans direction et sans soins, souvent victimes d'accidents et gardant toujours la nature sauvage de leurs pères.

Cet abandon de la première enfance causait un grand souci à Oberlin; comme il le disait lui-même : *C'était un lourd fardeau pour son cœur.*

Une pauvre femme avait pressenti le remède.

Sara Banzet, qui avait été servante chez Stuber pendant son ministère à Waldbach, réunissait dans sa chétive demeure les petits enfants du village de Belmont pour leur apprendre à tricoter. Oberlin, informé du fait, va trouver Sara Banzet, et en fait une institutrice de l'enfance.

Ce premier essai, tenté pourtant dans d'assez mauvaises conditions, réussit à souhait. Oberlin s'en inspira pour fonder l'*Œuvre des Conductrices de la tendre enfance.*

C'est ainsi qu'il appela la modeste institution dans laquelle on peut voir le germe fécond des *salles d'asile* qui devait grandir, s'étendre et faire le tour du monde.

Sans doute, les écoles maternelles d'aujourd'hui n'ont aucun rapport avec ces humbles asiles où de pauvres servantes faisaient tricoter, lire et prier les petits enfants qu'elles gardaient. Mais nous trouvons là l'idée mère de cette grande et belle institution dont la fondation et les premiers succès en France furent dus à l'intelligence et au dévouement de femmes de bien, parmi lesquelles il faut compter au premier rang Mmes Millet, de Pastoret et Mallet.

Oberlin trouvait dans sa femme une aide puissante. Elle s'était vite appliquée à le seconder dans l'œuvre pénible de la régénération de cette peuplade dégradée. Elle tempérait la fougue de son zèle par sa prudence; elle rendait possible l'exécution de ses plans par des arrangements judicieux. Aussi est-ce avec sa participation qu'il forma des *Conductrices* installées à ses frais dans chaque village.

Les petits enfants que leur âge ne permet pas d'admettre à l'école sont recueillis dans des chambres spacieuses qui servent aussi de préau l'hiver aux écoliers après leur sortie des classes. Là, on joue en s'instruisant, on s'instruit en jouant, sous la surveillance d'une humble femme qui enseigne docilement, consciencieusement, ce qu'on lui a enseigné. Elle fait jouer les tout petits et apprend aux plus grands à tricoter, à filer, à coudre, à faire du filet, à fabriquer des chapeaux de paille, à confectionner des vêtements.

Elle montre de belles images coloriées ayant rapport à l'histoire sainte et à l'histoire naturelle; elle les explique simplement et familièrement.

Elle fait des récits empreints de morale chrétienne qui doivent inspirer l'amour de Dieu, l'amour du bien, l'amour du prochain, le respect des parents et des pauvres.

Elle raconte des histoires dont le but est d'inspirer l'horreur de la paresse, de la désobéissance, du mensonge, de la malpropreté, enfin de tous les défauts et de tous les vices qui engendrent le mal.

Elle cite des traits de bienfaisance qui excitent à l'amour de l'ordre, du travail, de la décence, de la politesse, de la véracité, de la charité.

Le chant accompagne le travail, et le dessin vient encore aider à l'enseignement.

Quand les écoliers sont admis, après leurs classes, chez les *Conductrices*, ils y trouvent papier, crayons, pinceaux, couleurs ; ils peuvent dessiner et enluminer des cartes : d'abord la carte du Ban de la Roche, celle de la province, puis la carte de France et enfin celle de l'Europe

L'été, la conductrice emmène tout le jour ses élèves dans la campagne. C'est à l'ombre des bois, à l'abri des haies, qu'elle fait travailler et qu'elle donne les leçons qui lui sont attribuées. Elle apprend le nom des arbres et des animaux, elle en fait ressortir l'utilité. Elle explique les qualités, les propriétés, les usages domestiques des plantes qu'on rencontre ; elle signale celles qui sont utiles et celles qui sont nuisibles ; elle donne sur l'agriculture et le jardinage les notions qu'elle a reçues ; elle donne aussi sur la vertu et la charité les leçons que l'amour du bien lui inspire.

C'est surtout dans ces petites écoles maternelles que fut réformé l'affreux jargon du pays, car il était absolument interdit d'y parler autrement qu'en français.

Outre Sara Banzet, qui eut l'idée d'initier au travail, à l'étude et à la prière les enfants du premier âge, on compte parmi les conductrices du Ban de la Roche, qui ont contribué à la régénération de cette misérable population, d'autres bonnes âmes, j'ose dire d'autres sœurs de charité laïques. C'est Marie Müller, Catherine Scheidecker, Catherine Gagnière, Sophie Bernard, qui vont de hameau en hameau recueillir les enfants abandonnés et affamés et pourvoient à leurs besoins sans autres ressources que leur travail. C'est avant tout et surtout Louise Scheppler qui, toute proportion gardée, fut pour Oberlin ce que Mme Le Gras (Louise de Marillac) fut pour saint Vincent de Paul. Louise Scheppler, à qui nous donnerions une large part dans ce livre si nous n'avions préféré renvoyer le lecteur aux *Mémoires de l'Académie française* pour apprendre à connaître les GENS DE BIEN à qui elle décerne ses prix de vertu.

Sur le rapport du célèbre savant Georges Cuvier, Louise

Scheppler a obtenu le *Grand prix de vertu* fondé par Montyon. Nous ajouterons, ce que le rapport ne pouvait dire, que ce prix de 5000 francs fut consacré tout entier en bonnes œuvres.

*
* *

Le plus grand mérite d'Oberlin n'était pas de dépenser tout son revenu au profit de ses pauvres paroissiens; cette modeste somme n'aurait pu produire un bien appréciable. Ce qui lui a permis d'accomplir le miracle de foi et de charité qui a sauvé le Ban de la Roche de la misère, du vice et de la superstition, c'est son amour du prochain, c'est son activité intelligente à tout embrasser; c'est son énergique persévérance à poursuivre le but.

Pour que la bienfaisance produise effectivement du bien, il faut qu'elle prenne sa source dans un principe sacré, dans un noble sentiment. C'est là ce qui a rendu celle d'Oberlin si féconde.

Il avait multiplié la puissance de sa bienfaisante action en y faisant participer ceux qui en étaient l'objet. Il avait réchauffé le cœur de ses paroissiens et leur avait appris à s'aimer, à se secourir les uns les autres.

Les loisirs du dimanche étaient employés par les femmes à visiter les malades, à coudre, à tricoter pour les indigents. Les hommes s'occupaient à réparer la maison d'un nécessiteux, à labourer le champ d'un infirme, à approvisionner de bois le bûcher d'un vieillard impotent. Noble et touchante solidarité qui mettait chaque dimanche en pratique cette belle maxime :
« Le travail est une prière. »

En substituant l'usage de la langue française au jargon qui n'exprimait que des choses vulgaires, Oberlin élargissait le cercle des idées de ces pauvres paysans : il les initiait aux idées abstraites, aux idées morales, il les faisait rentrer dans la civilisation.

Mais pour que la transformation fût complète, il ne fallait

pas non plus négliger le côté matériel : c'est pourquoi Oberlin pensait à construire les routes indispensables ; les routes qui amènent dans un pays, avec l'aisance et le bien-être, des sentiments plus humains.

L'hiver, les habitants de certains villages restaient plusieurs mois prisonniers dans leurs maisons, n'ayant d'autre nourriture que des pommes de terre, tout nouvellement introduites au Ban de la Roche, et souvent même que des fruits et des racines sauvages. La fonte des neiges formait des torrents qui effondraient ou recouvraient les rares sentiers.

Depuis longtemps Oberlin avait tracé, en imagination, un beau chemin vicinal qui, rejoignant la grande route de Strasbourg, permettait l'exploitation des produits du pays et l'importation des matériaux, des outils et des machines agricoles.

Mais qu'il y avait loin du projet à la réalisation !

Il fallait combler des fondrières, fendre des rochers, établir des contreforts pour prévenir les éboulements, bâtir des aqueducs pour diriger les eaux, jeter un pont sur la Bruche pour remplacer les troncs d'arbres glissants posés au-dessus d'une gorge profonde et d'où les chutes étaient fréquentes.

Ces difficultés ne rebutèrent point le pasteur; il était de ceux dont *la foi sait transporter les montagnes.*

Il ne se laisse point décourager par le mauvais vouloir des habitants qui, pour excuser leur apathie, alléguaient l'inutilité des efforts qu'on leur demandait et l'impossibilité d'accomplir des travaux aussi gigantesques. Il sait que l'exemple est le meilleur conseiller et il part la pioche sur l'épaule. Il commence tout seul à défricher, à déblayer, à terrasser. On rit d'abord, on l'imite ensuite, et bientôt des escouades de travailleurs viennent se placer sous ses ordres.

Prenant toujours pour lui le poste le plus dangereux ou le plus pénible, il fait accepter à chacun les fonctions qu'il lui assigne ; la besogne avance, grâce à l'intelligence qu'il y met et à l'enthousiasme qu'il excite. Cet ingénieur improvisé courait, tantôt à pied, tantôt à cheval, à travers les broussailles et les pierres, pour surveiller, conseiller, encourager ses braves travailleurs qu'il électrisait de son ardeur.

Ne négligeons pas, disait-il, l'aide la plus minime, l'effort le plus faible. Que pas un homme, pas une femme, pas un enfant, ne passe auprès d'une fondrière sans y jeter sa pierre : les petits moyens, comme les petites économies, rapportent gros avec le temps. »

Il avait raison. La fondrière se trouva comblée, la route fut ouverte, les aqueducs furent construits.

Les eaux qui descendaient dans le vallon en torrents furieux pour s'étaler ensuite en marécages pestilentiels furent endiguées et formèrent des canaux d'irrigation. Le fléau destructeur, dompté et dirigé, devint utile en fertilisant le pays.

La Bruche fut traversée sur un pont solide qu'on baptisa justement du nom de *Pont de la Charité*.

Tous ces grands travaux furent exécutés sans le secours de l'administration, qui n'avait jamais tenu compte de ce misérable canton.

Désormais le Ban de la Roche avait conquis sa place au sein de la patrie. Ce n'était plus un pays perdu, oublié dans des vallées fermées, il était mis en rapport avec la France, à laquelle il n'appartenait que géographiquement et politiquement. Hélas ! la funeste guerre de 1870-71 l'a donné à l'Allemagne.

Oberlin s'occupa encore d'assainir les habitations. C'étaient des espèces de huttes mal aérées, mal éclairées, humides et sans cave, en général taillées dans le roc ou creusées dans le flanc de la montagne. Bientôt, sous son impulsion, des chalets de bois couverts de chaume, où la propreté introduisit un luxe jusqu'alors inconnu, s'élevèrent de toutes parts sur les plateaux boisés et le penchant des collines. Malheureusement ce genre de constructions rendait les incendies fréquents et redoutables. Comme l'eau ne manquait nulle part, Oberlin plaça le remède à côté du mal en procurant des pompes à incendie à chacun des villages de sa paroisse.

En 1787, seulement après vingt ans de séjour, il dut, à la générosité d'un ami, un presbytère sain et confortable où il installa un petit muséum toujours accessible à tous.

Bientôt des escouades de travailleurs viennent se placer sous ses ordres.

Le sol du pays n'est pas favorable à l'agriculture et les habitants n'en avaient nul souci. C'était une raison de plus pour que le digne pasteur s'en préoccupât.

Dès les premières leçons qu'ils recevaient des *Conductrices*, les petits enfants entendaient parler de culture. Plus tard, les écoliers faisaient, sous la dictée du maître, un cours d'agriculture où l'on apprenait que, la terre la plus ingrate pouvant s'amender par des engrais, *il ne faut rien perdre*. On donnait des récompenses à ceux qui apportaient un boisseau de détritus de toute sorte : rebuts de substances animales, débris de substances végétales, vieux chiffons de laine et souliers hors d'usage réduits en lanières.

La culture de la pomme de terre fut rendue plus productive. On vit les champs de trèfle et de lin fleurir sur des sommets autrefois dénudés. Autour des habitations étaient de petits enclos où l'on cultivait des plantes potagères.

Les arbres fruitiers manquaient partout ; ils ne se propagèrent que quand Oberlin, toujours prêchant d'exemple, eut, à la longue, fait entrevoir les avantages de son verger, qui devint alors une pépinière où l'on venait souvent s'approvisionner.

Le pasteur avait établi comme règle que tout enfant, pour être admis à la confirmation, devait lui présenter un certificat de ses parents constatant qu'il avait planté au moins deux arbres fruitiers.

Ayant remarqué que bien des bras restaient parfois inactifs, faute d'argent pour réparer ou pour acheter les outils qu'on ne pouvait se procurer qu'à Strasbourg, il établit à Waldbach un magasin où les journaliers trouvaient ces outils au prix coûtant et à crédit jusqu'au jour de leur paye. Cet établissement fut appelé le *trafic de la charité*.

Grâce à ces efforts aussi persistants qu'intelligents, Oberlin a augmenté d'un tiers la valeur des terres ; il a suppléé à l'insuffisance des lois ou à leur inexécution ; il a réglé les questions de vaine pâture, d'expropriation pour cause d'utilité publique, payant toujours de ses deniers — bien entendu — les parties qui se croyaient lésées.

Rien n'a échappé à son attention et à son intervention : il a amélioré l'élevage des bestiaux, l'emploi des engrais, les prés naturels et artificiels ; il a desséché des marais, défriché des bois, boisé de mauvaises terres.

Il fonda dans ce pays, naguère inculte, une *Société d'agriculture* dont les séances, périodiques, étaient toujours remplies par des ordres du jour intéressants. Le président lisait d'abord une dizaine de pages d'un bon ouvrage d'économie rurale qu'on écoutait attentivement et le plus souvent en prenant des notes. On y faisait des rapports, des comptes-rendus sur des essais tentés. Tout homme honnête et vertueux était admis, sans distinction de religion, d'état ou d'origine, comme membre de la Société, pourvu qu'il en cceptât la devise : Vivons pour Dieu et la Patrie.

Une autre mesure qu'Oberlin considéra comme essentielle aux progrès de la civilisation fut l'introduction des métiers.

A son arrivée, le Ban de la Roche ne possédait pas un seul artisan. Pour réparer les chariots, les harnais, les instruments aratoires, il fallait entreprendre un voyage long, pénible et dispendieux. Oberlin mit en apprentissage, à Strasbourg, les garçons qui lui parurent avoir le plus d'aptitudes pour telle ou telle profession et, en peu d'années, la paroisse eut des maçons, des menuisiers, des charpentiers, des charrons, des maréchaux-ferrants, des peintres-vitriers, des tailleurs et des cordonniers. L'argent commença à circuler dans les villages où la possession d'*un sou*, qui permettait d'acheter du sel pour assaisonner les pommes de terre, était autrefois une rare bonne fortune, un événement heureux marquant dans la vie.

Le Ban de la Roche privé d'artisans n'avait, cela se conçoit, ni médecin, ni pharmacien. On n'y connaissait qu'un seul remède qui avait, il est vrai, la réputation de convenir à tous les maux. C'était un simple mélange d'eau-de-vie et d'huile d'olive. Une pharmacie, mieux pourvue, offrit gratuitement des remèdes plus efficaces.

Oberlin, qui avait étudié quelque peu la médecine et la chirurgie pendant son séjour chez le docteur Ziegenhagen, rendait de grands services aux malades, mais il exerçait sans diplôme, et,qui pis est, il le reconnaissait, sans talent suffisant. Il avait bien rédigé et vulgarisé des instructions sur les secours à administrer aux *asphyxiés*, aux *noyés*, aux *gelés*, et avait instruit plusieurs gardes-malades qu'il expédiait partout suivant le besoin, mais ce n'était pas assez dans le cas de maladies graves. Il envoya donc à Strasbourg, pour y étudier la médecine, Sébastien Scheidecker, le plus intelligent et le plus dévoué de ses maîtres d'école.

*
* *

Quand les Ban-de-la-Rochois, plus civilisés, parurent familiarisés avec le travail, l'industrie tenta de pénétrer chez eux et une filature vint s'établir dans le pays. Il y avait encore là des hommes, des femmes, des vieillards, des enfants que les travaux agricoles n'arrachaient pas à la misère et qu'on pouvait utiliser. Mais comment amener des gens habitués à vivre en plein air à prendre une profession sédentaire, à s'enfermer tout le jour dans un atelier pour y filer du coton?

Mme Oberlin montra l'exemple et consacra une partie de son temps à la filature.

L'industrie devint si prospère qu'un seul manufacturier paya une certaine année 52 000 francs de salaires aux ouvriers du Ban de la Roche. Richesse énorme si l'on considère l'extrême indigence à laquelle les habitants étaient réduits auparavant. Il faut dire aussi que cette prospérité relative était due à l'accroissement de la population, qui s'élevait alors à 3000 âmes.

L'industrie se fixa et s'étendit dans le pays à l'arrivée de M. Legrand, de Bâle, manufacturier, estimé et honoré dans toute la Suisse, et qui avait été appelé à la première présidence du Directoire de la République helvétique. Cet industriel introduisit au Ban de la Roche la fabrication des rubans de coton. Trois cents métiers furent distribués dans les chaumières des différents villages et les enfants purent travailler sous la surveillance de leurs parents au lieu d'aller s'entasser dans l'encombrement des manufactures, exposés souvent à un contact peu édifiant.

Dans une lettre adressée au baron de Gérando, M. Legrand a fait connaître l'impression qu'il avait reçue de sa première visite au Ban de la Roche.

« Conduit par la Providence dans cette vallée perdue, j'ai été d'autant plus frappé de la stérilité du sol, de l'aspect des chaumières couvertes de chaume, de l'apparente pauvreté des habitants et de la simplicité de leur régime, que ces apparences contrastaient avec les conversations intelligentes que je pouvais entretenir avec tous les villageois que je visitais et surtout avec la franchise et la naïveté des enfants qui me saluaient en me tendant leurs petites mains.

« J'avais souvent entendu parler du pasteur Oberlin et je souhaitais ardemment faire sa connaissance. Il me fit la réception la plus hospitalière et prévint mon désir de connaître plus amplement l'histoire de la petite colonie en mettant entre mes mains les annales de sa paroisse qu'il rédigeait depuis 1770. »

M. Legrand ajoute : « Il y a maintenant quatre années que je suis fixé ici avec ma famille. Le plaisir d'habiter au milieu de ces pauvres gens dont les mœurs sont adoucies et les esprits éclairés par l'éducation qu'ils reçoivent dès leur plus tendre enfance, nous console des privations que nous devons forcément endurer dans une vallée séparée du monde par un rempart de montagnes. »

M. Legrand — l'ami du célèbre Pestalozzi — n'ajoute pas qu'il devint l'auxiliaire le plus actif et le plus ardent d'Oberlin dans la direction des écoles, l'ami le plus dévoué de cet homme de bien et son digne émule en philanthropie.

*
* *

L'action bienfaisante d'Oberlin s'est étendue à tout, son influence s'est fait sentir dans les petites choses aussi bien que dans les grandes. Il s'est préoccupé autant des questions de bien-être matériel que des questions de religion et de haute moralité. Il a fondé des prix pour encourager les habitants à donner au premier étage de leurs maisons la même hauteur qu'au rez-de-chaussée; pour les amener à substituer le transport par voiture au transport à dos de cheval. Il institua des prix d'apprentissage destinés aux enfants qui apprendraient les métiers de sellier, de maçon, de serrurier, ou toute autre profession utile, rare dans le pays. Il accordait des récompenses à ceux qui entretenaient le mieux les chemins de leur commune; à ceux qui avaient la meilleure pépinière. Il donnait des gratifications aux tisserands qui avaient fait la toile la plus serrée, aux tricoteurs dont les bas étaient les plus longs et les mieux confectionnés.

Il créa une caisse d'amortissement des dettes et une caisse d'emprunt réglées par des statuts rigoureux. Tout emprunteur qui ne s'acquittait pas au jour dit, ne pouvait plus participer pendant un temps déterminé aux avantages de cette caisse.

Non-seulement la mendicité disparut, mais, en quelques années, l'esprit de charité était si bien répandu au Ban de la Roche qu'Oberlin obtenait de ses paroissiens, naguère si misérables, des secours pour les établissements de bienfaisance des autres pays : pour les incendiés du Bas-Rhin, pour les enfants-trouvés de Strasbourg, pour l'institution philanthropique du Neuhof fondée par un pauvre menuisier du nom de Wurtz, qui peut aussi figurer parmi les Gens de bien, et même pour les Grecs.

Oberlin était doué au suprême degré de cette disposition particulière qui facilite l'exercice de la vertu : il avait le généreux élan qui pousse au bien et la persévérance raisonnée qui y retient. Il n'admettait pas les nombreuses aumônes, jetées un peu au hasard, qu'une plainte demande ou que des importunités arrachent. Toutes ses bonnes actions avaient un but élevé et demandaient une continuité de sacrifices devant lesquels il n'a jamais reculé. C'est bien à lui que peuvent s'appliquer ces belles paroles de Théophile Dufour :

« Il y a deux charités : l'une, instinctive, spontanée, naturelle; l'autre, intelligente, réfléchie, toute morale. L'une qui attend l'homme à l'hôpital pour le traiter, l'autre qui le prend au berceau pour l'élever, le conseiller, le sauver du péril. La première n'est qu'une émotion ; la seconde seule est une vertu véritable. »

*
* *

Oberlin était profondément religieux. Ses croyances, participant de son extrême sensibilité et de son exquise tendresse, tendaient au mysticisme. La voix de sa conscience et la voix de son cœur étaient pour lui la voix de Dieu. Dans toutes les grandes circonstances, dans toutes les graves affaires de sa vie, il ne se décidait que lorsqu'il croyait obéir à l'inspiration divine.

Quand il désira se marier, il attendit que la volonté de Dieu se manifestât.

Une de ses cousines, Salomé Witter, orpheline dès la plus tendre enfance, était venue à Waldbach, à la suite d'une longue maladie, respirer l'air des montagnes. Cette jeune personne avait de l'intelligence, de l'instruction, de l'esprit et du cœur, et pourtant Oberlin croyait ressentir pour elle un sentiment voisin de l'antipathie. Tous deux aimaient la discussion et ils s'étaient froissés bien souvent.

Deux jours avant que sa parente quittât le Ban de la Roche, Oberlin crut entendre une voix qui lui disait : « Prends ta cousine pour femme ». Cette voix, c'était celle de son cœur, car les deux jeunes gens s'aimaient à leur insu. Ils se marièrent le 5 Juin 1768.

Hâtons-nous de dire que cette union fut exceptionnellement

heureuse; ces deux belles âmes étaient créées l'une pour l'autre. Mme Oberlin possédait toutes les qualités, toutes les vertus qui convenaient à la personnalité originale de son mari ainsi qu'à la mission de charité et de dévouement qu'il s'était imposée et qu'il ne consentit jamais à abandonner.

Mme Oberlin, nous l'avons déjà dit, prit part à tous les labeurs de son mari et les Ban-de-la-Rochois ne les séparent pas dans leur reconnaissance.

L'amour d'Oberlin pour sa femme fut la seule joie intéressée qu'il se permit. Aussi quelle douleur à la mort de cette compagne des bons et des mauvais jours, de cet autre lui-même! Elle mourut subitement, après quatorze années de mariage, lui laissant neuf jeunes enfants.

« Mon Dieu! s'écrie-t-il dans son désespoir, qu'as-tu fait? Tu m'as pris ma femme et je dois t'en louer! »

Son amour survécut à cette perte. Le souvenir de sa bien-aimée femme était si vivace que, par instants, il ne se croyait pas séparé d'elle. Il lui semblait qu'il pouvait comme autrefois la consulter, qu'elle l'inspirait et le conseillait.

Ce penchant au mysticisme n'altérait pas son esprit pratique. Son rêve le transportait vers l'idéal sans jamais lui faire perdre de vue sa terrestre mission; et dès qu'il touchait terre, il devenait le plus minutieux des hommes d'affaires. Il réglait et réglementait le temporel de sa paroisse avec autant de soin qu'il mettait d'élévation et de grandeur dans le spirituel. Jamais aucun ministre ayant charge d'âmes ne déploya plus de zèle dans son double ministère.

Sans doute, il y avait dans les voies et moyens qu'il proposait pour la pratique du bien quelque chose de naïf qui ne pouvait guère convenir qu'à cette population dont il avait formé l'esprit et élevé les sentiments, mais c'est là surtout que nous avons à apprécier son action.

Nous citerons un exemple de sa bonhomie en signalant le moyen qu'il proposait pour porter remède à la terrible crise financière des assignats.

On trouve dans le procès-verbal de la séance du 19 Frimaire an III de la Convention Nationale, une *Mention honorable* et un *Renvoi au comité des finances*, à propos d'une communication faite par des habitants du Ban de la Roche, à l'instigation d'Oberlin.

Il était exposé dans ce document que *les habitants du Ban de la Roche, trop pauvres pour déposer des dons sur l'autel de la Patrie, étaient convenus, sous la simple garantie de leur parole et de leur bonne foi, de perdre deux sous par assignat de cinq livres chaque fois qu'il changerait de mains, ce qui serait indiqué sur le dos de l'assignat.* De sorte qu'un assignat serait annulé au profit de la nation dès qu'il aurait passé dans cinquante mains.

Nous ignorons ce qu'a pensé le comité des finances auquel était renvoyé ce mémoire de notre naïf pasteur, mais nous supposons bien qu'il n'a pas recommandé l'application de cette simple opération plus patriotique que pratique.

Ce qu'il faut encore dire c'est que, voulant faire honneur aux dettes de la nation, ce bon patriote a continué, jusqu'à la fin de ses jours, à recevoir des assignats qui n'avaient plus cours depuis plusieurs années, en payement d'outils, d'ustensiles, de vêtements, de meubles, de livres, qu'il mettait parfois en adjudication.

*
* *

Oberlin, pasteur sous tous les régimes, a dû, dans l'intérêt de son œuvre, obéir à certaines exigences, mais il est toujours resté libéral, patriote et surtout chrétien.

Son fils aîné, qu'il avait élevé dans ses principes, s'enrôla en 1792 et fut tué à la bataille de Berzabern en 1793.

Bien qu'Oberlin eût prêté serment à la République et donné des gages sérieux de son adhésion aux principes égalitaires, il n'en fut pas moins déclaré *suspect*. Traduit devant le conseil suprême d'Alsace, il fut non-seulement acquitté, mais le tribunal jacobin rendit témoignage à sa vertu, en exprimant le regret qu'un homme si utile eût été arraché — ne fût-ce qu'un instant — à ses travaux charitables.

Le Ban de la Roche fut pendant la Terreur l'asile des persécutés de tous les partis. Oberlin les protégeait à ses risques et périls; car, s'il acceptait la Révolution, il en blâmait hautement les excès et les persécutions.

Plus d'un proscrit dont la tête était mise à prix dut son salut à la présence d'esprit et au courage du pasteur de Waldbach. C'est ainsi qu'il sauva un jour la vie à Mlle Vilmont de Villeneuve qui, depuis quelques jours, s'était réfugiée chez lui. Les gendarmes se présentèrent inopinément au presbytère au moment où cette noble demoiselle se trouvait dans le cabinet d'Oberlin. Ils ouvrirent la porte si brusquement qu'elle eut à peine le temps de se jeter derrière le battant qu'ils venaient de pousser. Oberlin, occupé à écrire, leva la tête et sans laisser paraître nulle crainte, bien qu'il aperçût un pli de robe par trop indiscret, il s'avança d'un air calme vers les gendarmes; d'un geste circulaire leur montra la pièce vide et les emmena pour les guider dans leur visite domiciliaire. Mlle de Villeneuve était sauvée

*
* *

Cet homme de charité — on dit bien homme de génie, homme de guerre, pourquoi ne dirait-on pas homme de charité? — cet homme de charité, disons-nous, n'a jamais eu dans toute sa vie d'autre préoccupation que le bien sans calcul, sans alliage, par cette pure bienveillance qui souffre des douleurs d'autrui. Tous ses actes s'accomplissaient sans ostentation, sans orgueil, sans amour-propre, sans préoccupation du public ni de soi-même, tranquillement, avec bonhomie, comme la chose la plus naturelle et la plus vulgaire. Les honneurs de ce monde le tentaient fort peu, et cependant la modestie et la simplicité chrétiennes avec lesquelles il accomplissait son œuvre ne l'ont pas laissé échapper à la renommée.

En date du 16 Fructidor an II, la Convention Nationale décréta qu'une mention honorable serait insérée au procès-verbal et au Bulletin pour signaler les services rendus à la patrie par deux véritables amis de l'humanité : Stuber et Oberlin.

En 1818, la Société royale et centrale d'agriculture de Paris décerna à Oberlin la grande médaille d'or qu'elle accordait tous les ans aux *amis de la charrue* et aux *bienfaiteurs de l'humanité*.

Le baron de Gérando reçut en séance publique, au nom d'Oberlin, cette médaille d'honneur qu'il adressa à M. Legrand. Celui-ci la remit solennellement au vénérable pasteur, dans son église, en présence de tous les habitants.

Les honneurs lui arrivaient de toutes parts. En 1819, il fut nommé chevalier de la Légion d'honneur.

En vain des postes brillants et lucratifs lui furent offerts, il préféra rester avec ses pauvres et ses paysans.

Nous pouvons dire que l'admiration publique méritée par ses bonnes œuvres ne le touchait pas autant que l'affection et l'estime qu'inspiraient ses vertus privées au cercle intime de ses amis et de ses paroissiens, qui ne l'appelaient pas autrement que *le cher papa*, *le bon papa*. Ces braves cœurs n'avaient pas trouvé de titre plus respectueux et plus tendre.

Jusqu'à quatre-vingt-six ans, Oberlin poursuivit sa mission de charité. La vieillesse, qui avait diminué ses forces et émoussé ses sens, n'avait pu lui enlever rien de son courage. Ce beau vieillard que n'avait pas courbé l'âge, toujours correctement vêtu de noir, allait par les sentiers de Waldbach, gardant constamment sa dignité naturelle tempérée par une douceur angélique.

Il ne rencontrait pas un paysan sans le saluer avec autant de distinction que s'il eût eu affaire à un gentilhomme, et sans lui adresser une parole de bienveillance et de bon conseil.

Les enfants accouraient à sa rencontre et baisaient avec amour les mains de celui qui avait fait venir à lui les petits enfants.

Toujours préoccupé du bonheur, du bien-être et de la satisfaction du prochain, Oberlin ne se croyait pas le droit de se procurer une jouissance ou de s'éviter une peine aux dépens des autres. Il poussait ce scrupule jusque dans les plus petites choses, et l'on peut dire que ses préjugés mêmes étaient des vertus. C'est ainsi qu'il voulait qu'on parlât toujours distinctement, qu'on écrivît avec soin ; il considérait une écriture illisible comme un acte d'égoïsme et un manque d'égards.

Il était extrêmement actif et se levait en toute saison de grand matin, réservant les premières heures du jour, où l'esprit est plus libre, à l'étude, sa plus chère jouissance. Sa conversation, facile, animée, révélait une profonde érudition. Il aimait à communiquer ses connaissances et charmait ses auditeurs moins encore par l'étendue de son savoir que par sa clarté, son abandon, son entrain, l'onction d'une éloquence intime qui lui gagnait tous les cœurs. On a pu dire de lui : que c'était un homme presque divin. Quel éloge ajouter à celui-là ?

Oberlin mourut, le 1er Juin 1826, après une cruelle agonie de plusieurs jours.

A ses funérailles assistaient tous les habitants des huit villages qu'il avait civilisés et une affluence considérable de personnes n'appartenant ni au pays, ni au culte protestant. Le cortège développait ses rangs serrés sur une longueur de trois kilomètres.

On grava sur sa tombe cette éloquente inscription :

IL FUT PENDANT CINQUANTE-NEUF ANS

LE PÈRE

DU

BAN DE LA ROCHE.

FÉLIX ARMAND

Nous avons vu que Oberlin, le régénérateur du Ban de la Roche, s'était avant tout préoccupé d'ouvrir des routes qui missent les habitants de cette contrée sauvage en communication avec le reste du monde. C'est ce qu'ont fait dans tous les pays et dans tous les temps tous les civilisateurs.

C'est en effet par les grandes routes que les richesses et le bien-être arrivent au cœur d'un pays, c'est par les chemins qui en rayonnent qu'elles se distribuent jusqu'aux derniers recoins. C'est par là aussi que se répandent de proche en proche les grandes idées et les nobles sentiments.

On a dû le dire souvent : les routes servent de traits d'union entre les peuples en mettant en commun leurs intérêts, en préparant la solidarité conciliable avec l'esprit et le caractère propres à chaque nation.

Le titre de gloire de l'homme de bien dont nous allons esquisser l'histoire est surtout d'avoir compris cette grande vérité et d'avoir, à force de courage et de persévérance, délivré de ses entraves une population qu'emprisonnaient dans l'isolement des remparts de rochers et de montagnes.

Félix Armand est né, le 20 Août 1742, à Quillan, dans le département de l'Aude.

Ses parents étaient dans la plus grande misère et n'auraient pu le faire instruire. Il trouva heureusement des protecteurs puissants et généreux qui l'envoyèrent faire ses humanités à Perpignan.

Il étudia ensuite la théologie à Alet. Ce bourg, autrefois siège d'un évêché, n'est plus guère connu que par ses eaux thermales.

Félix Armand reçut les ordres le 17 Mai 1765 et fut nommé vicaire à Quillan, son pays natal. Il se fit remarquer dans cette humble situation par son caractère et par ses nobles qualités. Ses sentiments pieux, son esprit charitable, sa culture intellectuelle lui promettaient une brillante carrière, mais il n'avait pas les vues ambitieuses qu'eût légitimées son haut mérite. Il se plaisait dans son modeste milieu, sans autre aspiration que celle de faire le bien dans le pays qui l'avait vu naître. Pensant qu'il ne trouverait nulle part plus de misères à secourir, plus de malheureux à soulager, il resta dans ce coin perdu si peu favorisé par la nature.

Ce n'est pas sans raison que Félix Armand a été surnommé l'*Oberlin de l'Aude :* les mêmes sentiments de charité, le même esprit pratique ont inspiré ces deux bienfaiteurs qui, bien que contemporains, ne se sont ni connus ni imités.

Tous deux travaillèrent à la régénération de pauvres paysans que des barrières, jugées insurmontables, séparaient pour ainsi dire du reste de la France. Pendant que l'un se dévouait au sud dans les rochers abrupts d'une ramification des Pyrénées, l'autre se dévouait au nord dans une contrée sauvage isolée du monde par un contre fort des Vosges.

Malheureusement, nous ne possédons pas sur l'abbé Armand l'abondance de renseignements que nous avons pu recueillir sur la personnalité et les actes d'Oberlin. Nous ignorons si c'est autrement que par la tradition orale qu'on a gardé dans les paroisses de Quillan et de Saint-Martin, qu'il a rendues à la civilisation, le souvenir de sa vie édifiante, toute d'abnégation et de dévouement. Ce que nous pouvons affirmer, c'est qu'il y est toujours le digne objet de la plus haute vénération. Le grand acte que ses concitoyens aiment surtout à célébrer et qui se manifeste, j'ose dire, à l'exclusion de tout, dans les témoignages de leur reconnaissance, c'est d'avoir ouvert un chemin pour les mettre en communication, en communion, avec le reste du monde.

Aussi quand, il y a une quinzaine d'années, la ville de Quillan résolut d'élever un monument à la mémoire du bienfaiteur du pays, il fut décidé que la statue, que devait exécuter le sculpteur Bonassieux, représenterait l'abbé Armand s'appuyant de la main droite sur le pic avec lequel il avait frappé les premiers coups pour ouvrir un passage à travers la montagne.

Pour comprendre la grandeur de l'œuvre qu'il a menée à si bonne fin, grâce à son énergique persévérance et à l'influence qu'il a su conquérir sur des montagnards que leur isolement et leur ignorance livraient à la misère, aux préjugés, au découragement, il est indispensable de connaître le pays.

Quillan est une petite ville de 2000 âmes, située sur les bords de l'Aude, dans une vallée profonde, resserrée entre des escarpements de rochers, entourée de gorges déchiquetées dans des masses calcaires.

Quillan est là, comme une sentinelle perdue chargée de garder des issues mystérieuses qui semblent ne devoir mener qu'au pays de la désolation.

De hautes falaises de l'aspect le plus sauvage dominent la ville et la rivière. Elles profilent sur le ciel la découpure accidentée de leurs sommets étrangement rompus, parfois couverts de sombres forêts de sapins.

Au pied de ces falaises se sont entassées, comme Pélion sur Ossa, d'énormes roches qui, au dernier siècle, fermaient complètement le seul défilé qu'un travail humain eût pu rendre praticable. Il n'y passait encore que les eaux d'un torrent dont l'impétuosité avait eu raison des obstacles opposés par la nature. Ce défilé s'appelait, du nom de la pierre qui l'obstruait : le défilé de la *Pierre-Lys*.

Pour communiquer avec le reste du département, il fallait

gagner la route de Perpignan, mais la difficulté était de la rejoindre. Pour y parvenir, les habitants de Quillan devaient gravir de terribles escarpements par des sentiers impraticables, capables de donner le vertige à des chèvres mêmes, et s'élever jusqu'aux plus hauts plateaux. Arrivés à ce point, ils n'avaient accompli que la moitié de leur voyage, et ce n'était ni la moins pénible ni la moins périlleuse. Il leur fallait ensuite descendre le versant opposé par des chemins à pic, des détours de labyrinthe, des marches et des contremarches qui, tout en allongeant beaucoup la route, ne diminuaient qu'insensiblement la raideur des pentes et n'amoindrissaient pas toujours le danger.

Un voyage aussi long et aussi difficile s'accomplissant fort rarement, les habitants restaient sans relations avec le dehors, n'avaient ni commerce, ni industrie, et ne participaient en rien aux bienfaits de la civilisation.

L'abbé Armand n'avait pas besoin de posséder la science et l'expérience de l'ingénieur pour ouvrir la route dont le tracé était depuis longtemps arrêté dans son esprit. Ses promenades l'avaient suffisamment initié à la topographie capricieuse du pays qu'il parcourait depuis son enfance pour reconnaître que l'issue était possible et possible seulement par le défilé de la Pierre-Lys.

Il fallait donc rester incarcéré dans cette solitude sauvage ou percer cette Pierre-Lys, roche immense dont la dureté semblait défier les forces et l'industrie humaines. Et lui, le pauvre prêtre, comment exécuterait-il un tel travail? Point d'argent, point d'ouvriers! Que faire?

Il avait entendu dire qu'avec de la volonté et de l'énergie on soulève des montagnes... il trouva plus facile de les percer.

Lorsqu'un dimanche, en chaire, il exposa à ses chers montagnards le projet de trouer le roc qui leur barrait le chemin, plus d'un doutèrent de la raison de leur brave curé.

« Trouer la Pierre-Lys! disaient les moins incrédules ; mais avec quoi?

La roche était bien dure.

— Avec des pics d'abord, répondit l'abbé Armand, avec du courage et de la patience ensuite. »

Enfin ces bonnes gens, confiants en leur curé, prirent au sérieux le projet qui leur avait d'abord paru insensé.

L'abbé Armand ne se contente pas de donner des conseils. Comme Oberlin, il part le pic sur l'épaule, suivi d'une escouade de solides gaillards dont la bonne volonté égale la force et l'énergie. Ces braves cœurs laissent à l'abbé, leur guide et leur chef de file, l'honneur de donner le premier coup, et aussitôt ils se mettent à l'œuvre. Un tel exemple ne tarde pas à être suivi, et bientôt tous les bras en état de manier une pioche viennent successivement prendre part à la sape.

La roche était bien dure, les outils les mieux trempés la mordaient à peine, mais les coups, se succédant, se multipliant, entamèrent peu à peu ce roc formidable. Est-ce que l'eau en tombant goutte à goutte ne creuse pas les pierres!

Enfin, cinq ans après, grâce à la longue patience, à l'énergie puissante qui n'a jamais abandonné les travailleurs, grâce aux efforts que soutenait et partageait l'abbé Armand, la roche fut percée de part en part sur une longueur de sept mètres.

Qu'est-ce que ce petit tunnel qui ne pouvait encore livrer passage qu'aux piétons, comparé aux tunnels du Mont-Cenis et du Saint-Gothard? Et pourtant! l'œuvre accomplie par ce pauvre curé de campagne, sans le secours des machines et les perfectionnements de l'industrie que les progrès de la science n'ont créés que de notre temps, doit nous remplir d'admiration comme elle a rempli de reconnaissance les habitants de Quillan.

Le tunnel ouvert par l'abbé Armand, et grandement élargi, porte encore aujourd'hui son nom. C'est par là que la civilisation et la prospérité sont entrées, on pourrait dire : se sont ruées dans le pays.

Le sentier élargi, amélioré, devint d'abord un chemin vicinal, praticable seulement aux piétons, aux cavaliers et à la carriole de forme toute particulière qui transportait les infirmes aux sources thermales jadis inabordables. Tel qu'il était, ce chemin suffit pour mettre en valeur des richesses naturelles que le manque de débouchés laissait improductives. Les bestiaux purent se répandre dans les luxuriants pâturages des vallées jusqu'alors inaccessibles; les fourrages furent exportés en abondance à Perpignan; les épaisses forêts de sapins furent exploitées, — peut-être avec trop peu de ménagements! — l'activité pénétra partout. Des scieries s'établirent à chaque chute d'eau utilisable pour travailler le bois que charriait la rivière; les sources d'eau salines et ferrugineuses furent mises au service des malades qui accoururent de toutes parts.

Aujourd'hui, une belle et longue route nationale, allant de Bayonne à Perpignan, que des chemins affluents abordent de tous côtés, traverse cette contrée naguère si disgraciée et la fertilisent à l'imitation des cours d'eau et des rigoles d'irrigation qui parcourent les prairies.

Quillan, Saint-Martin, tous les villages qui y sont reliés directement, ont trouvé le bien-être et sont en train de s'enrichir; ils possèdent des filatures de laines, des fabriques de draps et de feutres, des forges et des moulins. Ont-ils été les seuls à profiter de l'œuvre si bien commencée par l'abbé Armand et qui ne se serait certainement pas accomplie sans lui? Non, le département de l'Aude tout entier a eu sa part dans la distribution des richesses créées. Qui peut nier la solidarité du voisinage? Le bien n'est-il pas, comme le mal, endémique, épidémique et contagieux?

La ville de Quillan se proposa de payer la dette de reconnaissance de la contrée tout entière en érigeant une statue à Félix Armand. Autrefois, le seul monument qui consacrait son bienfait était une inscription gravée au-dessus de la brèche de la *Pierre-Lys* et qui ne mentionnait même pas son nom.

Cette inscription, médiocrement versifiée, est ainsi formulée :

> Arrête, voyageur ! le Maître des humains
> A fait descendre ici la force et la lumière ;
> Il a dit au Pasteur : « Accomplis mes desseins »
> Et le Pasteur, des monts, a brisé la barrière.

Félix Armand mourut, le 17 Décembre 1823, dans son humble presbytère de Saint-Martin, qu'il a eu raison de ne jamais quitter, puisque c'est là qu'il a rempli la plus belle et la plus grande mission que son esprit charitable et son cœur généreux pouvaient ambitionner.

VALENTIN HAÜY

Y a-t-il au monde une condition plus triste que celle d'un Aveugle ? Égaré, perdu dans une nuit profonde et sans fin, il ne sait ni où il est ni où il va. Selon la belle expression d'un poète aveugle-né : « il est prisonnier dans l'univers. »

Non-seulement il est privé des jouissances suprêmes données par les splendeurs de la nature que les lumières célestes illuminent et des beautés que l'art crée pour nos yeux, mais encore il ne peut vivre comme les autres hommes dans son indépendance. Il est à la charge et à la merci des siens ; il ne peut éviter ni les dangers qui le menacent ni les embûches qu'on lui tend ; il doit sans cesse compter sur la pitié de ses semblables et, il faut bien l'avouer, la pitié n'a pas toujours le caractère d'un noble sentiment.

Autrefois — il existe encore des gens d'autrefois ! — une infirmité était une dégradation, un malheur était une honte ; la malédiction de la société poursuivait ceux qu'avait frappés une erreur de la nature ou un hasard de la destinée. Les mots *aveugle* et *mendiant*, *infirme* et *misérable* étaient synonymes. Bien pis encore, la cruauté s'ajoutait souvent à l'ignorance pour bafouer les infortunés !

Est-ce qu'on ne vit pas, au quinzième siècle, une réunion d'élite conviée à l'hôtel d'Armagnac pour assister à un combat *curieux* et *amusant?* Spectacle réjouissant en effet! Quatre aveugles, couverts d'armures et armés de pieux, avaient été amenés en champ clos avec un énorme porc qu'on devait adjuger en prix à celui qui le tuerait. Les pauvres aveugles, frappant à tort et à travers, se portaient, à la grande joie de l'assistance, des coups si terribles que *dépit leur en fut; car, quand le mieulx cuidaient frapper le pourcel, frappaient sur eux et, s'ils n'eussent été couverts d'armures, pour vrai ils se fussent tués l'un l'autre.*

Loin de révolter la conscience publique, de telles scènes de sauvagerie contribuaient au contraire à l'amusement des heureux de ce monde.

Au treizième siècle, saint Louis, pensant chrétiennement que les malades et les infirmes sont aussi des hommes, avait conçu la charitable idée d'arracher les aveugles pauvres à la misère et à la dégradation en les recueillant dans un établissement où ils vivraient en commun. Il leur assigna un quartier spécial, à l'hospice des Quinze-Vingts établi sur un terrain appelé *Champourri*, mais il n'alla pas plus loin. Comme on le sait, cet hospice venait d'être créé pour trois cents chevaliers auxquels les Sarrasins avaient crevé les yeux et que saint Louis avait ramenés de Terre-Sainte.

« Je ne sais trop pourquoi, dit un poète du treizième siècle, le roi a réuni dans une maison trois cents aveugles qui s'en vont par troupes dans les rues de Paris et qui, pendant que le jour dure, ne cessent de *braire*. Ils se heurtent les uns contre les autres, et se font de fortes contusions; car personne ne les conduit. Si le feu prend à leur maison, il ne faut pas en douter, la communauté sera entièrement brûlée, et le roi obligé de la reconstruire sur de nouveaux frais. »

Ainsi, dans la longue suite des siècles, les hommes les plus généreux, témoins d'une si intéressante et si émouvante infirmité, ne trouvaient rien de plus efficace pour la soulager que de la cloîtrer dans un hospice. Il faut arriver jusqu'aux temps modernes pour voir le sort des aveugles-nés préoccuper les philosophes et les philanthropes.

Cette indifférence des sociétés de plus en plus civilisées qui se succédaient est d'autant moins concevable que des aveugles-nés étaient parvenus à découvrir eux-mêmes le moyen de s'instruire et de prendre part à la vie intellectuelle. On en citait des exemples fort remarquables.

Sans remonter au stoïcien Diodote, qui, bien qu'aveugle, enseignait la géométrie en traçant les figures les plus compliquées ; sans aller chercher dans sa chaire d'Alexandrie le philosophe mathématicien Didyme, aveugle-né, qui forma des élèves tels que saint Jérôme et son ami Ruffin, on connaissait des faits récents tout aussi merveilleux.

En Angleterre, Nicolas Saunderson, le plus célèbre de tous les Aveugles, avait étudié avec succès les langues et les mathématiques. Nommé professeur à l'université de Cambridge, lui, aveugle-né, il y faisait, sur la lumière et sur l'optique, des leçons d'une telle lucidité et d'un si haut intérêt que Newton devint son admirateur et son ami.

En France, l'aveugle du Puyseaux, qui inspira à Diderot sa fameuse *Lettre sur les Aveugles à l'usage de ceux qui voyent*, fabriquait des liqueurs par des procédés qu'il avait inventés et venait seul à Paris pour placer ses produits. Chose bien plus remarquable ! il avait appris à lire à son fils avec des lettres mobiles en relief. Un jour, témoin de l'étonnement admiratif qu'il inspirait à de hauts personnages, il s'en montra froissé et s'écria brusquement :

« Hé, messieurs, si vous êtes si surpris de ce que je fais, pourquoi ne vous étonnez-vous pas aussi de m'entendre parler ? »

En Allemagne, Weissembourg de Mannheim faisait confectionner des cartes et des plans en relief à l'aide desquels il enseignait la géographie et la géologie à d'autres aveugles. Il fut le professeur de Mlle Paradis de Vienne, jeune aveugle qui vint donner à Paris des concerts où son talent de cantatrice et de musicienne fut hautement goûté. Elle notait, à l'aide d'épingles piquées sur de larges pelotes, les morceaux qu'elle se faisait dicter et qu'elle étudiait ensuite.

Le naturaliste suisse Huber, devenu aveugle à dix-sept ans, en poursuivit-il moins ses belles recherches sur les abeilles?

François Huber.

Ne vit-on pas, au commencement de ce siècle, le Français Bérard devenir professeur de mathématiques, puis principal au collège de Briançon?

Mais ces faits considérés comme de merveilleuses exceptions

paraissaient plus capables d'exciter la curiosité que d'éclairer la bienfaisance.

*
* *

Vers 1780, le propriétaire d'un café en plein vent de l'une des promenades publiques de Paris avait eu, pour attirer les chalands, l'idée d'installer dans son établissement un orchestre composé d'une dizaine d'aveugles. Afin de rendre l'attrait plus piquant, il avait placé ces étranges artistes, dont les yeux étaient ironiquement armés de lunettes, devant un gigantesque pupitre garni de cahiers de musique.

Cet orchestre faisait rage. Chacun des musiciens exécutait sa partie dans le concert charivarique, jouant de son instrument à sa guise, au hasard, de la façon la plus discordante, au grand amusement du public badaud et badin qui riait follement sans pitié et sans vergogne.

Cependant, au milieu de la foule légère que frappait seul le côté grotesque de cette lamentable scène, il se trouva un jour un assistant qui en fut attristé et navré. C'était un inconnu, un simple employé au ministère des affaires étrangères, Valentin Haüy, dont la bienfaisance devait illustrer le nom comme la science illustra celui de son frère aîné, René Haüy.

Les frères Haüy, nés à Saint-Just-en-Chaussée, — petit village de Picardie aujourd'hui compris dans le département de l'Oise — l'un en 1742, l'autre en 1745, étaient les fils d'un pauvre tisserand qui eut l'intelligence de mettre à profit le bon vouloir des moines Prémontrés du voisinage, lesquels se chargèrent de la première éducation des jeunes garçons. Tous deux avaient d'heureuses dispositions et leur mère réalisa des prodiges de dévouement et d'économie pour les amener à Paris, afin qu'ils pussent continuer leurs études. Ils s'en allèrent droit à la gloire par des chemins différents.

L'aîné, ardent et curieux, chercheur pénétrant et infatigable, devint un grand savant; le plus jeune, doux, naïf et rêveur, s'attacha de préférence à l'étude des langues et des lettres. Le premier découvrit les lois fondamentales d'une science nouvelle appelée cristallographie; le second inventa une méthode d'enseignement qui devait régénérer les Aveugles en les arrachant à la misère et à l'ignorance, aux ténèbres dans lesquelles ils vivaient. C'est lui, c'est Valentin Haüy, qui assistait attendri au triste spectacle qu'offrait ce concert d'aveugles. Il sentit tout à coup sourdre en lui la vocation qui devait se manifester si pleinement et, à partir de ce moment précis, il se consacra à la noble mission que, en dépit des plus grandes difficultés, il a si bien remplie.

Mais, de l'intention au fait, il y a loin. Il ne suffisait pas d'entrevoir le bienfait conçu, il fallait créer de toutes pièces un système d'éducation à l'usage des Aveugles.

Les précédents manquaient. On ne savait rien, ou presque rien, des méthodes qu'avaient employées des natures exceptionnelles parvenues à un certain degré d'instruction grâce seulement aux efforts de leur merveilleuse intelligence. D'ailleurs, eût-on connu les procédés particuliers à ces prodiges, aurait-on pu les appliquer à toutes les individualités ?

Valentin Haüy était du nombre de ces esprits généreux qui, à cette époque, se passionnaient en faveur des tentatives de l'Abbé de l'Épée. Il suivait avec ardeur les progrès des élèves de ce noble instituteur, admirant avec une joie émue les heureux résultats obtenus. Il pensa que, si l'Abbé de l'Épée faisait entendre et parler les sourds-muets, il pourrait bien, lui, Haüy, faire voir les Aveugles. Les sourds-muets entendent avec leurs yeux, pourquoi les Aveugles ne verraient-ils avec leurs doigts ? Admirable logique du cœur qui devait l'encourager et le conduire au succès dans sa charitable entreprise !

Il avait déjà, dans plus d'une occasion, constaté la finesse de tact des Aveugles. Un jour, entre autres, un mendiant aveugle à qui il venait de faire l'aumône le rappela :

« Hé ! monsieur ! vous avez cru me donner un sou tapé, et vous m'avez donné un petit écu. »

Haüy revint sur ses pas, examina l'écu et reconnut son erreur. La pièce était fruste et personne parmi les voyants n'aurait pu, par le toucher, en déterminer la nature.

Haüy et le mendiant aveugle.

« Comment vous êtes-vous aperçu de cela? demanda-t-il.

— En tâtant la pièce de monnaie.

— C'est bien, mon ami, gardez l'écu, » répondit Haüy qui s'éloigna songeur.

« L'Aveugle, se dit-il, ne connaît-il pas les objets par la diversité de leurs formes? Se méprend-il sur la valeur d'une pièce de monnaie? Pourquoi ne distinguerait-il pas un *ut* d'un *sol*, un *a* d'un *b*, si ces caractères étaient rendus palpables? »

La conclusion était toute naturelle : le toucher devait remplacer la vue dans toutes les circonstances, aussi bien pour la lecture que pour tous les autres *actes* qu'accomplit l'Aveugle en interrogeant la forme des objets.

Une fois que cette idée, qui nous paraît si simple aujourd'hui, fut entrée dans son esprit, elle s'en empara, s'y fixa, s'y développa et y mûrit. Il n'avait plus d'autre pensée, d'autre préoccupation.

Il s'enquit de tout ce qui avait été dit sur les Aveugles et fait par les Aveugles; il étudia leurs biographies et, après de longues méditations, après avoir examiné, contrôlé, coordonné tous les renseignements recueillis, il put se croire en possession d'un système, d'une théorie, qu'une longue pratique devait sanctionner. Il fallait du temps pour mettre un tel projet à exécution; il fallait de l'argent pour en tenter l'essai; il fallait trouver un *sujet* qui, par ses progrès, justifierait la théorie préconçue.

*
* *

Haüy avait remarqué, parmi les mendiants qui se tenaient aux portes des églises et qu'il avait plus d'une fois entretenus, un jeune Aveugle de dix-sept ans, d'une heureuse physionomie, qui lui parut intelligent et de bon vouloir. Il lui offrit de l'instruire.

Ce jeune garçon, du nom de Lesueur, vivait et faisait vivre sa famille du produit des aumônes qu'il recueillait chaque jour. Il ne pouvait donc consacrer à l'étude le temps que la charité des fidèles lui payait assez largement à la porte de Saint-Germain-des-Prés. Pour lever la difficulté, le professeur fut obligé de payer à son élève les leçons qu'il lui donnait.

Haüy n'eut qu'à se louer de sa double générosité. En six mois Lesueur lisait et comptait avec ses doigts, à l'aide de lettres et de chiffres en relief, aussi bien que les voyants avec leurs yeux. Il savait même un peu de géographie et de musique.

C'est alors que Haüy eut l'occasion de faire constater devant une commission d'académiciens les résultats qu'il avait obtenus et d'expliquer la méthode qu'il avait suivie. Le succès fut égal à l'étonnement. Des esprits généreux, des personnages influents, des ministres, encouragèrent Haüy et lui procurèrent les moyens d'étendre le bienfait de sa méthode.

En 1784, il instruisait simultanément plusieurs Aveugles en employant les procédés éprouvés dans l'éducation de Lesueur. Un an après, grâce au patronage de la *Société philanthropique* à la tête de laquelle se trouvaient l'illustre Bailly et Larochefoucauld-Liancourt, Haüy put ouvrir, dans la rue Coquillière, une école mixte où il reçut donze pensionnaires et plusieurs externes. C'est là que l'enseignement devint régulier et que la méthode se développa.

Le programme de cet enseignement exceptionnel s'étendait peu à peu, à mesure que se perfectionnaient les procédés. C'est dans ce modeste établissement de la rue Coquillière qu'il faut chercher l'origine de l'institution des Jeunes-Aveugles aujourd'hui si prospère.

On concevra facilement que tous les efforts d'Haüy se concentrèrent d'abord sur la lecture. Au début, il ne trouva rien de plus simple et de plus efficace que d'employer de gros caractères métalliques en relief, choisissant judicieusement les types de la bâtarde qui devaient le mieux être perçus au toucher. Ces caractères *directs* — c'est-à-dire qui ne sont pas à l'envers comme les caractères d'imprimerie ordinaire — étaient mis *en forme*, mais non livrés à l'impression. On ne pouvait donc multiplier les exemplaires de ces épaisses et lourdes pages. Un pur hasard, dont Haüy sut profiter, amena un perfectionnement important.

Lesueur, palpant un jour un imprimé dont les lettres accusaient fortement leur empreinte au verso de la feuille, put reconnaître sous ses doigts les lettres imprimées à l'envers.

« Je vois un *o*, s'écria-t-il, puis un *i*, puis un *s !* »

Haüy, très ému, se précipite vers Lesueur ; avec l'extrémité du manche d'un canif, il trace dans le papier d'autres lettres que le jeune homme reconnaît également.

Un nouveau procédé se révélait inopinément à l'esprit observateur d'Haüy. Il posa, sur les caractères directs mis en formes, une feuille de papier épais, résistant, pénétré d'humidité, recouvrit cette feuille de papier de plusieurs feutres épais et plaça le tout sous une presse. Les caractères accusèrent vigoureusement leur relief dans le papier et l'on eut ainsi des pages mobiles, légères, facilement maniables que l'on pouvait multiplier indéfiniment.

Ce mode d'impression en relief à l'usage des aveugles a reçu diverses modifications, mais l'invention première appartient tout entière et sans partage à Valentin Haüy.

Les efforts qu'il fit pour rendre l'écriture familière aux Aveugles ne sont pas moins louables, mais il ne réussit qu'imparfaitement. Les élèves, munis d'une feuille de papier encadrée comme une ardoise et d'une règle qui guidait leur main, écrivaient avec une grosse plume et une encre boueuse dans le but d'obtenir des lettres en saillie. Malheureusement le résultat ne répondait pas aux prévisions. Les caractères, ainsi obtenus, étaient informes, confus, enchevêtrés et le plus souvent illisibles. On fut obligé d'en revenir aux caractères mobiles que les Aveugles mettaient eux-mêmes en forme.

Tous les élèves n'étaient pas également aptes à l'étude, mais tous s'adonnaient avec ardeur aux travaux manuels ; ils faisaient du tricot, du filet et se montraient pleins d'adresse dans l'exercice de certains métiers tels que l'empaillage des chaises, la corderie, la sparterie, le cartonnage, la confection de la sangle et du lacet.

*
* *

L'école des Aveugles, transférée de la rue Coquillière à la rue Notre-Dame des Victoires, avait prospéré ; le public s'en préoccupait, de hauts fonctionnaires s'y intéressaient.

Le roi Louis XVI voulut être témoin du miracle qui rendait, pour ainsi parler, la vue aux Aveugles. Haüy conduisit donc ses vingt-quatre élèves à Versailles, en Décembre 1786. L'étonnement admiratif de Louis XVI et de la cour fit espérer à Haüy que le roi prendrait sous son patronage l'institution que lui, simple particulier, avait fondée et que la Société philanthropique avait seule soutenue jusque-là. Il n'en fut rien. Le roi hébergea pendant quinze jours les *Jeunes Aveugles travailleurs*, admira leur habileté dans divers travaux manuels, les félicita, les encouragea, et se borna à faire des vœux pour la prospérité de l'œuvre.

Ce fut l'Assemblée Nationale qui la plaça sous la protection de l'État en vertu d'une loi du 21 Juillet 1791. Une seconde loi, du 28 Septembre, créa des bourses dans l'institution et accorda une subvention au fondateur.

L'établissement des Jeunes-Aveugles fut réuni à celui des Sourds-Muets dans les bâtiments du couvent des Célestins près de l'Arsenal.

La subvention de 24 000 livres, allouée par l'Assemblée nationale, était payée en assignats frappés de discrédit et les pauvres Aveugles tombèrent bientôt dans le plus affreux dénûment. L'œuvre avait perdu la plus grande partie de ses protecteurs, les secours et les offrandes se faisaient de plus en plus rares. Les dangers, les misères, les malheurs de la patrie accaparèrent l'attention. En présence des calamités publiques, on songeait bien vraiment à réserver une part de sa pitié au malheur exceptionnel d'un petit nombre de déshérités !

Dans ces cruels moments, dans ces circonstances terribles Haüy se montra plus grand encore par le dévouement qu'il déploya pour faire vivre, ou plutôt pour empêcher de mourir de faim sa nombreuse famille d'adoption. A côté de l'imprimerie en relief qui fournissait les livres de l'Institution, il avait établi une imprimerie libre dans laquelle ses élèves étaient typographes! Cette imprimerie livrait au public des affiches, des placards, des brochures, dont les passions politiques du moment faisaient une grande consommation. L'école admettait, moyennant une modique rétribution, les enfants voyants du quartier qu'instruisaient des moniteurs aveugles. Enfin les jeunes aveugles musiciens formaient un orchestre qui allait, pour un faible salaire, jouer aux mariages de quelque importance ou figurer dans les solennités et les fêtes civiques célébrées en l'honneur des victoires de nos armées. On comprendra sans peine que les ressources extraordinaires créées par ces expédients étaient loin de suffire; les travaux manquaient souvent et l'exploitation de l'imprimerie finit par devenir onéreuse.

En 1794, les Aveugles furent séparés des sourds-muets et transférés dans l'ancien couvent des Filles-Sainte-Catherine, au coin de la rue des Lombards et de la rue Saint-Denis. Là, l'installation était assez bonne, mais les embarras financiers recommencèrent de plus belle, en dépit de tous les efforts déployés par Haüy.

Le Consulat crut remédier à cette déplorable situation en fusionnant l'institution des Jeunes-Aveugles et l'hospice des Quinze-Vingts. Cette mesure fâcheuse, que l'on cherchait à justifier par la raison d'économie, fut un coup douloureux pour Haüy dont elle ruinait la création en lui enlevant son caractère. Une œuvre d'éducation et de moralisation comme celle qu'il avait entreprise ne devait prospérer qu'à la condition de conserver la liberté et l'indépendance; elle ne devait atteindre le seul but qu'elle se proposait qu'en suivant sa propre voie.

Que pouvait désormais Haüy dont l'action et l'autorité étaient ainsi restreintes? Il refusa de sanctionner par sa coopération la mesure désastreuse qui faisait de nouveau *mourir ses chers enfants à la société*.

Pourtant, ne voulant pas renoncer à sa mission, il tenta un dernier effort : il établit, rue Sainte-Avoye, une institution privée sous le titre de *Musée des Aveugles*. Cet établissement ne prospéra point, non-seulement à cause du mauvais vouloir que rencontrait Haüy depuis qu'il avait quitté les Quinze-Vingts, mais parce que les Aveugles, moins nombreux parmi les riches que parmi les pauvres, ne pouvaient fournir assez d'élèves payants pour couvrir les frais de la nouvelle école.

C'est alors que, découragé, libre de toute obligation, destitué de ses fonctions et de son dévouement, Haüy accepta l'offre du gouvernement russe qui l'invitait à venir fonder à Saint-Pétersbourg une Institution semblable à celle qu'il avait créée à Paris.

En passant à Berlin, il fut appelé à la cour pour y exposer son système et tracer les plans d'un établissement qui est devenu prospère. Celui qu'il fonda à Saint-Pétersbourg ne tarda pas, sous sa direction active et intelligente, à réaliser tout le bien qu'on en pouvait attendre. Pendant les onze années qu'il travailla à la prospérité de sa nouvelle création, que de fois le pauvre Valentin Haüy tourna ses regards vers la France! que de fois sa pensée courut vers cette Institution dont il avait été le fondateur! que de fois son cœur alla retrouver ces jeunes Aveugles dont il était le père! Le succès même qu'il obtenait à l'étranger lui rendait plus douloureux le regret de ne pouvoir consacrer son dévouement aux malheureux de son pays.

*
* *

En 1817, sentant ses forces s'amoindrir, menacé par des infirmités dues à l'âge, il voulut revoir la France et prit congé de l'empereur Alexandre Ier, qui le décora de l'ordre de Saint-Vladimir en lui témoignant, avec sa reconnaissance, le regret qu'il ressentait de son départ.

Haüy, revenu de son exil volontaire, se retrouva avec une joyeuse émotion entouré de ses vieux amis, de ses anciens élèves qui lui avaient voué un culte de reconnaissance affectueuse

Pendant son absence, l'Institution des Jeunes-Aveugles avait été de nouveau transformée. L'épreuve inspirée par l'économie n'ayant pas été jugée favorable, le gouvernement, tardivement éclairé, se ravisa; ne pouvant remédier aux conséquences des fautes du passé, il essaya de préparer un avenir meilleur en revenant au plan conçu par Haüy. En 1815, l'Institution, séparée de l'hospice, avait été établie rue Saint-Victor, dans les bâtiments de l'ancien séminaire Saint-Firmin. Le local était humide, mal aéré, mais là, au moins, les enfants, soustraits au pernicieux contact des mendiants, se retrouvaient chez eux et en possession des moyens d'éducation qui leur manquaient depuis si longtemps.

Valentin Haüy sollicita la faveur d'être nommé instituteur honoraire des Jeunes-Aveugles. Cette juste satisfaction lui fut refusée par le gouvernement de Louis XVIII.

« Hélas! écrivait-il à un sien ami avec une humble amertume, je sais ce qu'on dit de moi : C'est un vieil imbécile qui n'est plus bon à rien! »

Peu de temps avant sa mort, Haüy eut la consolation d'entrevoir l'ère nouvelle de prospérité qui s'ouvrait pour l'œuvre qu'il avait créée. Le 22 Août 1821, il fut convié à présider une solennité donnée en son honneur dans les locaux de l'Institution. C'était la plus belle et la plus heureuse fête à laquelle il pût assister. Il se revit au milieu de sa grande famille. Ses anciens élèves, devenus des hommes, sollicitaient le bonheur de lui serrer la main; les nouveaux, à qui ils avaient transmis la tradition de leur admiration et de leur reconnaissance, acclamaient leur bienfaiteur et leur père. L'enthousiasme avait gagné tous les Aveugles qui lui devaient d'avoir été miraculeusement rendus à la société. Entouré de ces infortunés qui manifestaient bruyamment leur tendresse, le bon vieillard se sentit profondément ému; mais, quand il les entendit chanter les cantiques qu'il avait enseignés trente ans auparavant à ses premiers enfants, il ne fut plus maître de son attendrissement, il fondit en larmes; il pleurait en souriant.

Valentin Haüy mourut sept mois après, le 18 Mars 1822, à l'âge de soixante-dix-sept ans.

Ses obsèques, célébrées à l'église Saint-Médard, présentaient un touchant et singulier spectacle. Au milieu de l'assistance nombreuse des admirateurs de cet homme de bien, une foule d'Aveugles se tenaient dans un recueillement que rendait encore plus profond la nuit dans laquelle leur vie est à jamais plongée. C'étaient les anciens et les nouveaux élèves de l'Institution qui rendaient les derniers honneurs à leur père... ne pourrait-on pas dire à leur rédempteur ?

L'œuvre de Haüy ne périt pas avec lui ; elle était née viable, des cœurs généreux la rendirent féconde.

*
* *

En 1842, les Jeunes-Aveugles prirent possession d'un splendide local construit spécialement à leur usage, sur le boulevard des Invalides. Cette fois l'État avait fait grandement les choses. Deux immenses corps de logis, l'un réservé aux garçons, l'autre aux filles, sont reliés par le bâtiment de l'administration. Le fronton de l'édifice représente Valentin Haüy inspiré par la Charité et enseignant les Aveugles. Dans la cour d'honneur, s'élève la statue du fondateur de l'Institution, la main posée sur la tête de Lesueur, son premier élève, qui épelle le nom de son bienfaiteur.

L'air, le soleil et la lumière circulent à flots dans cette demeure de la cécité ; on éprouve en y entrant une impression de bien-être et de confort que l'on ne ressent point chez les Sourds-Muets, moins bien logés.

Pourquoi, dira-t-on, tant de lumière et de soleil pour des Aveugles ? Voilà bien du luxe en pure perte !

Et d'abord, si les Aveugles sont insensibles à la coloration des objets et au phénomène de la vision, la plupart d'entre eux sont heureusement impressionnés par la lumière. Ils la *sentent*, comme ils disent ; ils distinguent parfaitement le jour de la nuit ; ils sont plus aises dans la lumière que dans l'ombre ; certains même s'aperçoivent du passage d'un nuage sur le soleil. On en a vu, dont les yeux étaient absolument vides, se tourner avec plaisir du côté du soleil *pour le regarder en face*.

Ils sont très impressionnables aux sensations de chaleur, de sécheresse, de froid ou d'humidité produites par la présence ou l'absence des rayons lumineux. Et puis, la lumière n'est-elle pas nécessaire même à la vie végétative ? Est-ce que les plantes, qui sont aveugles aussi, ne se tournent pas toujours du côté du soleil ? Ne s'atrophient-elles pas à l'ombre ? Il est donc juste et bon de donner des bains d'air et de lumière aux infortunés frappés de cécité ; c'est une des conditions de leur épanouissement physique et moral.

Les jeunes gens prennent leurs récréations dans de beaux préaux sablés et plantés d'arbres. Ne vous imaginez pas qu'ils restent mélancoliquement immobiles. Non, ils sont aussi remuants, aussi bruyants, aussi tapageurs, aussi batailleurs que tous les écoliers du monde. Ceux qui se tiennent isolés sont des *nouveaux* qui ne connaissent pas encore les êtres.

Quel spectacle surprenant de voir ces enfants aveugles courir à travers ce dédale d'arbres et de bancs sans se heurter ni se bousculer, circuler par les escaliers ou les corridors pendant les mouvements nécessités par les changements d'études !

Tout ce jeune monde rit, bavarde avec animation, se donnant par-ci par-là des taloches : car le tapage c'est sa lumière à lui.

Quand l'Aveugle trouve un guide sûr, il l'utilise immédiatement ; on en trouve la preuve en considérant les marches des escaliers de l'établissement qui, intactes au milieu, sont usées aux extrémités, où la muraille et la rampe offrent un rempart et un appui. Quand le guide matériel lui manque, l'Aveugle y supplée par la puissance de son attention. Nous avons vu une fillette de l'Institution venir de loin, toute seule, du fond d'un grand corridor, entrer, sans se froisser au chambranle de la porte, dans une vaste salle carrée dont le milieu est occupé par une table. Au moment où nous allions lui crier : gare ! elle se dérangea pour tourner l'obstacle dont elle se rappelait la présence !

Après des fortunes diverses, il serait plus juste de dire après diverses infortunes, l'Institution est depuis de longues années en pleine vitalité.

Les Aveugles, admis dès l'âge de neuf ans et licenciés à vingt et un ans, doivent, réglementairement, passer huit années dans la Maison pour suivre les différents cours de l'enseignement intellectuel, musical et professionnel que comprend le programme.

La lecture et l'écriture y sont enseignées par des procédés très simples inventés par un ancien élève aveugle, Louis Braille, dont le buste est placé dans le vestibule d'honneur.

« Par la combinaison de points alignés horizontalement et verticalement, dit M. Maxime du Camp, Louis Braille parvint à trouver l'équivalent des lettres de l'alphabet, des chiffres simples, des figures de la ponctuation et des notes de musique. Les combinaisons sont rationnelles : il n'y a, en réalité, que dix signes ; mais, si à chacun de ces signes on ajoute un point placé à gauche, on crée dix signes nouveaux ; un point, mis à droite, donne encore dix formes nouvelles. On voit par là jusqu'où l'on pourrait étendre cette méthode qui suffit à tous les besoins et n'est pas compliquée, car la lettre la plus chargée se compose de trois points en hauteur et de deux points en largeur. Mais, pour guider la main, pour éviter que les points ne fussent tracés les uns sur les autres et ne devinssent illisibles au toucher, il fallait un appareil tout à fait spécial. Louis Braille l'inventa, et créa du premier coup un chef-d'œuvre de simplicité pratique. Qu'on se figure une planchette en zinc, réglée de lignes creuses et munie d'un cadre de bois plat ; sur le cadre, on adapte une grille en cuivre percée dans le sens de la longueur de deux bandes, de vingt-six trous rectangulaires, disposés les uns au-dessus des autres. Cette règle grillée représente la hauteur de deux lignes d'écriture ; elle est mobile sur le cadre, auquel elle n'adhère que par une saillie du métal pénétrant dans une entaille du bois. Entre la planchette de zinc et la grille, on place une feuille de papier épais et très résistant. A l'aide d'un poinçon émoussé, on fait dans chacun des trous le nombre de points nécessaires pour écrire les mots ou pour figurer les sons ; lorsque deux lignes sont écrites, on détache la grille, on la fait glisser sur le cadre, on la fixe dans l'entaille inférieure, et ainsi jusqu'au bas de la page. Par ce moyen, l'écriture, — le poinçonnage — est toujours d'une irréprochable régularité, les lignes sont forcément droites, et les lettres, ne pouvant être tracées que par l'ouverture même de la grille, n'empiètent jamais sur les voisines. De cette façon, les aveugles écrivent en creux, et c'est en touchant le relief qu'ils peuvent lire. Ils écrivent de droite à gauche, retirent la feuille de papier, la retournent, promènent leurs doigts de gauche à droite, et, par conséquent, n'ont plus à tâter que des lignes saillantes.

L'espace qui sépare les points, les lettres, les mots, est réglé par la disposition même des ouvertures de la grille mobile. Cette *écriture nocturne* — c'est ainsi qu'on la nomme — est donc très nette, très commode à tracer, très lisible, lorsqu'on a appris à la pointer, ce qui n'est ni long ni difficile, car la plupart des parents qui ont des enfants aux Jeunes-Aveugles se mettent très vite en correspondance avec eux par ce moyen. »

Pour notre part, nous avons été émerveillée de la rapidité avec laquelle les élèves lisent en promenant leurs doigts intelligents sur les textes pointés, ainsi que de la dextérité avec laquelle ils écrivent des rédactions d'histoire et des narrations où ils se complaisent, dit-on, à des descriptions de paysages imaginaires.

Nous ne pouvons entrer ici dans tous les détails que comporte un enseignement si délicat et si compliqué ; nous nous contenterons de vous dire : Allez-y et voyez de vos propres yeux.

Allez voir les jeunes filles faire du crochet, du filet ou du tricot en se servant de laines mélangées dont elles reconnaissent les nuances au toucher !

Allez voir les empailleurs de chaises, les fabricants de brosses et de sparterie, les potiers, les tisserands, les vanniers, les cordonniers, les tourneurs en bois et en métaux, les boisseliers, les ébénistes, les menuisiers qui manient leurs dangereux outils avec une habileté rare, dégrossissent le bois à grands coups de serpe et jamais ne blessent leurs précieux doigts, leurs véritables yeux !

Allez entendre tous ces musiciens grands et petits ; demandez-leur de vous jouer un morceau de violon, d'orgue ou de piano, ils seront heureux de vous faire plaisir et vous serez ravis de la justesse de leur jeu et du sentiment de leur expression !

Si vous ne pouvez pénétrer dans le sanctuaire, cherchez à assister à l'une de ces séances intéressantes où l'administration convie un public de bonne volonté. Vous en rapporterez peut-être une impression de mélancolie, mais aussi un sentiment d'admiration. En tout cas, vous en reviendrez meilleurs et plus contents de votre sort.

*
* *

A côté des noms de Valentin Haüy et de Louis Braille, il faut encore inscrire celui de M. Dufau, premier directeur de l'Institution, à qui nous avons emprunté la plus grande partie de nos renseignements.

De 1815 à 1855, ce philanthrope ne cessa de se préoccuper des moyens d'améliorer la condition des Aveugles et de perfectionner les méthodes et les procédés de l'enseignement qu'ils doivent recevoir. Il se tint au courant de toutes les tentatives, encouragea tous les efforts, déploya un zèle infatigable pour faire des Aveugles, et surtout des Aveugles pauvres, des membres utiles à la société.

Non content de leur créer des ressources en mettant un métier entre leurs mains, il fonda une *Société de patronage et de secours* qui, outre d'autres avantages, assurait le débouché des produits qu'ils fabriquaient.

L'œuvre de M. Dufau garda toujours le caractère moralisateur sans jamais perdre de vue le côté matériel et pratique. C'est avec justice que l'on peut décerner à cet homme de bien le titre de continuateur d'Haüy.

PESTALOZZI

Personne n'ignore le nom du philanthrope enthousiaste qui se voua à la noble mission de régénérer les peuples par l'instruction élémentaire. Mais peu de gens se forment une idée juste des mobiles qui animaient cet homme dont le cœur primait encore l'intelligence et l'imagination, dont le grand et pur caractère offrait les plus frappants contrastes. On trouve toujours chez lui la force unie à la douceur, le sublime mêlé au naïf. Il laisse voir autant de génie que de maladresse, autant de vertus que d'excentricités.

Aussi que de mécomptes, que de déboires, que de défaillances eut à essuyer cet apôtre de la charité ! L'histoire de sa vie, prodiguée au service des humbles, au soulagement des pauvres, au relèvement des misérables que l'ignorance plongeait en même temps dans la dégradation physique et morale, est une des plus édifiantes que l'on puisse étudier.

Henri Pestalozzi, fils de Jean-Baptiste Pestalozzi, chirurgien, naquit à Zurich, le 12 Janvier 1746. Sa famille, d'origine italienne, s'était réfugiée en Suisse au seizième siècle, après avoir embrassé le culte réformé.

Jean-Baptiste Pestalozzi mourut fort jeune, laissant une

veuve sans fortune et trois enfants dont l'aîné, Henri, n'avait pas six ans. Se sentant sur le point de mourir, il fit appeler près de son lit une jeune servante entrée depuis peu au service de la maison et dont il avait pu apprécier la piété sincère, les vertus solides, aussi bien que les qualités économiques.

« Babéli, lui dit-il d'un ton suppliant, pour l'amour de Dieu et de toutes ses compassions, n'abandonne point ma femme. Que deviendrait-elle après ma mort ? Quant à mes petits enfants, ils tomberaient entre des mains étrangères et leur sort serait dur !

« Monsieur le docteur, répondit la bonne fille en sanglotant, si vous mourez, je n'abandonnerai point votre femme. Je resterai avec elle jusqu'à la mort pour peu qu'elle ait besoin de moi. »

Babéli tint parole. Elle trouva, dans la noblesse de ses sentiments et la naïveté de son cœur, des consolations pour la pauvre veuve ; elle l'aida, avec un tact parfait et un courage soutenu, dans l'œuvre délicate de l'éducation des enfants ; elle sut, par son économie rigoureuse, son dévouement infatigable, faire face à toutes les nécessités avec les maigres ressources du budget de la famille.

« Quand nous autres enfants voulions aller courir dehors, où nous n'avions rien à faire, raconte Pestalozzi, Babéli nous retenait en disant :

« Pourquoi voulez-vous gâter inutilement vos habits et vos souliers ? Voyez comme votre mère se prive de tout pour vous élever, comme elle passe des mois sans sortir de la maison, comme elle épargne chaque kreutzer parce qu'elle en a besoin pour votre éducation ! »

« Mais, d'elle-même, de ce qu'elle faisait pour nous, de son sacrifice continuel, la noble fille ne soufflait jamais mot.

« La sévère économie de notre ménage ne compromettait point l'honorabilité de la famille. On mettait dans les aumônes, les pourboires, les étrennes, une largesse qui était hors de proportion avec nos dépenses personnelles.

« Mon frère, ma sœur et moi, nous avions de beaux habits du dimanche, mais nous les portions le moins longtemps possible; à peine rentrés du service, nous les quittions pour les faire durer davantage.

« Quand ma mère attendait une visite, notre unique chambre était arrangée avec tout l'art imaginable et se transformait en salon de réception. »

Voilà à quelle école d'économie, d'amour et de renoncement fut élevé un jeune garçon qui ne vivait que par le cœur et par l'imagination.

Bien que dirigée avec une grande fermeté et un remarquable esprit de suite, cette éducation, tout excellente qu'elle fût, n'obtint pas le succès qu'on aurait pu en attendre. Malgré leur sollicitude, les deux femmes ne réussirent pas à équilibrer une nature toute d'élan. L'homme resta, comme l'enfant, insouciant des petites choses, indifférent aux détails de la vie pratique.

Henri, né malingre et chétif, se développait mal dans l'étroite demeure où le mouvement et les exercices lui étaient interdits. Toujours confiné dans ce milieu, il resta timide, maladroit, y contracta une sensibilité maladive. Il était impressionnable à l'excès pour tout ce qui touche aux questions de sentiment, et son imagination se développait aux dépens de son pauvre petit corps dont il n'avait pas le moindre souci.

A dix ans, c'était déjà un rêvasseur qui faisait fi du bien-être matériel. Il ne put jamais s'astreindre aux soins de la toilette. Élevé par deux femmes minutieuses, deux ménagères attentives dont les soins s'étendaient à tout, il était néanmoins, plus que tout autre, négligé dans sa personne et dans sa mise : il boutonnait ses habits de travers, oubliait de relever ses bas, d'attacher ses jarretières; il marchait sur les cordons de ses souliers, mâchonnait constamment les bouts de sa cravate, habitude singulière qu'il garda toute sa vie.

Lorsque sa mère, affligée de son désordre et de sa négligence, tentait de lui adresser des reproches, il se jetait à son cou, l'embrassait avec une tendresse si passionnée, que la pauvre femme ne songeait plus qu'à lui rendre ses caresses. Henri n'agissait pas ainsi pour se soustraire aux réprimandes, mais pour consoler sa mère par ses témoignages affectueux, puisqu'il se sentait impuissant à se corriger.

On l'envoya enfin à l'école.

En dépit de sa mémoire et de son intelligence il ne fut pas un élève brillant. Ses distractions continuelles lui faisaient faire d'étranges réponses qui mettaient les écoliers en liesse. Le maître même avait une triste opinion de lui ; il pronostiquait, dans sa haute sagesse, qu'on ne ferait jamais rien de bon d'un garçon qui ne savait pas seulement tenir sa plume d'une façon convenable !

D'une maladresse incroyable à tous les jeux, Henri était le plastron de ses camarades, qui lui avaient donné le surnom de *Merveille des fous*.

N'ayant aucun amour-propre, il ne s'affligeait pas autrement de toutes ces petites misères et se contentait d'être aimé pour son bon cœur et son obligeance inépuisable. S'il y avait quelque corvée, quelque commission désagréable à faire, elle était pour lui.

« Dès mon enfance, raconte-t-il, j'ai toujours été le jouet de tout le monde. Mon éducation, qui donnait un aliment à tous les rêves de mon imagination, me laissait incapable de faire ce que chacun fait et de jouir de ce qui fait le plaisir de chacun. De tout petits enfants m'envoyaient déjà où ils ne se souciaient point d'aller et j'y allais : je faisais tout ce qu'ils voulaient.

« Le jour du grand tremblement de terre de Zurich — 19 Décembre 1755 — lorsque maîtres et élèves se précipitèrent les uns sur les autres pour descendre les escaliers et que personne ne voulait se risquer à remonter dans la classe, c'est moi qui fus y chercher les casquettes et les livres de tous.

« Malgré toute ma bienveillance, il n'y avait point d'intimité entre les camarades et moi. Je n'avais rien de leur habileté et je ne puis trouver mauvais le surnom qu'ils m'avaient donné.

« J'allais frapper de la tête contre les murs et faisais cent maladresses, mais je ne m'en affligeais pas. Je me croyais propre à beaucoup de choses dont j'étais incapable et ne jugeais le monde entier que d'après la chambre de ma mère et ma salle d'école. La vie ordinaire des hommes m'était presque aussi étrangère que si j'eusse vécu dans un autre monde. »

Le plus heureux temps de l'enfant était le moment des vacances qu'il allait passer chez son grand-père, André Pestalozzi, pasteur au joli village de Hongg, situé sur les rives charmantes de la Limmat. Là, Henri s'en donnait à cœur joie; il dépensait l'activité épargnée pendant dix longs mois; il pouvait courir à travers champs avec les petits paysans qui l'adoraient; il pouvait se heurter étourdiment à tous les obstacles, tomber en courant, faire les culbutes les plus maladroites, sans exciter les moqueries de personne; il pouvait s'apitoyer sur les infortunes d'un ver de terre coupé en deux sans faire rire à ses dépens.

Son grand-père l'emmenait dans ses tournées pastorales, où il apprenait à connaître les misères humaines et à soulager les souffrances. Il soignait les malades, visitait les pauvres, consolait les affligés et, n'ayant pas autre chose à offrir, il donnait son goûter aux petits malheureux qu'il rencontrait.

Cette vie de charité active lui parut la plus enviable; il résolut de se faire pasteur et demanda à étudier la théologie.

*
* *

A quinze ans, Pestalozzi entra à l'Académie de Zurich où des professeurs éminents enseignaient la théologie, la médecine, le droit, la littérature ancienne et la littérature moderne, la philosophie de l'histoire et la sagesse de la vie. L'adolescent trouva dans ces études élevées un aliment propre à sa nature laborieuse; il fut étudiant aussi remarquable qu'il avait été médiocre écolier. Il fit de rapides progrès dans l'étude des langues et des mathématiques, mais ses premières tentatives d'éloquence sacrée ne furent pas heureuses. Il lui arrivait à chaque instant de rester court au milieu d'un sermon, excitant ainsi l'hilarité plutôt que l'édification de l'assistance composée d'étudiants comme lui.

Contraint de renoncer à la carrière pastorale, il tourna ses vues vers la jurisprudence.

Ce jeune homme de dix-sept ans songeait à revendiquer les droits des habitants des campagnes, tenus pour vils à cette époque. Il espérait devenir l'avocat, le défenseur du paysan. Malheureusement, il n'eut pas plus de succès dans la nouvelle carrière qu'il voulait embrasser que dans celle qu'il avait abandonnée.

Il s'était lié avec des étudiants qui formèrent la *Société helvétique*. Cette société, qui, d'après ses statuts, ne devait s'occuper que de pédagogie, d'histoire et de morale, se laissa entraîner par les événements. Elle manifesta quelques tendances politiques. Non-seulement accusée de libéralisme, mais de conjuration, elle fut dissoute. Pestalozzi resta assez gravement compromis. Ce jeune et sage patriote fut moins affligé des rigueurs injustes qu'il dut subir, que de la lâcheté de ceux-là mêmes dont il avait servi les intérêts de bonne foi et qui le mettaient en suspicion en le signalant comme un révolutionnaire dangereux. Découragé, il brûla les manuscrits destinés au *Mémorial*, journal de la Société helvétique, renonça à la politique et du même coup à la jurisprudence.

Les médecins lui ayant ordonné d'aller vivre quelque temps à la campagne pour y rétablir sa santé compromise par des études excessives, il en profita pour faire son noviciat d'agriculteur : ce qu'il fit avec l'enthousiasme et l'acharnement qui lui étaient habituels, étudiant les hommes et les choses du métier, mettant la main à tout pour tout connaître par lui-même.

C'est alors qu'il reprit son projet de réhabiliter les habitants des campagnes, de les tirer de l'ignorance, cause principale de leurs malheurs et de leurs misères. Pour les instruire plus utilement, il commença par leur enseigner la pratique raisonnée de la culture.

A vingt-deux ans, avec l'aide d'une des premières maisons de Zurich, il entreprit la culture de la garance et le jardinage sur une grande échelle. A cet effet il acheta, à bas prix, un lot considérable de terrains en friche qui n'avaient jamais pu être utilisés que comme pâturages. Des capitalistes s'intéressèrent à son projet et lui fournirent les fonds nécessaires.

Pestalozzi, confiant dans l'avenir, épousa alors la fille de riches commerçants de Zurich à laquelle il était fiancé depuis près de deux ans. Anna Schultess était son aînée de sept ans. Fort bien de sa personne, elle ajoutait aux charmes de la femme aimable un grand cœur, un esprit élevé, une intelligence cultivée. Elle aimait les arts, était bonne musicienne et, sans prétention, tournait de fort jolis vers.

Il s'en fallait de beaucoup que son mari se montrât aussi séduisant !

« Figurez-vous, dit un de ses biographes, un homme de taille moyenne, ne paraissant jamais vêtu avec plus de négligence que quand on lui fait revêtir un habit de représentation ! Son visage, fortement gravé de petite vérole et plein de taches de rousseur, n'offre pas un seul trait régulier. »

Voilà pour le physique. Quant au moral, Pestalozzi se charge de le décrire lui-même dans une lettre à sa fiancée. Il ne cherche guère à se flatter.

« Je n'insisterai pas, écrit-il, sur ce qu'il y a de désagréable dans mon extérieur et d'incorrect dans mes manières ; chacun sait tout ce qui me manque sous ces divers rapports. J'ai d'autres défauts, et en particulier l'imprudence, l'imprévoyance, le manque de présence d'esprit dans les moments difficiles. Je pressens que des épreuves sérieuses et pénibles m'attendent. Des événements imprévus pourraient me ravir ma joie et mon repos ; les maux de ma patrie et ceux de mes amis me touchent d'aussi près que les miens propres et, pour sauver la patrie, je pourrais oublier femme et enfants.

« Maintenant que vous connaissez mes mauvais côtés, je vous avoue que je vous aime de tout mon cœur. Après mûres réflexions, j'ai acquis la certitude que vous feriez mon bonheur si vous pouviez trouver le vôtre en moi. »

Anna Schultess lui répondit :

« Vous pourriez peut-être vous trouver peu avantagé par la nature si elle ne vous avait donné de grands yeux noirs qui montrent toute la bonté de votre cœur et l'étendue de votre esprit. »

Les parents d'Anna essayèrent d'abord de la détourner de cette union. Ils alléguaient que le jeune homme était d'un caractère enthousiaste, d'un esprit aventureux, très facile aux illusions et aux utopies économiques, qu'il était dépourvu de sens pratique, que beaucoup de gens le trouvaient laid et ridicule.

« Tout cela m'importe peu, répondait Anna avec douceur, je vois plus haut que des dehors trompeurs. Henri Pestalozzi a, pour titres à mon admiration, la noblesse de ses sentiments et l'élévation de son âme; la mienne en est pénétrée. »

Son père et sa mère cédèrent enfin et le mariage fut célébré, le 30 Septembre 1769. Pestalozzi n'était âgé que de vingt-trois ans, sa femme en avait trente. Il emmena dans sa propriété de Neuhof (c'est-à-dire la nouvelle ferme) l'épouse qui devait être la compagne dévouée des mauvais jours, l'ange gardien de son bonheur.

Le nouvel agriculteur dut se faire construire une habitation au centre de l'exploitation qui exigeait sa constante surveillance. Cette construction absorba, bien contre son gré, une partie des ressources destinées à la mise en valeur du domaine. Faut-il s'en étonner? De plus avisés que ce naïf honnête homme ne se laissent-ils pas séduire par les devis trompeurs que d'habiles exploiteurs savent si bien dresser comme des pièges?

L'entreprise agricole ne réussit pas : les terrains se trouvèrent impropres à la culture de la garance, qui réclame un sol riche. La bourse du gérant, ouverte à tous les quémandeurs, à toutes les infortunes, ne tarda pas à se vider, ce qui n'empêchait pas notre rêveur d'attendre la fortune avec confiance, avec sérénité, non pour lui, grand Dieu! mais pour les gens qu'il employait.

Hélas! le travail n'enrichit pas par lui-même. Il n'enrichit que les habiles qui savent équilibrer un budget en chargeant plus le plateau des recettes que celui des dépenses, et notre bon Pestalozzi n'entendait rien en trafic. Tenir une comptabilité! Balancer le doit et l'avoir! Était-ce chose possible? Il lui était bien plus facile de travailler comme un mercenaire, de mépriser le bien-être, de coucher sur la dure, de donner à tous l'exemple de l'activité, de la simplicité, de la sobriété, de marcher à la recherche de la vérité et à la conquête de la justice !

Aussi, Lavater qui connaissait bien son Pestalozzi, disait-il un jour à sa femme :

« Si j'étais prince, je consulterais votre mari pour tout ce qui concerne le relèvement et le bonheur du peuple, mais je ne lui confierais pas un denier à administrer. »

L'entreprise du Neuhof périclita donc entre des mains probes mais inhabiles. Les déficits s'accentuèrent, les dettes s'accrurent. Les associés se tirèrent d'affaire comme ils purent, en faisant quelques sacrifices, et Pestalozzi fut ruiné.

*
* *

Le pauvre homme, navré de son insuccès, ne se laissa point abattre par ce revers de fortune. Un fils lui était né, il reprit courage.

« Puisque je ne puis moraliser le peuple par l'agriculture, se dit-il, je le régénérerai par l'instruction. J'ai trouvé ma vocation, je veux être maître d'école. »

Et le voilà, publiant partout qu'il ouvre, dans sa maison du Neuhof, un asile gratuit à tous les enfants pauvres du pays. Sa résignation dans la misère fut taxée d'indifférence coupable par ceux dont il avait compromis les intérêts, et la bienfaisance qu'il méditait fut jugée par tous un acte d'insigne folie.

C'est pourtant grâce à cette résolution que la légion des bienfaiteurs de l'humanité peut compter un héros de plus.

Pestalozzi allait lui-même recruter des enfants indigents dans les plus misérables hameaux et raccoler des petits vagabonds sur les grands chemins. Il ramenait triomphalement des mendiants et des vauriens couverts de haillons et de vermine comme un bon pasteur qui a retrouvé ses plus chères brebis égarées. Il les traitait avec une bonté toute paternelle : les nettoyait, les vêtait proprement, les réconfortait; les moralisait, les instruisait, leur apprenait à gagner leur vie.

Les garçons étaient employés aux travaux des champs, les filles aux soins du ménage et à la couture. En dehors des heures d'école et des occupations qui leur étaient attribuées, tous apprenaient à filer et à tisser du coton.

Les premiers arrivants servirent d'appeaux et attirèrent d'autres apprentis, si bien que l'établissement compta en peu de temps quatre-vingts élèves.

Pendant cinq années, le petit Jacques Pestalozzi n'eut pas d'autres camarades que les jeunes vagabonds et mendiants dont son père entreprenait la régénération. L'œuvre charitable de Pestalozzi eut d'abord un grand retentissement parmi les amis de l'humanité et les dons d'argent affluèrent. Malheureusement, la direction de celui qui devait avoir la haute main manquait de fermeté et de sens pratique; le désordre ne tarda pas à s'introduire dans l'établissement.

Mme Pestalozzi, succombant sous le poids des charges dont son dévouement l'accablait, tomba malade; elle dut abandonner le soin de l'éducation des filles et la surveillance de la maison. La discipline, qui n'avait jamais été ni bien rigoureuse ni bien entendue, se relâcha tout à fait.

Les enfants, habitués à vagabonder, à vivre à leur guise, se lassèrent de la vie laborieuse dans laquelle ils n'étaient plus retenus par les mêmes liens ni les mêmes attraits; ils désertaient dès qu'ils étaient vêtus et repus. Le travail de ceux qui restaient ne suffisait pas à payer leur entretien.

Les parents, dégradés, démoralisés par la plus affreuse misère, se faisaient les complices de leurs enfants; ils les excitaient à l'indiscipline, à la révolte, les aidaient à tromper la surveillance de leur bienfaiteur qu'ils abreuvaient d'outrages.

Pestalozzi n'était qu'un humble apôtre de la charité, il manquait de prestige. La déconsidération arriva, les dons cessèrent. Après une lutte héroïque contre l'impossible, il fallut céder à l'inévitable, fermer l'établissement et affermer le domaine.

Pestalozzi ne possédait plus un kreutzer, il tombait dans la plus profonde misère avec un fils en bas âge, une femme malade, n'ayant plus lui-même ni force ni santé. Ce fut à qui lui jetterait la pierre : on le traitait de fanatique et de fou ; on haussait les épaules en le regardant passer, on se détournait de lui quand on le rencontrait.

Pensa-t-il alors à se plaindre de l'injustice du sort, de l'ingratitude des hommes? Non, il n'accusa que lui seul.

« Dieu m'a bien fait voir, disait-il, qu'il ne prend point plaisir aux sacrifices qu'on lui fait avec des fruits mal mûrs et que l'homme doit attendre, pour agir, que l'heure soit arrivée. Je lui rends grâces, en l'adorant, de m'avoir appris que, sans sagesse, il n'y a point de bénédiction, et sans expérience, point de sagesse sur la terre. »

Plus tard, lorsqu'on le plaignait de ses premières épreuves, il répondait encore :

« Je le dis aujourd'hui avec une vive reconnaissance envers Dieu: c'est par ma propre misère que j'ai appris à connaître la misère du peuple et ses causes comme aucun heureux ne les connaît. Je souffrais de ce que le peuple souffrait, et le peuple se montra à moi comme il ne se montra à personne. Eh bien! je ne fus jamais plus profondément convaincu des vérités fondamentales sur lesquelles j'appuyais mon entreprise que lorsque je la vis crouler autour de moi. »

Une foi si robuste devait encore lutter contre bien des obstacles avant de les renverser.

*
* *

La malheureuse tentative du Neuhof ne fut pas perdue : elle initia Pestalozzi à l'art, à la science de l'éducation. Il avait acquis à ses dépens une expérience sans laquelle il eût en vain agité, fouillé les questions dont la solution lui permit de créer la méthode qui devait l'immortaliser.

Iselin de Bâle, l'historien philanthrope qu'on a justement surnommé *le bon Iselin*, le consola de son échec et l'engagea à défendre par des livres les idées qu'il ne pouvait mettre en pratique.

La modestie de Pestalozzi s'effaroucha de ce conseil.

« Moi! devenir auteur! s'écriait-il. Comment donc pourrais-je écrire dans le goût du jour? Je ne sais pas seulement coucher une phrase sur le papier sans y faire des fautes! »

Il se laissa pourtant persuader, plutôt par complaisance que par conviction.

« Il fallait faire quelque chose, racontait-il plus tard; je me mis donc à écrire, pour donner du pain à ma femme et à mon enfant; absolument comme j'aurais fait des perruques! »

Aurait-il aussi bien réussi à faire des perruques?

Son premier livre, intitulé *Léonard et Gertrude*, est un roman humanitaire. Il trace un tableau simple, émouvant des malheurs du peuple et propose les moyens d'y remédier non-seulement par la charité, mais surtout par l'instruction qui atteint les misères intellectuelles et morales. Cet ouvrage forme quatre volumes qui parurent successivement en 1781, 1783, 1785 et 1787; il eut un immense succès et tira momentanément son auteur de la pauvreté.

Après cette publication et celle de son *Traité sur la législation universelle*, la réforme de l'enseignement élémentaire fut partout à l'ordre du jour. Le nom de Pestalozzi fut remis en honneur. D'éminents collaborateurs lui vinrent en aide. Les journaux exaltèrent son talent et répandirent au loin ses idées et sa méthode; les sociétés littéraires lui envoyèrent à l'envi des félicitations et des médailles. Des notabilités recherchèrent l'honneur d'être reçues dans sa société. Des souverains même, tels que le grand-duc de Toscane Léopold et l'empereur d'Autriche Joseph II, entrèrent en relation avec lui et appliquèrent, au système pénitentiaire de leurs États, quelques-unes des réformes proposées dans son *Traité sur la législation criminelle*.

Ces succès et ces honneurs n'altérèrent en rien sa naïve simplicité et son humilité naturelle.

Une anecdote qui trouve sa place ici montre jusqu'à quel point allait sa bonhomie.

Un grand personnage qui l'avait convié à dîner, l'envoya chercher dans son carrosse. Au moment où le laquais, après avoir refermé la portière, grimpait derrière la voiture, Pestalozzi passa la tête à la portière et le somma d'avoir à quitter sa place « si incommode » pour venir s'asseoir à côté de lui. L'autre eut beau protester, il eut beau dire « qu'il avait trop de respect, que chacun devait garder son rang », force lui fut d'obéir aux injonctions de Pestalozzi qui, pendant le trajet, le traita d'égal à égal comme un personnage du meilleur monde.

Pour ne plus revenir sur le rôle de Pestalozzi publiciste, nous énumérerons rapidement ses autres travaux littéraires qui ne sont pas exclusivement pédagogiques.

Entre la publication du premier et du deuxième volume de *Léonard et Gertrude*, il fit paraître : *Christophe et Élise* ou *Mon deuxième livre pour le peuple*, qui eut peu de vogue. Les lecteurs y cherchaient l'action d'un roman, ils n'y trouvèrent que des théories sur l'éducation, la morale et l'économie exposées dans une forme sérieuse, et se rebutèrent bien vite.

En 1797, parurent les *Recherches sur la marche de la Nature dans le développement du genre humain,* et, sous le titre de *Fables,* un volume de prose renfermant deux cent trente-neuf leçons de morale très courtes et très originales.

En 1798, un grand nombre d'écrits politiques.

Ces diverses publications furent loin de lui procurer la fortune. Il ne pouvait subvenir à ses besoins qu'en cultivant quelques lopins de terre autour de sa maison de Neuhof qu'il n'avait pas quittée.

*
* *

Pestalozzi avait atteint la cinquantaine et l'âge mûr était pour lui une vieillesse prématurée : les luttes, les déceptions, la misère, le travail excessif, l'avaient fortement éprouvé. Il croyait sa vie active terminée à jamais, et cependant il n'était pas encore entré dans la carrière qui devait illustrer son nom et révéler la puissance de son génie éducateur.

La Suisse avait ressenti le contre-coup de notre révolution.

Ce n'est pas sans troubles et sans souffrances que s'était opérée son unification par l'intervention des armées françaises.

Les batailles, et plus encore les suites désastreuses de la guerre, avaient fait un grand nombre d'orphelins qui restaient sans asile et sans soutien. Le bon cœur de Pestalozzi s'en émut ; il adressa cette requête au Directoire de la République helvétique :

« Persuadé que la Patrie a un besoin urgent des perfectionnements de l'éducation et d'écoles pour le bas peuple, et assuré qu'un essai de trois ou de quatre mois suffira pour produire les résultats les plus importants, j'offre mes services à la Patrie et je prie le Directoire de faciliter l'accomplissement de mes intentions patriotiques. »

Cet appel fut entendu.

Le Directoire alloua une subvention de 3000 francs à Pestalozzi, qui fut envoyé à Stanz, dans l'Underwald, pour y recueillir les orphelins abandonnés.

Cette contrée, plus que les autres, avait subi toutes les horreurs de la guerre ; la misère y était indescriptible.

Pestalozzi arriva à Stanz au mois de Septembre 1798.

« Je m'y rendis, dit-il, tout heureux de pouvoir mettre la main à l'œuvre qui avait fait le rêve de ma vie. Je me serais rendu sur les plus hauts sommets des Alpes, s'il l'eût fallu, pourvu seulement qu'on me laissât commencer. »

Un couvent abandonné et réparé tant bien que mal aux frais de l'autorité unitaire fut mis à sa disposition, mais dans quel état ! Les plâtras et les décombres envahissaient tout ; une seule chambre disponible servait de logement à cinquante enfants malingres ou malades, à peine vêtus des plus misérables loques.

Et savez-vous qui devait aider Pestalozzi dans cette grande mission qu'il s'imposait de nouveau? Savez-vous qui devait participer à l'éducation, pourvoir à l'alimentation, aux soins hygiéniques que réclamaient tous ces petits orphelins pour la plupart habitués à la mendicité et presque aussi vicieux que misérables? Encore une humble servante, une pauvre femme capable d'un de ces dévouements comme il savait en inspirer !

Comment deux êtres aussi faibles, une femme et un valétudinaire, n'ont-ils pas succombé sous un pareil fardeau ! Non-seulement les conditions matérielles étaient des plus déplorables, mais la situation était encore aggravée par le mauvais vouloir de la population.

L'institution n'en prospéra pas moins. L'expérience du Neuhof avait été mise à profit. Le maître avait compris que toute discipline ne peut être bannie sans danger et, pour maintenir le bon ordre et l'obéissance, il savait au besoin recourir aux châtiments.

Il chercha avant tout à moraliser ces pauvres êtres dévoyés.

« Je ne pouvais, dit-il, que suivre le haut précepte de Jésus-Christ : Nettoyez d'abord l'extérieur afin que l'intérieur devienne net aussi. »

Il voulait arriver à l'intelligence par le cœur et il espérait, en éveillant chez eux le sentiment de l'honneur, en excitant leur émulation dans le bien, en les enseignant par l'exemple du sacrifice, faire de ces vagabonds des hommes bons et utiles.

C'est ainsi que sa bienfaisante influence se fit sentir de bonne heure. On en jugera par les faits suivants.

Un incendie avait détruit le bourg d'Altorf. Pestalozzi, ému de compassion, dit à ses orphelins :

« Mes enfants, Altorf est brûlé. Il y a sans doute là-bas plus de cent petits êtres comme vous qui se trouvent sans pain, sans asile, sans vêtements. Ne voudriez-vous pas en recevoir une vingtaine au milieu de vous ?

— Oui, oui, père.

— Mais, chers enfants, vous savez que nous sommes très pauvres ; il faudra pour cela vous priver vous-mêmes, travailler davantage, manger moins, partager vos vêtements. Êtes-vous toujours décidés à secourir vos voisins ?

— Oui, oui ! s'écrièrent-ils tout d'une voix. Nous voulons manger moins, travailler davantage, partager nos vêtements avec eux ; nous serons contents qu'ils viennent. »

Une autre fois, de pauvres émigrés du canton des Grisons, témoins d'une misère encore plus grande que la leur, remirent quelques écus entre les mains de Pestalozzi, qui les porta aussitôt à ses enfants en leur disant :

« Des hommes innocents sont obligés de quitter leur patrie ; ils ne savent peut-être pas où ils trouveront un asile demain. Eh bien! voici ce que, dans leur malheur, ils trouvent encore moyen de me donner pour vous. Venez les remercier. »

Les enfants s'y prirent d'une façon si touchante que les malheureux émigrés fondirent en larmes.

Tels sont les nobles élans que l'excellent homme suscitait chez de pauvres petits montagnards de mœurs rudes et sauvages, tout à fait dépourvus d'éducation première. Il avait le secret — ce secret, n'était-ce pas sa bonté ? — d'ouvrir les cœurs les plus endurcis à la charité, à la reconnaissance, aux sentiments les plus purs. Il lisait à livre ouvert dans les âmes de ces pauvres enfants ; il leur inspirait la confiance par son égalité d'humeur, il appelait leur affection par sa tendresse. Tous aimaient et respectaient ce noble éducateur auquel ils ne donnaient que le nom de père.

Un mois à peine après l'ouverture de l'école de Stanz, le sous-préfet écrivait à l'un des ministres :

« La maison des pauvres va bien. Père Pestalozzi travaille jour et nuit avec acharnement. Maintenant, il a soixante-deux élèves qui sont nourris et occupés toute la journée dans l'établissement ; il n'en reste que cinquante pour la nuit, car les lits manquent. On est stupéfait de voir tout ce que fait cet excellent homme et tous les progrès que, en si peu de temps, il a pu obtenir de ses élèves qui sont pleins de zèle pour s'instruire. Bien certainement, l'État retrouvera avec usure, dans quelques années, les sacrifices qu'il fait pour cette bienfaisante institution. »

De son côté, le curé de Stanz disait dans un rapport adressé au Directoire :

« La maison des pauvres continue sa bonne marche. Plus de soixante-dix enfants y sont déjà soignés et, chaque jour, il s'en présente de nouveaux pour y être reçus. Le citoyen Pestalozzi travaille sans relâche aux progrès de cet établissement et l'on ne peut en croire ses yeux et ses oreilles quand on voit et quand on entend jusqu'où il a pu pousser son œuvre en si peu de temps. »

Au printemps suivant, le 24 Mai 1799, Pestalozzi conduisit à Lucerne une troupe d'enfants bien disciplinés, proprement vêtus, dont la mine fraîche et enjouée, l'air sain et vigoureux, charmaient les yeux. Il les présenta aux membres du Directoire qui, ravis de leur tenue, remirent à chacun d'eux une petite pièce d'argent toute neuve de 1 fr. 50, sorte de médaille commémorative empruntant à la circonstance une certaine valeur.

Du côté physique et moral, la métamorphose était complète, mais il n'en était pas de même du côté de l'enseignement intellectuel. Les enfants s'y montraient moins disposés et le maître ne suffisait pas à sa tâche. Il avait voulu rester seul dans la crainte que des sous-maîtres ne répondissent pas à ses vues ni à sa méthode, et il avait raison. Pour appliquer sa méthode, il fallait des hommes instruits, dévoués, consciencieux, ayant une aptitude particulière et préparés de longue main. Il ne s'agissait de rien moins que de rompre absolument avec les traditions pédagogiques du passé et de prendre le contre-pied de la marche suivie jusqu'alors dans l'enseignement.

Le but proposé était d'éveiller l'attention, l'esprit d'observation de l'enfant, de l'amener à la conception par la réflexion, enfin de lui suggérer des idées au lieu de lui en imposer. Pestalozzi ne pouvait trouver parmi les instituteurs du temps des auxiliaires qui pussent comme lui provoquer la perception directe et expérimentale d'où résultent les idées intuitives. Il ne pouvait pas non plus se multiplier au point d'exercer son action sur une soixantaine d'élèves dont les aptitudes et le développement intellectuels étaient si différents. Il va pourtant trouver un moyen de se diviser, de se fractionner, de distribuer son enseignement de façon que chacun en ait sa part et que tous l'aient tout entier.

Puisqu'il n'ose appeler les hommes instruits à son aide, il y conviera les enfants ; il s'avise de faire instruire les petits par les grands, les plus ignorants par les plus avancés, de placer un moniteur à la tête d'un groupe de trois ou quatre élèves.

Le maître était partout. Il volait d'un groupe à l'autre, excitant l'ardeur des moniteurs, contenant l'attention de leurs élèves, animant les uns de son enthousiasme, encourageant les autres à la docilité, à la confiance envers leurs jeunes maîtres. On voit qu'il employait à sa manière le mode d'enseignement mutuel.

Pestalozzi malade, crachant le sang, succombait à la peine, sans qu'il lui vînt à la pensée de renoncer à son œuvre. Des événements amenés par la guerre l'en arrachèrent au milieu de ses succès.

Les Autrichiens envahirent l'Underwald, chassant devant eux les Français, traînant à leur suite une foule de blessés et de malades. L'orphelinat de Stanz fut transformé en hôpital e les orphelins durent se disperser. Tous éclataient en larmes en quittant leur bienfaiteur et leur père, qui les embrassait en sanglotant. Il les renvoyait par petites escouades, chacun d'eux emportant au bout d'un bâton un paquet qui renfermait quelques hardes, du pain et un peu d'argent. Lui-même quitta Stanz le 8 Juin 1799 et se retira au Gurnigel pour y soigner sa santé sérieusement compromise.

« C'est ainsi, écrivit-il à un ami, que je m'éveillai encore une fois de mes rêves au moment où je les croyais si près de se réaliser. C'est ainsi que je vis encore une fois mon œuvre anéantie et mes forces défaillantes dépensées inutilement. »

Ce qui augmentait sa douleur, c'est la malveillance de ses détracteurs qui, oubliant ses nobles efforts, son dévouement, sa persévérance, attribuaient son départ forcé à l'inconstance, à l'incapacité, à l'impossibilité de mettre en pratique *des utopies sans suite, fruit d'une imagination exaltée*. « Il n'y a rien à faire de ce pauvre Pestalozzi, disaient ces sages critiques, il a un coup de marteau dans la tête. Il peut bien avoir l'air de travailler pendant cinq mois, mais au sixième tout est fini. Il ne sait rien à fond et ne peut se mettre à la pratique. »

Voilà comment des gens légers et incompétents jugeaient en dernier ressort le philanthrope dont les principes et la méthode devaient réformer l'enseignement élémentaire dans les écoles du monde entier.

Vue de Berthoud.

Pestalozzi ne pouvait rester longtemps inactif. A peine remis, il alla, en Juillet 1799, à Berthoud, canton de Berne, pour y tenir une petite école élémentaire dans la basse ville.

Là encore, il appliqua et perfectionna sa méthode : point de leçons apprises par cœur, point de devoirs sur cahiers. La lecture était enseignée au moyen de grandes lettres mobiles, dont le maniement exerçait la dextérité et la sagacité de l'enfant. Les leçons de dessin se prenaient en même temps que les leçons d'écriture sur des ardoises, par raison d'économie ; Pestalozzi, ayant pour principe de s'adresser à l'intelligence avant d'utiliser la mémoire, allait toujours du connu à l'inconnu. Il ne donnait que des leçons orales, d'après l'objet matériel qu'il présentait.

« Les yeux de l'enfant, disait-il, voilà le véhicule par lequel les idées pénètrent dans son esprit. »

Telle est l'origine des *Leçons de choses* aujourd'hui si fort en vogue, quoique si peu comprises encore dans leur application.

Pour Pestalozzi, le *nombre*, la *forme* et le *nom* suffisent pour aborder l'enseignement de l'arithmétique, de la géométrie, de la géographie, du dessin, de l'écriture et du bon langage. Il commençait par où l'on a trop souvent coutume de finir. C'était le renversement de tous les procédés chers à la routine.

Il considérait le maître comme un moteur qui devait se dissimuler le plus possible pour mettre en jeu les facultés de l'élève et ne l'amener que progressivement aux idées abstraites.

Des chants entrecoupaient les leçons tandis que les élèves manœuvraient en marquant le pas ou en se livrant aux exercices gymnastiques qui les délassaient et les fortifiaient. On le voit, c'est encore à Pestalozzi que Frœbel a emprunté les éléments de la méthode enfantine à laquelle son nom reste attaché.

Nous ne pouvons ici nous étendre davantage sur les méthodes du réformateur de l'enseignement. Quoique ce soit l'homme de bien que nous ayons surtout en vue, nous ne pouvions passer sous silence les mérites de l'un des grands pédagogues à qui notre enseignement élémentaire est le plus redevable.

A Berthoud, comme à Stanz, comme à Neuhof, Pestalozzi se dépensa tout entier au profit de ses chers enfants. L'âge et la souffrance ne pouvaient éteindre l'amour de l'humanité, cette sainte flamme qui consumait son cœur. Il sentait avec désespoir ses forces s'épuiser et il entrevoyait le jour où il devrait abandonner son œuvre avant d'avoir atteint le but vers lequel tendaient toutes ses aspirations, toutes ses espérances.

Pour comble d'infortune, sa femme était depuis longtemps retenue au Neuhof pour y soigner leur fils unique dangereusement malade. Le jeune homme n'entra en convalescence que pour rester paralysé. Il mourut, en 1801, après une existence souffreteuse, laissant une fille qui ne lui survécut qu'un an et un fils de quatre ans qui vécut jusqu'en 1869.

*
* *

Pestalozzi, accablé de maux, était tombé dans l'indigence. Le gouvernement helvétique s'émut enfin du sort de cet homme qui illustrait son pays, il lui constitua une pension, lui concéda un privilège pour la publication de ses livres élémentaires et lui assigna un poste où il pouvait encore déployer son génie et exercer ses vertus, en lui offrant le château de Berthoud pour y créer un pensionnat et une école normale destinée à former des régents.

De dignes collaborateurs tels que Krusi, Tobler, Buss et Naëf, quittèrent des situations plus avantageuses pour venir se mettre aux ordres et au service de Pestalozzi. Krusi enseignait la grammaire et le calcul; Tobler, la géographie et l'histoire; Buss, la géométrie, le dessin et le chant; Naëf dirigeait les exercices corporels et complétait le système d'éducation. Ce vieux militaire avait guerroyé dans le monde entier ; c'était un véritable géant, à l'air rude, aux manières brusques, une sorte de bourru bienfaisant qui adorait toute cette jeunesse et s'en faisait adorer. Il ne concevait pas de plus grande félicité que de jouer avec les enfants : il leur apprenait à courir, à sauter, à lancer des pierres, à grimper aux arbres, à nager dans l'Emme.

Il se mettait à leur tête en entonnant de sa voix de stentor quelque chant national et il les entraînait comme un torrent à la récréation ou à la promenade, dirigeant toujours leurs ébats et les partageant.

Les enfants, soumis à ce régime, respiraient la santé, la bonne humeur et faisaient dans leurs classes des progrès rapides. Trouvant de l'attrait dans le travail, ils y mettaient du zèle, ils dessinaient remarquablement bien, résolvaient en se jouant les problèmes les plus compliqués.

On sait combien Pestalozzi était peu apte aux détails de l'administration : ce fut sa femme qui, étant venue le rejoindre après la mort de son fils, se consacra à la gérance matérielle de l'établissement. Elle tint la comptabilité et fit la correspondance, bien qu'elle fût assez malade et ne pût quitter que rarement la chambre.

Mme Pestalozzi jeune, la veuve du pauvre Jacques, était accourue aussi se dévouer à tout le monde. Elle était l'amie des enfants, la protectrice des serviteurs et ne ménageait ni ses soins ni ses peines.

En somme, l'institut de Berthoud ressemblait plus à une nombreuse famille qu'à une école. C'est ce qu'un visiteur a caractérisé en s'écriant, un jour qu'il parcourait l'établissement :

« Mais ce n'est pas une école que vous tenez là! C'est un ménage.

— Voilà le plus grand éloge que vous puissiez nous adresser, répondit Pestalozzi avec ce bon sourire qui illuminait toute sa physionomie. Oui, Dieu soit loué! J'ai réussi à montrer au monde qu'il ne doit pas y avoir un abîme entre la vie domestique et l'école et que celle-ci n'est réellement utile à l'éducation qu'autant qu'elle développe les sentiments et les vertus qui sont à la fois le charme et le bienfait de la famille. »

Père Pestalozzi, comme on l'appelait, était l'âme de la maison : il vivifiait l'enseignement, il animait les maîtres de son amour pour l'enfance. Moins accaparé, il put mettre la dernière main à un nouvel ouvrage d'éducation : *Comment Gertrude instruit ses enfants,* qui eut un immense succès et attira les regards de l'Allemagne sur l'Institut de Berthoud.

Mais il était dit que Pestalozzi entreverrait sa terre promise sans y entrer, qu'il approcherait toujours du but sans l'atteindre.

En 1802, une nouvelle révolution qui bouleversa la Suisse vint mettre encore une fois le trouble dans ses entreprises.

Les affaires publiques absorbaient tous les esprits. Qu'importait un système d'éducation ! Pestalozzi, détourné forcément de son œuvre, fut délégué pour faire partie d'une députation convoquée à Paris afin de faire connaître au gouvernement français, qui avait promis sa médiation, *les moyens de ramener l'union et la tranquillité dans tous les partis.*

C'était un pauvre diplomate que Pestalozzi. Il avait plutôt en tête l'enseignement que la politique. Aussi partit-il avec le projet bien arrêté de solliciter une audience du Premier Consul, à qui il voulait exposer ses théories sur l'éducation et l'enseignement.

Bonaparte le renvoya à Monge sous prétexte qu'il n'avait pas le temps de s'occuper de questions d'*a, b, c.*

Monge écouta le novateur avec attention, mais il repoussa ses plans et ses réformes en lui disant :

« C'est trop pour nous. »

Lorsque Pestalozzi fut de retour à Berthoud, ses collaborateurs lui demandèrent s'il avait vu Bonaparte.

« Non, répondit-il finement, mais il ne m'a pas vu non plus ! »

⁂

Quand le pays fut pacifié, le gouvernement suisse eut besoin du château de Berthoud pour y loger un fonctionnaire et l'Institut fut transféré à München-Buchsee, près de l'établissement agricole d'Hofwyl créé par Fellenberg, qui y appliquait la première idée de Pestalozzi en essayant de faire l'éducation des pauvres par l'agriculture et en cherchant à couvrir les frais de l'exploitation par le travail des élèves.

Les deux philanthropes se connaissaient depuis de longues années Ils avaient entretenu jadis une correspondance active

Monge.

et le riche patricien avait, dans les moments de détresse, fait au pauvre rêveur plus d'une offre généreuse. Tout récemment, ils avaient renoué connaissance d'un façon singulière.

Des ouvriers amenèrent un soir à Fellenberg un vieillard sordidement vêtu et mourant de faim qu'ils avaient trouvé exténué au bord d'un fossé. A leur grand ébahissement, cet homme portait une charge de cailloux dont il avait rempli ses poches et son mouchoir.

Quel ne fut pas l'étonnement du maître d'Hofwyl en reconnaissant dans ce prétendu mendiant le vénérable chef de l'Institut de Berthoud !

Emporté par son ardeur à la recherche d'échantillons de minéralogie destinés à ses élèves, il était tombé épuisé par la fatigue et la faim.

Les deux amis, rapprochés par ce hasard, resserrèrent dans une étroite intimité l'estime et l'amitié qu'ils s'étaient déjà vouées.

Pestalozzi, exclusivement homme de cœur, reconnaissant dans Fellenberg, homme d'intelligence, toutes les qualités qui lui manquaient : le sens pratique, la fermeté, les talents d'administrateur, accepta l'association que son ami lui proposait.

A une bonté réelle Fellenberg joignait un certain esprit de domination, un ton impératif qui raffermirent la discipline chancelante, mais qui affligeaient les élèves et blessaient les maîtres habitués à plus de douceur et de tolérance. Pestalozzi lui-même souffrait du malaise général et, six mois après, il saisit la première occasion pour se séparer à l'amiable de l'associé pour qui il professait une profonde estime, mais avec lequel il ne pouvait vivre.

*
* *

En 1805, Pestalozzi quitta München-Buchsee et transféra son Institut au château d'Yverdon, que le Grand Conseil du canton de Vaud mettait à sa disposition. Secondé par des hommes éminents dont le savoir et les vertus étaient éprouvés, par des sous-maîtres qu'il avait formés, il put donner une grande extension à son nouvel établissement.

Jouissant de la plus haute considération, Pestalozzi fut universellement choyé ; il devint à la mode ! Des familles appartenant à l'aristocratie du pays sollicitaient l'honneur de lui confier leurs enfants, les élèves affluaient de toutes les parties de la Suisse et de l'Allemagne ; il fallut en refuser, ce qui augmenta encore la vogue.

L'institut d'Yverdon fut comme une petite cour pédagogique

Yverdon

où les instituteurs venaient prendre le ton, étudier les méthodes et où les visiteurs de tout rang se pressaient autour du maître vénéré.

La petite ville se réveillait de sa léthargie. Les élèves, qui jouissaient d'une grande liberté, l'animaient de leur mouvement, l'égayaient de leur joie, la rajeunissaient de leur jeunesse.

On n'était plus aux temps de misères et de privations de Neuhof, de Stanz et de Berthoud. Tout en restant d'une simplicité primitive, les conditions matérielles avaient bien changé : il n'y avait plus rien à désirer sous le rapport hygiénique, le pays était admirable, le site salubre, le local spacieux ; un régime alimentaire copieux répondait largement aux besoins, des repas fréquents pouvaient satisfaire les estomacs germaniques les plus actifs. Cela ne veut pas dire qu'on trouvait là le confortable qui énerve, le bien-être qui affadit ; non, l'ameublement faisait défaut, la cuisine n'était guère raffinée.

En toute saison, les élèves restaient nu-tête et venaient, chaque matin, recevoir en plein air une douche d'eau froide. L'eau, aspirée par une pompe, parcourait un long tuyau percé de distance en distance de trous que ne fermait aucun robinet. Tel était le seul cabinet de toilette.

Les dix heures de leçons que les élèves prenaient par jour en moyenne, étaient entrecoupées par les repas, les exercices corporels, les travaux manuels et les manœuvres militaires. Les jeux étaient toujours actifs et fortifiants : en été, on nageait dans la rivière ; l'hiver, on patinait dessus. Pendant les vacances, les élèves les plus âgés accomplissaient des excursions pédestres, le sac au dos, le bâton à la main. Une telle éducation devait faire des Spartiates.

A certaines solennités, telles que l'anniversaire de la naissance ou du mariage du *Père*, la grande salle du château se transformait en salle de bal décorée, enguirlandée par les élèves. La jeunesse d'Yverdon était conviée à ces réjouissances dont la gaieté et la simplicité faisaient tous les frais. Le bal était ouvert par M. et Mme Pestalozzi, qui n'étaient guère ingambes ni l'un ni l'autre : Pestalozzi avait soixante-trois ans et sa femme soixante-dix ! Les bons vieillards se prêtaient avec une affabilité toute paternelle à la joie qui leur faisait fête.

Même en ces occasions solennelles, Pestalozzi ne pouvait s'astreindre à faire toilette ; mais son beau regard brillait d'un éclat si pur, sa physionomie souriait si bien dans le rayonnement de sa béatitude, il était si pétillant d'esprit et de gaieté, qu'il séduisait tout le monde.

Malgré son âge et sa faiblesse, Pestalozzi travaillait plus que jamais au perfectionnement de sa méthode.

Pour propager les ouvrages pédagogiques que ses collaborateurs écrivaient sous sa dictée ou rédigeaient d'après son inspiration, il avait établi, dans le château, une imprimerie dont les élèves se faisaient typographes.

Désireux de répandre sa méthode autrement que par ses livres, il avait fondé un pensionnat de jeunes filles dont il confia la direction à la veuve de son fils et l'enseignement à des professeurs de son Institut. Toujours infatigable à faire le bien, toujours préoccupé de la régénération intellectuelle et morale de tous les infortunés, il créa plus tard une institution de sourds-muets.

*
* *

En 1809, la diète réunie à Fribourg nomma, pour inspecter l'institut d'Yverdon, une commission officielle dont fit partie le célèbre père Girard, qu'on place aujourd'hui, à côté de Pestalozzi et de l'abbé Gauthier, au nombre des bienfaiteurs de l'enfance.

Ce pieux et noble maître, préfet de l'école municipale de Fribourg, appliquait avec un véritable tact pédagogique, dans son enseignement moral, religieux et intellectuel, ce qu'il y avait de bon dans la méthode que Bell et Lancaster avaient créée en Angleterre. Pour lui, l'instituteur doit continuer l'éducation maternelle, il doit *élever* les enfants et non pas seulement les *instruire*. Malgré les résultats admirables qu'il obtint, malgré le zèle infatigable et désintéressé qu'il déploya pendant

Fribourg.

vingt années, le père Girard ne fut pas à l'abri de la malveillance. En 1823, un décret du Grand Conseil abolit son école de Fribourg.

Le père Girard a laissé de nombreux écrits qui l'ont rendu plus célèbre encore en Suisse, en Italie et en Allemagne qu'en France. Son ouvrage : *De l'enseignement régulier de la langue maternelle dans les écoles et dans les familles*, couronné par l'Académie Française, devrait se trouver entre les mains de toutes les mères et dans toutes les bibliothèques scolaires.

En 1844, l'Institut lui décerna, avec un prix de 6000 francs, le titre de correspondant pour son *Cours éducatif de langue maternelle*. Il fut encore, pour ses travaux pédagogiques, nommé membre de la Légion d'honneur.

Cet homme éminent ne se considéra pas comme le rival de Pestalozzi, mais comme son émule. Nommé rapporteur, il s'acquitta de sa mission avec beaucoup de mesure, louant tout ce qui était louable et faisant aussi ses réserves avec sincérité en signalant les lacunes et les excès de zèle.

« Il est dommage, dit-il en terminant son rapport, que la force des événements pousse toujours Pestalozzi à côté de la voie que lui traçaient son zèle et son cœur ! Mais on rendra toujours justice à ses bonnes intentions, à ses nobles efforts, à son inébranlable persévérance. Profitons des idées excellentes qui sont à la base de son œuvre, suivons les exemples instructifs qu'elle nous donne, mais plaignons le sort d'un homme que la force des circonstances a toujours empêché de réaliser ce qu'il avait envie de faire. »

*
* *

En 1814, la municipalité d'Yverdon reçut, du commissaire des guerres à Pontarlier, l'injonction de transformer le château en hôpital pour y loger les malades de l'armée autrichienne atteints du typhus. La population affolée délégua trois citoyens au nombre desquels se trouvait Pestalozzi, pour aller à Bâle, au quartier-général des armées alliées, solliciter la révocation de cet ordre.

La délégation fut introduite auprès de l'empereur de Russie entouré de son état-major.

Pestalozzi, menacé dans ses plus chers intérêts, plaida sa cause avec plus de chaleur encore que de talent. Dans l'entraînement de son éloquence, il oublia tout : le lieu où il se trouvait, les lois de l'étiquette, le rang de son auguste auditeur. Il s'approchait de plus en plus de l'empereur qu'il forçait ainsi à reculer. Quand il l'eut acculé au mur, il avança instinctivement la main pour le saisir par un bouton de son uniforme.

Rappelé soudain au sentiment des convenances, il se réveilla de sa distraction, confus et troublé, ne pouvant que balbutier ces mots :

« Ah ! pardon, sire ! »

Puis, il s'inclina pour baiser la main du czar. Mais Alexandre, ému lui-même de l'émotion sincère du bon vieillard, lui tendit cordialement les mains, l'embrassa avec effusion et lui promit que son institut serait respecté.

Il décora le philanthrope de l'ordre de Saint-Vladimir et quelque temps après il lui faisait expédier, pour ses élèves, une riche collection de minéraux de l'Oural.

Cette même année, ayant appris que le roi de Prusse séjournait à Neuchâtel, Pestalozzi, bien que très faible et très souffrant, voulut aller lui recommander les jeunes maîtres qu'il envoyait en Prusse répandre sa méthode.

Pendant le voyage, il tomba plusieurs fois en défaillance ; le maître qui l'accompagnait devait le descendre de voiture et le porter jusqu'à la plus proche habitation. A chaque halte, après l'avoir réconforté il l'engageait à retourner à Yverdon.

« Non ! s'écriait Pestalozzi, tais-toi ! Il faut que je voie le roi, quand j'en devrais mourir. Si je puis obtenir qu'un seul enfant soit mieux élevé, je serai amplement récompensé. »

Il n'en mourut pas et put encore voir de beaux jours pour son institut.

L'œuvre avait pris de grandes proportions. Est-ce à dire qu'elle resta prospère ? Non. Il y avait dans sa constitution des germes, des éléments de dissolution qui n'échappaient pas à Pestalozzi. Sa méthode conçue et élaborée surtout pour les

Pestalozzi devant le tzar Alexandre Ier.

besoins du peuple n'entrait pas dans les convenances de la classe aisée qui dominait alors à Yverdon. Les parents riches se plaignaient du contact de leurs fils avec des enfants grossiers. Leurs doléances, leurs exigences venaient s'ajouter aux difficultés déjà fort grandes d'un enseignement donné simultanément à des écoliers français et allemands, ce qui forçait les professeurs à répéter les explications dans les deux langues.

D'un autre côté, la mésintelligence éclata entre le maître et quelques-uns de ses collaborateurs qui se refusaient à appliquer dans toute son intégrité une méthode qu'ils ne comprenaient qu'imparfaitement et qu'ils faussaient en croyant l'améiorer. Ce n'était plus une famille unie par la solidarité, par la concorde et par l'amitié qui habitait le château, c'était une petite oligarchie.

« L'amour a disparu du milieu de nous, gémissait Pestalozzi ; mon œuvre doit disparaître ! »

Un événement douloureux contribua à accélérer la décadence de l'Institut. Mme Pestalozzi, depuis longtemps malade, s'éteignit, le 12 Décembre 1815, à l'âge de soixante-dix-neuf ans. On l'enterra dans le jardin, au pied de deux grands tilleuls à l'ombre desquels son pauvre mari venait souvent, pendant la nuit, pleurer et prier furtivement.

Cinquante ans plus tard, les restes de Mme Pestalozzi furent religieusement transférés au cimetière par les soins de la municipalité d'Yverdon, qui fit graver sur sa tombe l'inscription suivante :

> Ici repose
> la digne épouse de
> PESTALOZZI
> L'ami des pauvres
> Le bienfaiteur du peuple
> Le réformateur de l'éducation.
> Associée sans réserve pendant quarante-six ans
> à son œuvre de dévouement,
> elle a laissé après elle
> une mémoire bénie et vénérée.

La perte de la compagne de ses bons et de ses mauvais jours, de celle qui l'avait soutenu dans ses luttes et ses misères, qui l'avait consolé dans les douloureuses épreuves, affligea profondément Pestalozzi. Il vivait inquiet et agité, désorienté comme un enfant qui a perdu sa mère et la cherche partout.

Toutefois son activité ne s'éteignit pas. Une souscription européenne pour la publication de ses œuvres ayant mis inopinément 50 000 francs dans sa caisse, il se jeta dans de nouvelles entreprises philanthropiques et fonda, dans un hameau voisin, une école d'enfants pauvres qui fut ensuite annexée à l'Institut d'Yverdon.

Les années suivantes, les pénibles luttes qui avaient éclaté depuis longtemps entre Pestalozzi et ses collaborateurs ne firent que s'envenimer : elles amenèrent enfin la déchéance et la ruine de cet institut naguère si célébré dans l'Europe entière.

Désespéré, accablé de douleurs et d'infirmités, le bon vieillard se retira, au printemps de 1825, au Neuhof, chez son petit-fils Gottlieb. Il avait alors quatre-vingts ans.

*
* *

L'heure du repos avait-elle enfin sonné pour Pestalozzi? Non. Il était de ces rudes lutteurs qui n'abandonnent pas le champ de bataille tant qu'ils peuvent rester debout. Il avait vu s'évanouir ses plus chères espérances sans perdre ses illusions! Puisqu'il ne lui restait plus assez de forces pour agir et renouveler ses tentatives, il se servit de sa plume comme d'une arme de combat, afin de défendre encore ses idées et sa foi

En 1826, il écrivit le *Chant du cygne*, qu'on a appelé son « Testament pédagogique », puis *Mes destinées comme chef d'institut à Berthoud et à Yverdon*. Il ébaucha la cinquième partie de *Léonard et Gertrude*, un *Manuel pour guider les mères dans l'instruction à donner dans la première enfance*, des *Exercices élémentaires pour faire apprendre le latin aux enfants comme ils apprennent leur langue maternelle*.

Il forma le projet d'un journal d'éducation rédigé en français; il commença au Neuhof la construction d'une école de pauvres et, en attendant qu'elle fût achevée, il allait, dans les villages voisins, enseigner aux petits enfants. Tous venaient à lui avec joie et avec amour, car ils se sentaient aimés de ce vieil instituteur qui leur parlait et leur souriait avec tant de bonté.

Cet homme, d'une nature si délicate, d'une si tendre sensibilité, devait mourir d'une blessure reçue au cœur. L'ingratitude d'un de ses anciens maîtres qu'il avait toujours protégé et soutenu lui porta ce coup mortel. Ce malheureux, aussi méchant que mal inspiré, publia un injurieux pamphlet contre son ancien bienfaiteur. Pestalozzi, en se voyant ainsi diffamé, en voyant attaquer son caractère, sa religion, sa méthode, fut cruellement atteint et tomba malade.

Il ne pouvait supporter l'idée de mourir sans confondre son calomniateur, et il trouva encore la force d'exhaler son désespoir et son indignation dans la page suivante, qu'on retrouva parmi ses papiers après sa mort :

« Ah! je souffre d'une manière inexprimable! Aucun homme ne pourrait comprendre la douleur de mon âme. On méprise, on bafoue le vieillard faible et infirme ; on trouve qu'il n'est plus bon à rien. Ce n'est pas pour moi que je m'en afflige, mais c'est pour mon idée qu'on méprise aussi et qu'on hait ; on foule aux pieds ce que j'ai de plus sacré, l'œuvre que j'ai poursuivie pendant toute ma longue et douloureuse vie. Mourir n'est rien ; je meurs volontiers, car je suis fatigué et je voudrais enfin trouver le repos ; mais avoir vécu, avoir tout sacrifié et n'être parvenu à rien ! Voir son œuvre ruinée et descendre avec elle au tombeau, oh! c'est effroyable! Je voudrais pleurer, mais les larmes ne viennent plus.

« Et mes pauvres! les pauvres opprimés, méprisés et repoussés! Pauvres gens! on vous abandonnera, on vous bafouera, comme on fait de moi. Le riche, dans son abondance, ne pense point à vous ; il pourrait tout au plus vous donner un morceau de pain, rien de plus ; car lui-même est pauvre, et n'a que de l'or! Quant à vous inviter au banquet spirituel . et à faire de vous des hommes, on n'y pense point encore! Mais Dieu qui est au ciel, Dieu qui pense à ses passereaux, Dieu ne vous oubliera pas et vous consolera, de même qu'il ne m'oubliera pas et qu'il me consolera ! »

Peut-on lire sans émotion ces lignes déchirantes ?

Le médecin qui soignait Pestalozzi s'aperçut que le malade trompait la surveillance de ses gardes et se relevait pour écrire à toute heure de la nuit, ce qui aggravait son mal. Il exigea qu'il fût amené auprès de lui.

Le 15 Février 1827, la terre étant couverte de neige, Gottlieb enveloppa chaudement son père, l'installa dans un traîneau fermé et le transporta à Brugg. En arrivant le malade avait perdu connaissance. Le lendemain, il eut une terrible crise accompagnée de délire.

Quand il revint à lui, Pestalozzi reconnut que sa fin était proche ; il fit venir tous les siens autour de son lit et leur donna ses derniers conseils avec une parfaite tranquillité d'âme.

« Mes enfants, leur dit-il, vous ne pouvez pas exécuter mon œuvre, mais vous pouvez faire du bien autour de vous ; vous pouvez donner aux pauvres des terres à cultiver. Pour moi, je vais bientôt lire dans le livre de la vérité.

« Je pardonne à mes ennemis : puissent-ils trouver la paix maintenant que je vais à l'éternelle paix !

« J'aurais volontiers encore vécu pour achever mon travail, et cependant je remercie Dieu de ce qu'il me retire de cette vie terrestre.

« Vous, mes enfants, restez paisiblement au Neuhof et cherchez votre bonheur dans le cercle de la famille. »

Il expira sans agonie, le sourire aux lèvres, regardant déjà avec sérénité dans cette autre vie où il allait conquérir le repos.

Son corps fut ramené au Neuhof où les paysans et les pauvres, qu'il avait seuls conviés au cortège, lui firent de touchantes funérailles. Suivant le désir qu'il avait exprimé, il fut enseveli près de l'école et l'on planta un rosier sur sa tombe.

Il avait défendu qu'on lui élevât un monument orgueilleux

« Une pierre des champs toute brute, voilà ce qu'il me faut, avait-il dit, car moi-même je n'ai pas été autre chose. »

Ce dernier vœu ne pouvait être respecté. La Suisse voulut

payer sa dette de reconnaissance à l'homme de bien, au grand citoyen qui l'avait honorée.

Le modeste rosier fit place à un superbe tombeau dont l'inauguration eut lieu le 12 Janvier 1846, jour du centième anniversaire de naissance de Pestalozzi. Au-dessous du buste placé dans une niche creusée au milieu de la face principale du monument, on lit une inscription qui résume bien la vie de ce héros de la charité :

>Ici repose
>HENRI PESTALOZZI
>Né à Zurich le 12 Janvier 1746,
>Mort à Brugg le 17 Février 1827.
>Sauveur des pauvres à Neuhof,
>A Stanz, père des orphelins,
>A Berthoud et à München-Buchsee, fondateur de
>l'école populaire,
>A Yverdon, éducateur de l'humanité
>homme, chrétien, citoyen.
>Tout pour les autres; pour lui, rien! Paix à ses cendres !
>A NOTRE PÈRE PESTALOZZI
>L'ARGOVIE RECONNAISSANTE.

Le Grand Conseil célébra plus dignement encore sa mémoire en réalisant son vœu le plus ardent. Une grande école agricole, portant le nom de *Fondation Pestalozzi*, fut établie au Neuhof pour les enfants des classes indigentes. On y adjoignit une école normale destinée à former des régents pour d'autres institutions du même genre.

Aujourd'hui, les terrains du Neuhof, judicieusement amendés, sont couverts de riches cultures ; les récoltes s'y succèdent plusieurs fois dans le cours d'une année. L'esprit pratique des continuateurs de Pestalozzi a réalisé le rêve qu'il avait fait cent ans auparavant.

La famille de Pestalozzi n'est pas éteinte et sa méthode n'a pas péri plus que son nom : de nombreux disciples convaincus et zélés l'appliquent encore intégralement avec succès, et l'enseignement élémentaire s'en inspire partout aussi bien dans le nouveau que dans l'ancien continent.

CHAMPION

La bienfaisance est un héroïsme obscur. Elle ne fait pas étalage de ses bonnes œuvres, elle s'attache à les faire le mieux possible et pour le plus grand profit des obligés.

Le véritable homme de bien, soit qu'il obéisse à son esprit de charité, aux inspirations de sa bonté naturelle, soit qu'il agisse en vertu d'un principe réfléchi, est toujours désintéressé. Il se dévoue simplement, humblement; il ne répand pas ses bienfaits pour récolter la gloire ou la notoriété; il n'attend d'autre récompense que la conviction d'avoir fait le bien, il ne recherche d'autre plaisir que la satisfaction de ceux qu'il oblige. Une joie sereine s'empare de tout son être, son bonheur est d'autant plus grand qu'il est plus intime.

On rencontre pourtant des hommes de bien dont les belles actions ont pour mobile un sentiment estimable sans doute, que l'on encourage et que l'on applaudit avec raison, mais moins noble et qui altère la pureté du dévouement qu'il inspire.

En parlant ainsi, nous sommes loin de penser qu'il ne soit pas louable de stimuler le zèle des bons cœurs dans la lutte pour le bien La perfection n'est pas de ce monde; il faut toujours tenir compte des passions et des sentiments de la nature humaine. L'émulation dans la pratique des vertus doit être provoquée par l'État et les institutions de bienfaisance. Un grand nombre de bons esprits pensent que c'est là une nécessité sociale.

Pourquoi ne serait-il pas permis à un honnête homme de tirer vanité de ses qualités morales aussi bien que de ses talents? N'y a-t-il donc que la valeur guerrière qui ait le droit d'aspirer à une distinction honorifique? Est-il plus méritoire d'être brave que d'être bon? Ne doit-on se glorifier que des vertus les moins rares et les plus faciles?

Estimons donc, admirons même ces bienfaiteurs qui, ayant conscience de leur mérite, mettent quelque ostentation dans l'exercice de leur charité.

L'homme de bien dont nous allons parler brièvement a été accusé d'avoir fait montre de sa charité et de ses vertus. Les actes de bienfaisance auxquels il s'était voué ne pouvant s'exercer qu'en public, ne devaient pas manquer d'être interprétés de cette façon. N'est-il pas victime d'une injustice?

Edme Champion naquit, en 1764, dans la commune de Châtel-Censoir, aux environs de Clamecy ; c'était le douzième enfant de pauvres gens qui ne mangeaient que le pain dur et rare qu'ils gagnaient péniblement. Son père, un de ces *flotteurs* qui conduisent les longs trains de bois que la Seine apporte à Paris, ne gagnait que douze sous par jour à ce rude métier.

Le petit Edme annonça de bonne heure les plus heureuses dispositions ; il était d'un caractère très doux et très bon qui appelait la sympathie et commandait l'intérêt. Il était aimé dans le pays où, tout jeune encore, il révélait déjà sa vocation charitable. On a gardé de lui le souvenir d'actions touchantes qui dévoilaient son extrême bonté.

Le pauvre enfant, n'ayant pas un seul liard à sa disposition, devenait ingénieux pour secourir de plus misérables que lui ; il réussissait à faire l'aumône en prenant sur le strict nécessaire qui lui était pourtant parcimonieusement accordé.

Un jour, il rencontre un de ses petits camarades qui, tout désespéré et tout en larmes, n'osait rentrer chez ses parents et refusait toute consolation. Il lui était arrivé un malheur terrible : il avait perdu un de ses souliers ! Ne riez pas ; c'était bien un malheur terrible. La chaussure est une rude préoccupation dans les pauvres familles : aussi que de petits pieds s'en vont nus à travers les champs hérissés de chaume et les chemins pierreux !

On ne peut se rappeler sans une gaîté émue la malédiction que lance la grand'mère du *Gamin de Paris* quand elle apprend que ce jeune scélérat a laissé sa casquette au fond du canal Saint-Martin en y repêchant une malheureuse petite fille qui se noyait. « Il a perdu sa casquette ! » s'écrie-t-elle d'une voix étranglée par l'indignation ; « il a perdu sa casquette ! Il mourra sur l'échafaud ! » Ce mouvement oratoire est un trait de mœurs. Qu'aurait dit la brave vieille si son petit-fils eût perdu ses souliers ?

Donc, notre petit enfant, en grand danger d'être battu, gémissait et restait dehors.

Champion ayant fini par connaître la cause de son désespoir, fut pris de compassion. Il ôta ses souliers, les donna à son camarade et rentra pieds nus chez lui, où il ne trouva qu'une méchante paire de sabots qu'il traîna pendant six mois.

A l'âge de dix ans, Edme perdit ses parents et resta sans soutien et sans ressources. Il remit son sort entre les mains de la Providence et s'embarqua sur un train de bois qui allait à Paris. Là, cet innocent petit vagabond fut recueilli par une brave femme sans enfants qui fut bien vite séduite par la gentillesse, la douceur et la bonté du pauvre orphelin. Cette bonne créature s'attacha tellement au petit Edme qu'elle l'adopta. Elle l'éleva comme elle put et, quand il fut en âge de travailler, elle le mit en apprentissage. Le pauvre enfant tomba sur un homme brutal qui ne se laissait toucher ni par sa bonté, ni par son intelligence, ni par son courage; il fallut lui chercher un maître plus humain.

Edme eut enfin la bonne fortune d'entrer dans une maison importante où l'on fabriquait de la bijouterie et de la joaillerie. Il y fut bientôt apprécié comme il le méritait. Son temps d'apprentissage fut abrégé ; il devint ouvrier, chef d'atelier, puis, grâce à sa capacité, à son honnêteté, à son zèle, associé, sans apporter d'autre capital que son travail, sa probité, son intelligence commerciale.

Plus tard, il resta seul chef de l'établissement prospère dans lequel il avait pris tous ses grades.

Il montrait dans la direction de ses affaires une grande rigidité de principes et aussi une certaine raideur de manières. Pour lui, dans l'atelier, l'ouvrier n'était qu'un agent; mais, au dehors, c'était un homme qui avait droit à toute son indulgence et à toute sa sollicitude.

Champion avait une connaissance parfaite des pierreries et s'entendait à les faire monter avec goût. Sa clientèle était riche et nombreuse, il ne tarda pas à réaliser de grands bénéfices.

Toutefois une crise commerciale qui ébranla les crédits les plus solides compromit un jour sa situation. Redoublant d'énergie, de prévoyance, d'économie, il réussit à conjurer le danger et fit honneur à ses engagements. Il fut du reste puissamment aidé par le dévouement d'un ami qui, confiant dans son habileté et dans sa sagesse, lui apporta 80 000 francs — tout ce qu'il possédait.

Vers soixante ans, Champion avait réalisé une fortune considérable. Quand il fut délivré des occupations et des préoccupations de son industrie et de son commerce, quand il fut tout à fait affranchi des affaires, il ressentit la satisfaction et le bien-être que donne au travailleur un repos mérité par de longues fatigues. Mais l'oisiveté ne tarda pas à peser à cet homme actif. Il éprouva dans son isolement la sensation du vide; il manquait d'air, il ne pouvait vivre ainsi. Il fallait faire quelque chose : il fit le bien.

Les facultés morales de Champion avaient surtout besoin d'aliment, sa vocation charitable se réveilla.

Depuis qu'il était riche, il comprenait mieux le malheur du pauvre; il se rappelait le temps de sa propre misère et le soulagement qu'il avait trouvé dans de sympathiques compassions. Que serait-il advenu de lui, si une bonne créature ne l'avait élevé en prélevant ses bienfaits sur ses privations et n'avait mis entre ses mains l'outil qui était devenu l'instru-

Champion distribue lui-même la soupe à ces affamés.

ment de sa fortune? Aussi avait-il de grandes pitiés pour les déshérités que le besoin jetait dans la mendicité.

Au mois de Décembre 1825, Champion se trouvait un matin au marché des Innocents. Des mendiants — ils pullulaient alors dans Paris! — entouraient l'établissement en plein vent d'une de ces marchandes de soupe chaude qui ont pour clientèle les petits marchands de la halle, les cochers et les commissionnaires. Tous ces pauvres diables, grelottant sous leurs haillons, humaient, en cherchant à se réchauffer au fourneau, le parfum de cette bonne soupe aux choux qu'ils ne dévoraient que par l'odorat, subissant ainsi, de la façon la plus cruelle, le supplice de Tantale.

Champion, cédant à un mouvement de commisération, s'approche de la marchande, lui achète toute sa soupe et la distribue lui-même à ces affamés. Cet acte, tout d'inspiration, tout occasionnel, fut le point de départ d'un système d'aumônes que cet homme bienfaisant pratiqua pendant vingt-sept ans. Un mouvement primesautier qui se prolonge pendant vingt-sept ans peut bien passer pour un acte de vertu.

Tous les matins, du 1er Décembre au 31 Mars, on pouvait voir, soit à la halle, au marché Saint-Martin, au marché de la place Maubert, soit au quai de Gèvres, ce philanthrope coiffé d'un chapeau à larges bords et couvert d'un talma de drap bleu, distribuant lui-même la soupe aux pauvres qu'il agréait.

Tandis que les aides qui l'accompagnaient allumaient les feux, installaient les grandes marmites, où, l'on faisait réchauffer les aliments préparés d'avance, Champion rangeait ses clients sur deux lignes; car il avait en toute chose l'esprit, ou, si vous l'aimez mieux, la manie de l'ordre. Puis il servait lui-même de grandes écuellées de cette soupe chaude et réconfortante, veillant ainsi à ce que chacun eût sa part. Il distribua de cette façon plus de quarante mille soupes, sur le quai de Gèvres, pendant le seul hiver de 1830.

En 1832, lors de la première invasion du choléra, il fut vite constaté que les victimes du fléau étaient surtout les pauvres gens qu'un défaut d'alimentation affaiblissait. Champion redoubla de zèle et dut faire de grands sacrifices. Non-seulement il multiplia le nombre de ses distributions, mais il en augmenta l'importance : il ajouta à la soupe des portions de viande, des rations de vin et distribua encore du bois et des vêtements.

En 1848, la popularité toute parisienne de l'*Homme au Petit Manteau bleu*, seul nom sous lequel il était connu, se trouvait à son apogée. Des amis maladroits — qui peut se flatter de n'en point avoir? — parvinrent à lui persuader qu'il avait un rôle à remplir à l'Assemblée Constituante convoquée par le gouvernement provisoire, et qu'il était plus autorisé que personne à s'y faire l'avocat des pauvres. Malgré son grand âge, il avait alors quatre-vingt-trois ans, il consentit à se laisser porter candidat aux élections générales. Sa vie de commerçant et d'industriel, les vingt-trois années qu'il avait consacrées à son œuvre charitable, ne l'avaient guère préparé aux luttes de la politique ; il ne fut pas élu.

Sa réputation souffrit, non de son échec, mais de l'ambition qu'on lui prêtait. On l'accusa d'avoir fait de la philanthropie dans un but intéressé, on se rappela que, en 1830, il s'était laissé nommer chevalier de la Légion d'honneur par Louis-Philippe. Décidément les révolutions ne lui portaient pas bonheur.

La vérité qui ressort de tous ces faits, c'est qu'on doit moins accuser l'homme que les circonstances dans lesquelles se manifestait sa très sincère philanthropie. Champion pensait, avec beaucoup d'autres philanthropes, que l'aumône doit être faite en nature et non en argent. Ce principe admis, et tout le monde l'admet, il n'évitait le gaspillage et les abus qu'en faisant les distributions lui-même et en payant de sa personne, ce qui le mettait nécessairement en évidence. Pour lui, c'était encore une façon de travailler, c'était se rapprocher du pauvre, et cela lui paraissait plus charitable que de jeter l'aumône de loin et de haut.

On l'a encore accusé de faire de la mise en scène avec son costume. L'explication est pourtant bien simple : il ne faisait ses distributions que pendant la saison froide, son crispin était le vêtement chaud qui lui permettait d'agir le plus commodément. Ne devait-il pas en outre se faire humble avec les humbles? Était-ce bien le moment de faire des frais de toilette?

Champion ne pouvait accomplir son œuvre charitable qu'avec sa coopération directe et dans cette forme qui, depuis, a été adoptée par la charité publique et privée toutes les fois qu'il s'agit de distribution d'aliments préparés. On peut affirmer que Champion a largement contribué à généraliser ce mode de secours, on peut même le considérer comme le créateur des *fourneaux économiques*.

D'ailleurs cet homme bienfaisant n'a jamais fait ostensiblement le bien qu'il pouvait dissimuler aux yeux du public. C'est ainsi qu'il aidait de ses deniers ses compatriotes de Châtel-Censoir qu'éprouvaient la gêne ou la misère. C'est ainsi qu'il procurait des outils et des matières premières à des ouvriers qu'il visitait dans leur mansarde ou dans leurs pauvres ateliers.

Fidèle, comme on le voit, à son principe de ne donner de secours qu'en nature, il disait aux ouvriers qui le sollicitaient :

« Avez-vous besoin d'outils ? Je veux bien donner les moyens de gagner de l'argent, mais je ne donne pas d'argent. »

Il racolait les vagabonds pour les enrôler de bonne volonté parmi les travailleurs, mettait toute son activité à leur service, mais ne les aidait qu'à la condition qu'ils voulussent s'aider eux-mêmes ; il n'avait aucune pitié pour les paresseux endurcis.

Champion ne se contenta point de soulager les besoins matériels et immédiats des pauvres. Il se préoccupa aussi de leur bien-être moral. Il coopéra généreusement de ses deniers à la fondation de quarante-sept écoles primaires et à l'établissement de plusieurs caisses d'épargne.

Le 2 Juin 1852, Champion, âgé de plus de quatre-vingt-huit ans, mourut dans son village natal, chez un de ses amis qu'il était allé visiter.

Ses compatriotes assistèrent tous comme dans un deuil de famille à ses funérailles ; les uns par admiration d'une vie de dévouement, les autres par reconnaissance des bienfaits reçus.

* * *
* *
*

A côté des Gens de Bien dont le souvenir s'est perpétué grâce aux témoignages permanents des fondations qui leur survivent, combien n'ont laissé que des traces fugitives dans la mémoire des hommes! combien sont ensevelis dans un profond oubli!

L'histoire a des échos pour les grands retentissements de la terre; elle répercute les vociférations des vainqueurs, les malédictions des vaincus, mais elle ne recueille pas, avec la même complaisance, les actions de grâces qui montent au ciel pour célébrer les dévouements qu'inspirent les misères et les malheurs.

Qu'importe! le bien n'attend d'autre récompense que celle qu'il trouve en soi. Aussi l'ingratitude n'a-t-elle jamais découragé la charité.

Qui d'entre nous ne connaît de ces Gens de Bien dont la vie s'égrène jour par jour comme un chapelet de bonnes actions? de ces bonnes âmes qui répandent leurs bienfaits comme les fleurs répandent leurs parfums, sans en avoir plus conscience?

La biographie de ces humbles héros de la Charité reste écrite en feuillets épars dans le cœur de ceux qu'ils ont secourus et consolés.

Heureux ceux qui n'ont jamais envié d'autre célébrité!

TABLE

Saint Vincent de Paul. 1
Benjamin Franklin. 29
L'Abbé de l'Épée. 65
Antoine Bénézet. 85
Rosa Govona. 109
Howard. 117
Giovanni Borgi. 139
Montyon. 151
Oberlin 177
Félix Armand. 211
Valentin Haüy. 221
Pestalozzi. 241
Champion. 285
Conclusion 295

LISTE DES GENS DE BIEN

CITÉS DANS CET OUVRAGE

Armand (Félix) . . . . 211—219
Banzet (Sara) 191
Bell. 272
Bénézet (Antoine) . . . . 85—108
Bernard (Sophie) 193
Borgi (Giovanni) . . . . 139—149
Braille (Louis) 238
Burke (Edmond) 95
Buss 264
Champion (Edme) . . . . 285—293
Clarkson (Thomas) 95
Dufau 240
Dufour (Théophile) 204
Épée (Abbé de l') . . . . 65—83, 226
Fellenberg 267
Franklin (Benjamin) . . . . 29— 63
Frœbel 263
Gagnière (Catherine) 193
Gauthier (l'Abbé) 272
Gérando (baron de) 117, 202, 208
Girard (le Père) . . . . 272—275
Govona (Rosa) . . . . 109—116, 139
Granville Sharp 95
Grosselin (Auguste) . . . . 81— 83
Haüy (Valentin) . . . . 221—240
Howard (John) . . . . 117—138
Howard (Madame) 122

Iselin de Bâle 251
Krusi 264
Lancaster 272
Lay 95
Leeds (Henriette) 122
Legrand de Bâle . . . . 201—202
Le Gras (Madame) . . . . 14—16, 193
Louis (Saint) 222
Mallet (Madame) 192
Marillac (Louise de) . . . . 14— 16
Millet (Madame) 192
Montyon . . . . 151—175
Müller (Marie) 193
Naëf 264
Oberlin . . . . 177—209, 211, 217
Oberlin (Madame) 201, 204
Pastoret (Madame de) 192
Paul (Saint Vincent de) . . . . 1— 27
Penn (William) 88, 97, 103
Pestalozzi . . . . 241—283
Pestalozzi (Madame) 247, 249, 250, 271, 279
Pie VI 130, 147, 148
Pinel . . . . 137—138
Sainte-Rose (Madame de) 70
Sandiford 95
Scheidecker (Catherine) 193
Scheppler (Louise) 195
Schultess (Anna) . . . . 247—249
Sicard (l'Abbé) 79, 89
Stuber 182, 184, 186
Tobler 264
Turgot 56, 156
Vanin (le Père) 70, 72
Vincent de Paul (Saint) . . . . 1— 27
Washington 36, 107
Wesley (John) 93
Wilberforce 95
Woolman 95
Wurtz 203

19940. — IMPRIMERIE A. LAHURE

9, rue de Fleurus, à Paris.

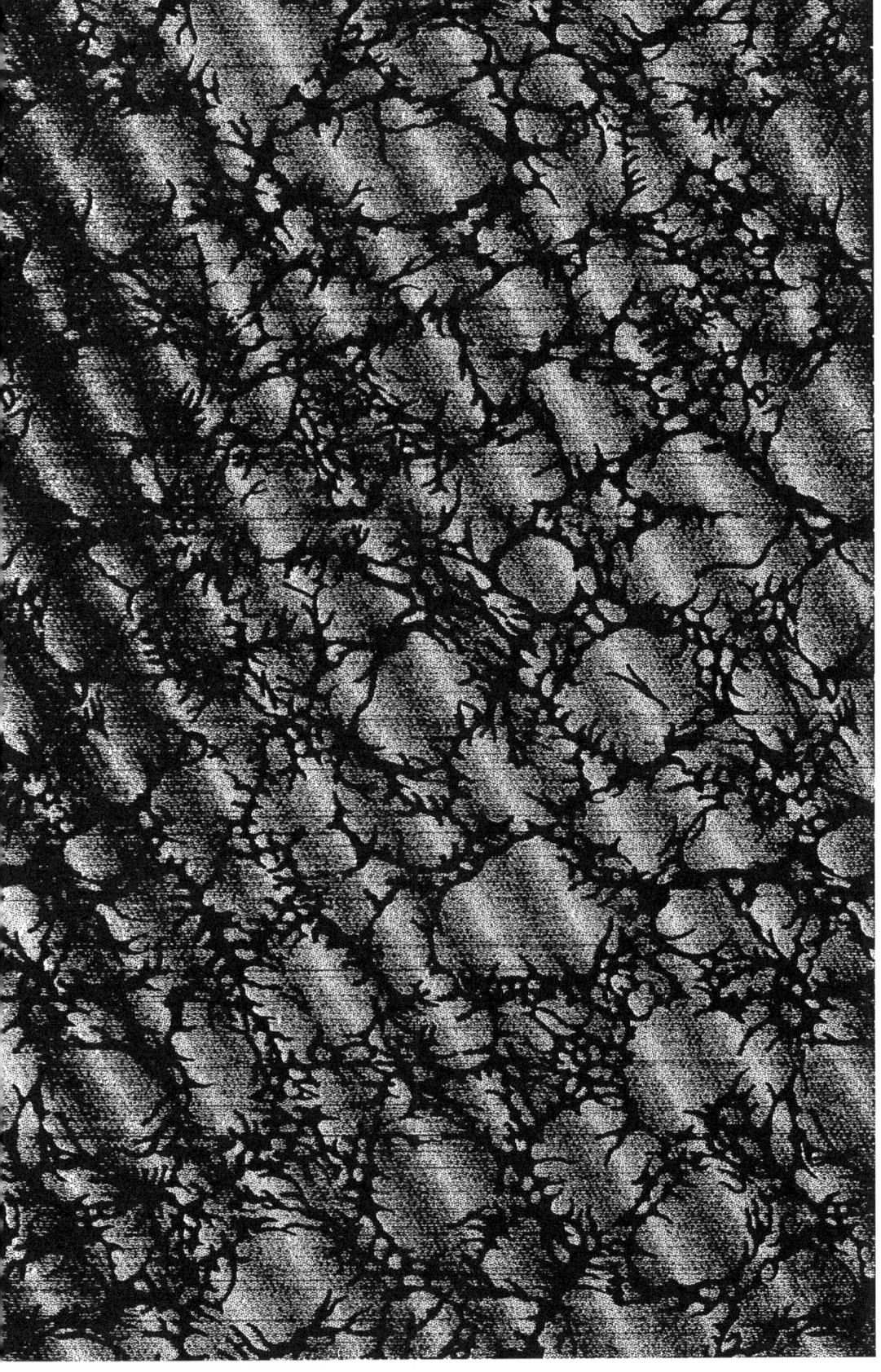

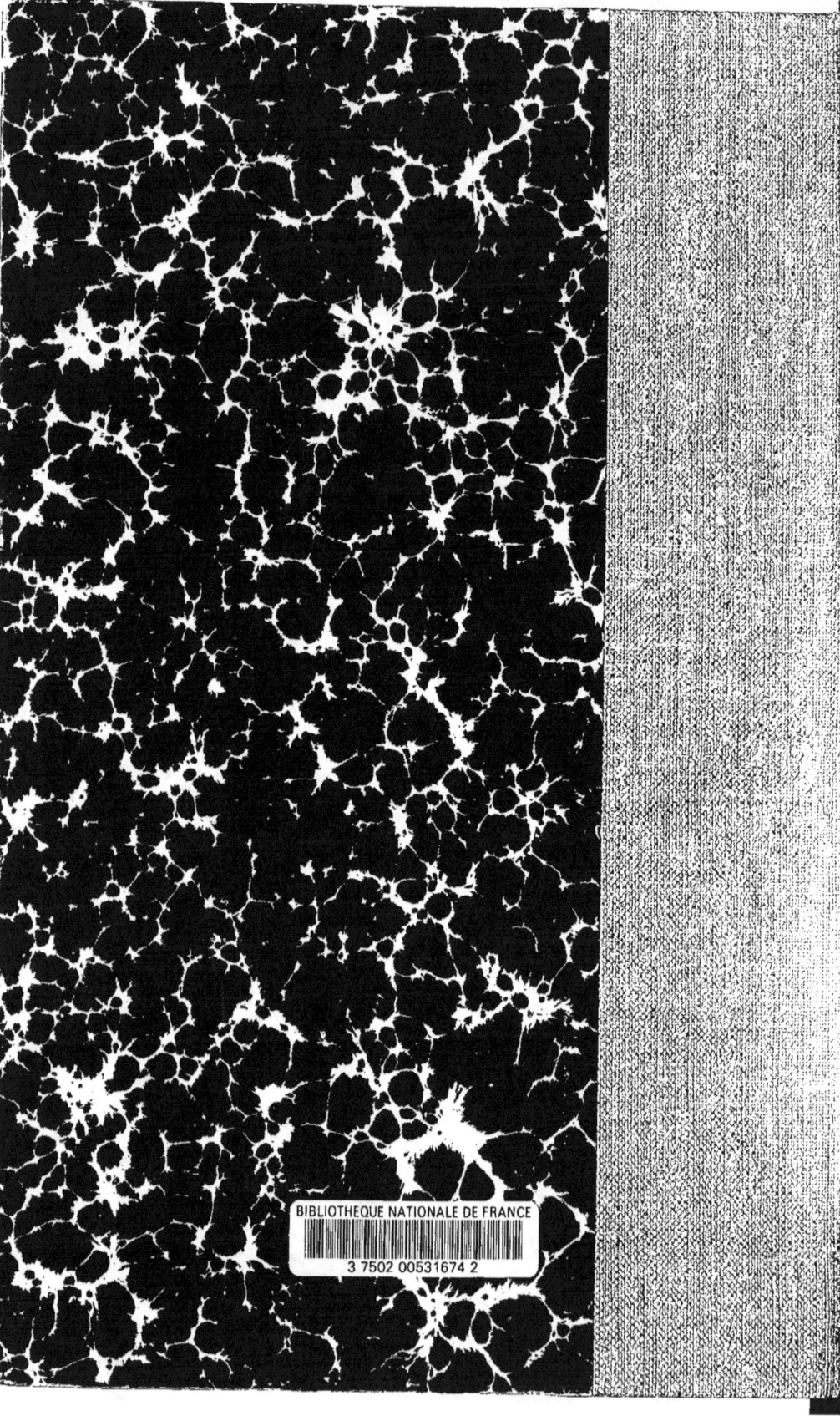

www.ingramcontent.com/pod-product-compliance
Lightning Source LLC
Chambersburg PA
CBHW070624160426
43194CB00009B/1362